深度投资分析丛书

FUND SNOWBALL

基金滚雪球

学会识别绩优基金与绩优基金经理

祁和忠 / 著

U0368181

清华大学出版社

北 京

内 容 简 介

本书从基金理财常识入手，从投资原则、基金类型、基金组合等角度，帮助读者客观、全面地认知基金理财方法，助力读者拥有成功的理财人生！

全书共分为7章，第1章主要介绍基金理财的基本知识，分析了指数基金与主动基金、新基金与老基金的优缺点等，了解这些知识是购买基金前需要做好的基本功课；第2章至第6章分别介绍指数基金、主动权益基金、债券基金、货币基金、另类投资基金等类型基金的风险和收益特征等，并以典型案例解析的方式帮助读者加深理解；第7章介绍基金组合和基金定投的相关知识，强调基金理财是"马拉松"的投资理念，帮助读者认识到基金理财是值得坚持一生的好习惯。

本书适合有基金理财需求的普通投资者阅读。

图书在版编目（CIP）数据

基金滚雪球：学会识别绩优基金与绩优基金经理 / 祁和忠著 . —北京：清华大学出版社，2022.4（2022.5重印）

（深度投资分析丛书）

ISBN 978-7-302-60302-3

Ⅰ.①基…　Ⅱ.①祁…　Ⅲ.①基金市场　Ⅳ.① F830.91

中国版本图书馆 CIP 数据核字 (2022) 第 039216 号

责任编辑：施　猛
封面设计：熊仁丹
版式设计：方加青
责任校对：马遥遥
责任印制：朱雨萌

出版发行：清华大学出版社
   网　　址：http://www.tup.com.cn，http://www.wqbook.com
   地　　址：北京清华大学学研大厦 A 座   邮　　编：100084
   社 总 机：010-83470000   邮　　购：010-62786544
   投稿与读者服务：010-62776969，c-service@tup.tsinghua.edu.cn
   质 量 反 馈：010-62772015，zhiliang@tup.tsinghua.edu.cn
印 装 者：三河市东方印刷有限公司
经　　销：全国新华书店
开　　本：180mm×250mm   印　张：16   字　数：269千字
版　　次：2022 年 4 月第 1 版   印　次：2022 年 5 月第 2 次印刷
定　　价：68.00 元

产品编号：092851-02

——— 前　言 ———

寻找值得托付的基金公司和基金经理

投资者买基金，实际上就是把资金托付给基金经理，让基金经理进行股票和债券投资。

富达基金明星基金经理彼得·林奇在《战胜华尔街》的序言中说："事实上，对于那些不想自己费心费力做研究选股的人来说，股票投资基金是最理想的投资渠道。"

近两年来，在银行理财产品、信托产品纷纷打破刚性兑付，不再保本保收益的背景下，大量资金源源不断地流向资本市场，公募基金备受关注，越来越多的老百姓开始购买基金。同时，很多股民由于自己炒股越来越难赚钱，也转而购买基金。基金的赚钱效应显著增强，在 2020 年尤其明显。据银河证券统计，从1998 年至 2020 年，公募基金行业利润总额为 52 659 亿元。其中，2020 年高达19 797 亿元，在 23 年的利润总额中的占比达 37.59%。2021 年上半年，公募基金行业利润总额为 6482 亿元。

在各种类型的基金中，偏股型基金风险收益率最高。中证指数公司发布的中证混合型基金指数（代码：H11022）从 2002 年 12 月 31 日的 1000 点开始，到2021 年 9 月 30 日的 12 239.25 点，作为基金市场中混合型基金指数的代表，18

年来上涨了 1198.66%，平均复合年化涨幅为 14.65%。

偏股型基金中长期单位基金份额净值增长率诱人，但如果按年份来看，净值增长率的波动很大。2008 年、2010 年 11 月至 2012 年 11 月、2015 年 7 月至 2016 年 1 月、2018 年，基金净值都曾出现很大回撤，最大回撤率分别达 53.01%、30.78%、29.63%、22.17%。大量基金投资者由于对基金投资的风险和收益特征缺乏了解，容易追涨杀跌，频繁进出，导致整体的实际收益率与基金单位份额净值增长率之间存在较大差距。

华尔街教父、巴菲特的老师格雷厄姆在《聪明的投资者》中说："投资者的目标收益率，更多的是由他们乐于且能够为其投资付出的智慧所决定的：图省事且注重安全性的消极投资者，理应得到最低的报酬，而那些精明且富有经验的投资者，由于他们付出了最大的智慧和技能，则理应得到最大的回报。"

投资基金，需要我们不断学习，了解市场，了解基金，了解自己，建立适合自己的基金理财体系，在运用基金为自己理财的过程中，获得让自己满意的收益率以及良好的理财体验。

1. 了解市场

基金主要投资于股票和债券，而股市和债市一直处于波动之中。市场有涨必有跌，但大的趋势会保持上涨。

1990 年 12 月 19 日至今，上证综指自 100 点起步，在 30 年里涨了 30 多倍。在此期间，曾出现多次巨大的熊市。其中，从 2007 年 10 月 16 日至 2008 年 10 月 28 日，从 2005 年 6 月 12 日至 2016 年 1 月 27 日，从 2018 年 1 月 29 日至 2019 年 1 月 4 日，上证综指最大跌幅分别达 -72.81%、-44.42%、-31.95%。

股票指数走势是宏观经济的晴雨表。从中长期看，社会技术进步和生产力的发展，决定了宏观经济一定能保持增长，股票指数总体趋于上升的大方向确定无疑。在经济周期处于复苏与繁荣阶段时，股票指数会持续上升，产生巨大的财富效应。但是，每当经济周期进入紧缩和衰退阶段时，股市猛烈下跌给投资者带来的打击也会相当沉重。

投资者要想在股市中取得可持续的较高收益率，既不能因为市场快速上涨所带来的赚钱效应而盲目追高，也不能由于市场大跌所引起的恐慌而"挥泪割肉"，而应尽量选择在市场风平浪静或低迷时投资，并长期坚持。

股市犹如战场，充满对抗和博弈，大多数人没有足够的时间、精力和专业知识去研究股市，可以选择诚实守信并具有专业投研能力的基金公司，让基金经理代替自己投资。基金虽然不能规避市场系统性风险，但有助于减缓系统性风险冲击的力度。同时，基金可以有效帮助投资者规避个股选择方面的非系统性风险。

2. 了解基金

在各种基金类型中，偏股型基金以股票为主要投资对象，基金净值会跟随股市波动，具有高风险、高收益的特点。股市有涨有跌，基金时赚时亏，投资者需要寻找的是能穿越市场波动、中长期向上的优秀基金。

按照投资方法的不同，偏股型基金又分为指数型基金（以下简称"指数基金"）和主动管理型基金（以下简称"主动基金"）。指数基金主要跟踪标的指数，涨跌基本与指数同步；主动基金一般以战胜指数为目标。在西方成熟市场，由于美股比较成熟，投资者以机构为主，大多数主动基金难以战胜指数；在国内，A 股处于新兴发展阶段，仍处于机构化的过程中，大多数主动基金能跑赢指数。

真金须经火炼。分辨基金优劣，不仅要看进攻能力，更要看防守能力。如果这次亏损 50%，那么下次必须赚到 100% 才能回本，因此，投资者需要小心波动性很大的基金。这种基金在市场上涨阶段能超过指数，会在牛市后期吸引大量投资者买进，在市场下跌阶段跌幅往往也会超过指数，容易导致高买低卖，投资者不仅备受煎熬，而且损失较大。

因此，投资者要注意基金收益率背后所承担的风险，关注风险调整后的收益率。

值得一提的是，基金年度业绩排名甚至更短周期的排名对于基金选择没有多大参考价值，甚至会成为干扰因素。一只基金是否优秀，不仅要看它在牛市里能否涨得快，而且要看它在熊市里能否跌得慢。有 3 ～ 5 年优秀历史业绩，在熊市里能有效控制回撤率的基金，才是真正的好基金。

1956 年，巴菲特在设立他的第一只合伙基金时，订立了七项基本原则，在第五项原则中，他说："虽然我认为 5 年是一个更加合适的时间段，但是退一步说，我觉得 3 年绝对是评判投资业绩的最短周期。"在 1962 年致合伙人的信中，他又说："评判投资业绩必须看经过一个牛熊周期的长期表现。"

3. 了解自己

投资是认知能力的变现过程。巴菲特之所以能成为股神，是因为他在年轻时就发现了财富密码——复利的魔力。他热爱阅读财务报表，具有非凡的洞察力，很早就认识到长期持有高净资产收益率（ROE）的优质公司股票，一定能让自己成为富人。

准确的自我认知，是在工作、生活以及投资中取得成功的关键。桥水基金创始人、《原则》一书的作者瑞·达利欧说："每个人都有自己的强项和弱点，成功的关键是了解自身的弱点并成功地去弥补它，而缺乏这种能力的人会不断遭遇失败。"

在基金理财过程中，我们需要了解自己对风险的承受程度，选择与自身风险偏好相匹配的基金。

在市场上涨和下跌的过程中，贪婪与恐惧等人性弱点会被放大，跟风式的羊群行为会成为财富的杀手。在理财过程中，我们需要有效控制和管理自己的情绪，保持冷静和客观，避免在情绪支配下做出投资决策。

追求财富、追求美好生活是人类共同的梦想。截至 2021 年 11 月底，国内已有 9152 只基金，而且每年新发基金高达上千只，基金数量远远超过股票数量。普通投资者如何选择适合自己的基金类型？应该买指数基金还是主动基金？买新基金还是老基金？如何运用基金这个工具为自己和家庭理财？如何应对市场上纷繁复杂的变化？面对这些问题，我们希望能帮助读者找到答案。

理财是一场"马拉松"，主要目的不是比较短期的名次，而是在财务上让自己变得越来越富有。在这场"马拉松"中，我们需要长一双慧眼，把钱托付给那些值得信任的基金公司和基金经理。

我们虽然不能奢望所有的基金经理都具有巴菲特一样的能力与品质，但可以在上千名基金经理中寻找把巴菲特作为灯塔并不断努力接近他的行业佼佼者。巴菲特在 1956 年成立第一只合伙基金时，他订立的基本原则中的最后一句话是："我的妻子、子女和我会把我们的所有净资产都投在合伙公司里。"

我们要寻找的就是这样的基金经理，能够忠实、专业、尽责，愿意把较大比例的家庭资产投在自己管理的每只基金中，并坚持持有，能真正与持有人风雨同舟。

目前，国内已经拥有一批具有良好专业素养、实战经验丰富以及历史业绩出色的基金经理，并产生了不少明星基金经理。

明星基金经理具有很高的知名度，能吸引大量忠实的投资者。不过，硬币的另一面是，明星基金经理管理的基金资产规模往往比较大，有些超过五百亿元，甚至达到上千亿元。投资者需要面对的现实是，管理基金规模越大，操作难度也会相应增加，在未来重现过往高收益率的挑战会明显上升。

同时，即使是明星基金经理，也会受到时代变迁、市场风格等各种因素的影响，没有人能一直一帆风顺。国内外具有很高声望、闻名遐迩的明星基金经理都会遇到各种各样的重大挫折，其他大多数基金经理所面临的不确定性自不待言。

在 20 世纪 90 年代后期的网络股泡沫中，由于巴菲特坚持不投资自己不熟悉的科技股，伯克希尔·哈撒韦的业绩表现曾大幅落后市场。2020 年 3 月前后，全球新冠疫情肆虐，美国股市多次熔断。当年已 90 岁的巴菲特在接受采访时坦言，没见过这种场面。

因此，投资者在选择和配置基金时，不宜把鸡蛋放在一个篮子里，通过科学合理的资产配置，购买一篮子基金，构建基金组合，或者直接购买基金中的基金（FOF），以分散风险，并控制回撤率，改善投资体验，是更好的选择。

让我们在这场基金理财的"马拉松"中成为最终的大赢家，愿本书成为始终陪伴你的忠实助手和伙伴！

最后，请允许我对裴利瑞女士表示最真挚的感谢！她在大学毕业后，曾与我一起工作过三年多，很早就了解到我有一个朴素的愿望——为投资者写一本有关基金理财的图书。在构思和写作过程中，她给予了我诸多帮助。感谢她对本书的宝贵贡献！

也请允许我对所有给予我宝贵建议、支持和帮助的朋友们表示最真挚的感谢！

郑重声明：本书在介绍各种类型基金时，根据历史业绩客观地选择了一些有代表性的基金和基金经理进行介绍，不作为投资建议！

投资有风险，理财需谨慎！

2022 年 1 月

作者

目 录

第 3 章　主动权益基金　/ 64

第1章
基金投资前的思考

　　能否保持独立思考,是基金投资能否中长期赚钱的关键。目前,国内已有1亿多基金投资者,但很多人的实际收益率赶不上基金的净值增长率。有些基金投资者不仅没有赚钱,反而出现了亏损,这实在令人心痛。

　　投资者在长期的基金投资过程中,要想取得理想的收益率,需要学会分析、辨别和甄选,找到基金公司员工和基金经理自己都愿意重金购买的好基金。

1.1　珍惜讲真话的专业人士，提防被假话误导

1.真话稀缺且昂贵

在这个信息极其丰富的市场中，真话十分稀缺且昂贵。国内 150 多家公募基金管理公司每天都会向投资者提供大量信息，但在股市牛熊转换的关键时期能讲真话的少之又少，因为这时候讲真话可能不仅不受欢迎，而且还要默默付出较高的代价。

兴证全球基金的前总经理杨东、前副总经理董承非、专户投资部副总监吕琪等都曾在市场系统性风险较高时，通过公开或者内部场合，明确地向投资者提示风险。因此，杨东曾有"良心基金经理"之称。

2015 年 4 月，兴证全球旗下各大基金在一季报中毫不含糊地说："我们对 A 股市场当前的热度比较担忧，对下半年的股市表现较为悲观。""由于巨额杠杆资金的进入，这一次的股价崩溃对投资者的伤害甚至可能超过 2008 年。"

2016 年 1 月，在股市熔断前，兴证全球基金专户投资部副总监吕琪在朋友圈提示："建议有其他投资渠道的客户赎回，今年本人管理产品大概率不能赚钱。"此后吕琪被撤职并受到经济处罚。在该事件中，公司领导杨东被有关部门出具警示函。

2021 年 1 月下旬，兴证全球基金副总经理董承非在一次内部会议上，对与会投资者表示，市场已经脱离基本面进入资金正反馈过程，即使核心资产质地不错，匹配高估值，如果未来股价不大幅下跌，未来很长时间给投资者带来的回报会少得可怜。2021 年春节后，基金抱团的高估值股票急剧调整。

曾经为中国基金业的发展做出重大贡献的前央行副行长吴晓灵也是一位敢于讲真话的人。2021 年 4 月，《中国金融杂志》刊发了吴晓灵的一篇署名文章。在这篇题为"深化监管改革提高直接融资比重"的文章中，她一针见血地指出，得

益于市场秩序的好转，大量（银行理财）资金到期后向净值型产品和公募基金进行配置，市场上频繁出现"爆款"基金，并随之出现了"抱团"股价格上升的情况，然后继续营造"爆款"基金的正反馈。随着"抱团"股票的价格调整，基金净值出现大幅波动，基金投资者利益受损。在这个循环过程中，银行等线下基金销售渠道选择基金的方法、互联网基金销售机构的算法推荐和商品化的网络营销方式、基金管理人迎合市场需求调整投资策略等都在发挥作用并形成共振，暴露了现行监管制度在行为监管方面的薄弱环节。监管部门需要把投资人利益至上的原则落实到具体的监管制度和监管行动中。

在金融证券市场，真话比黄金更宝贵。基金经理是否愿意花时间与持有人说些真心话，是他们是否值得托付的重要参考。公募基金经理管理着来自千家万户普通持有人托付的数十亿、数百亿甚至上千亿元资金，有少数基金经理的心中没有持有人，他们缺乏对投资者的感恩和敬畏，这种状况令人遗憾。

季报、中报和年报等定期报告是基金的法定披露文件，也是基金经理与基金投资者交流的重要渠道。基金投资者学会阅读基金定期报告，对于理解基金大有裨益。在《管理人报告》的"基金投资策略和运作分析"部分，各基金公司和基金经理的态度差异巨大。有些基金经理非常认真，用心和持有人交流，也有不少基金经理浮皮潦草，敷衍了事。

如今，国内有约 3000 位基金经理，他们管理着超过 9000 只基金。我们做基金投资，不仅需要选出有长期良好业绩的好基金，而且要选出能真心善待我们这些持有人的基金经理。

2. 辨别真话、套话和假话

基金赚钱，不少基金投资者却不赚钱，这其实是 23 年来基金市场的常见现象。基金投资者要改变这种状况，就需要系统学习基金的基本知识，用专业知识武装自己的头脑，学会辨别哪些是真话，哪些是套话和假话，能够明智而勇敢地对套话和假话说"不"，并记住那些愿意讲真话的人。

从中长期看，基金投资者和基金公司的利益应是一致的，因为只有基金投资者持续地赚钱，才会有越来越多的人买基金，整个基金行业才能做强做大，基金公司的股东、高管和员工，以及广大基金投资者才能实现共赢。

但从短期看，基金投资者和基金公司的利益又有可能发生冲突。例如，在每轮牛市的后期，受赚钱效应吸引，大量基金投资者会蜂拥而至，抢购潜在风险已经很高的热门基金。此时，基金公司为了募集更多资金、做大规模、收取更多管理费等，就很难从专业角度向基金投资者提示风险，反而倾向于趁机推出更多同质化的新基金；在每轮牛市初期，基金投资者受上一轮熊市影响不敢入市，基金公司却不能前瞻性地告诉基金投资者要加大偏股型基金的投资，反而热衷于销售当时更好卖的债券型基金。

同时，对于市场上一些似是而非的说法，基金投资者也需要有辨别能力。比如，不少人往往把长期持有基金挂在嘴边，而实际上，并非所有的基金都适合长期持有，只有能取得良好中长期业绩的基金才适合长期持有。那些既没有良好历史业绩，也缺乏比较完整的投资体系的基金经理，他们管理的基金并不适合长期持有。选基金如同选伴侣，要相识相知，值得信任和托付。

3. "王婆"们是否吃自己的瓜

基金投资者要保持独立思考，不仅要看基金公司怎么说，更要看基金公司怎么做。国内逾150家公募基金机构各有特色，有的既能做又会说，有的做得好却说得一般，也有些说得好却做得一般。这就需要我们练就一双慧眼。

王婆卖瓜，自卖自夸。卖瓜如此，卖基金也一样。由于有些自我夸赞充斥着溢美之词，投资者除了要学会分辨真话、套话和假话之外，还要看看王婆自己愿不愿吃自己卖的瓜。如果王婆自己敢吃自己卖的瓜，而且属于真吃而不是做做样子，咬一小口，那么，可信度就能大幅提升。

过去10年的统计数据显示，基金公司员工买得多的基金的收益率表现明显好于偏股基金平均水平。截至2021年中期，兴全合润混合（代码：163406）、睿远均衡价值三年持有混合（代码：008969）、易方达蓝筹精选混合（代码：005827）是基金公司员工持有数量最多的前三只基金，而兴证全球、睿远、易方达三家基金公司的投资研究实力也确实在业内名列前茅。

基金市场如同是广阔的草原，水草丰茂，美不胜收。但是，就像草原上有危险的沼泽地、有凶猛的豺狼一样，基金市场也有较多风险，有各种似是而非的说法，需要基金投资者在投资前具体了解，仔细辨识。广大基金投资者只有善于洞察和管理各种风险，习惯于独立思考，做一个充满智慧的人，才能利用基金为自己带来源源不断的财富。

对于投资者来说，基金投资不仅应取得令人满意的收益率，还应增长智慧，愉悦身心。在本章中，我们将继续和亲爱的读者一起思考三个问题：买指数基金还是主动基金？买新基金还是老基金？基金投资的原则是什么？

1.2　买指数基金还是主动基金

如果按管理方式分类，我们可以把基金产品分为两大类——被动管理型基金和主动管理型基金。

其中，被动管理型基金即被动指数型基金（以下简称"指数基金"），是指基金管理人对某一指数进行被动跟踪、完全复制，按照指数的编制规则去买入完全一样的一篮子标的，以期达到和指数同样的涨跌幅。这类基金的优点是排除了基金经理的人为干扰，且持仓透明、费率低廉。

主动管理型基金（以下简称"主动基金"），是指基金管理人通过积极的标的选择和时机选择，努力为投资者赚取更多的收益。由于选股、择时都有一定的主观性，主动基金的收益在很高程度上取决于基金经理及其背后团队的能力，其中优秀的基金管理人可以赚取相当可观的超额收益。

指数基金和主动基金哪一个更好？这是很多投资者常常纠结的问题，也是市场上非常有争议的一个问题。

"股神"巴菲特是知名的指数基金推崇者。早在 1993 年，他就曾在公开发言中提出："通过定投指数基金，一个什么都不懂的业余投资者，往往能够战胜大部分专业投资者。"2007 年 12 月，巴菲特在 Long Bets 网站上发布了一个"十年赌约"，以 50 万美金为赌注，押注 2008 年 1 月 1 日至 2017 年 12 月 31 日这 10 年间，标准普尔 500 指数的表现将超过对冲基金的组合表现，最终结果是标准普尔 500 指数完胜。

"股神"的强力推荐，成为指数基金的一面"金字招牌"。不过，需要注意的是，巴菲特这一结论建立在美股是成熟市场的基础上，机构投资者较多，竞争激烈，跑赢指数很难。但在 A 股市场，指数基金和主动基金的比较结果恰恰相反。

据晨星 2021 年 6 月发布的《中国主动 / 被动晴雨表报告》统计，截至 2020 年底，有 76%～90% 的主动普通偏股型基金在最近 1 年、3 年、5 年和 10 年期的业绩超越了相应的被动基金。也就是说，过去 10 年，近八成主动偏股基金跑赢了指数。

但这就意味着一定要选择主动基金吗？并非如此。其实，主动基金和指数基金都拥有独特的优势，具体怎么选还要具体分析，我们可以尝试画一幅画像，来测试自己到底应该选择什么类型的投资产品。

1. 对于分化较大、门槛较高的行业不建议买指数基金

虽然主动基金的整体表现要好于指数基金，但如果集中投资某一个行业，就需要进一步分析。

例如，晨星发布的《中国主动／被动晴雨表报告》显示，截至 2020 年底，有 95% ～ 100% 的主动科技、传媒及通信行业基金在最近 1 年、3 年和 5 年期的业绩超越了同类指数基金，有 86% ～ 96% 的主动医药行业基金在最近 1 年、3 年和 5 年期的业绩超越了相应的指数基金。相反，在消费行业基金中，主动基金经理则难以战胜相应的指数基金，截至 2020 年底，仅有半数主动消费行业基金在最近 3 年期的业绩超越了相应的指数基金，1 年期和 5 年期的超越率更是分别低至 35.1% 和 18.2%。

因此，对于科技、媒体、通信、医药等技术变化较快、个股分化较大、存在较大超额收益空间的行业，主动基金有望依托基金经理的选股能力，获取超额收益；而对于食品、饮料、金融等行业，则可以考虑选择指数基金产品。

2. 不建议新手投资者买指数基金

很多新手投资者买基金，可能都是从定投上证 50 指数、沪深 300 指数基金开始的，这看起来似乎是一个很难出错的方法。但这意味着投资者陷入了思维误区，其实看似简单的指数基金反而对投资者能力有更高的要求。

如果投资主动基金是把买什么、什么时候买、什么时候卖的任务交给基金经理，那么投资指数基金，就是把这些任务全部压在投资者自己身上。因为指数基金持仓透明、全年满仓，投资者拥有接近 100% 的投资收益决定权，选哪个指数、什么时候止盈、什么时候止损……这些决策都非常考验投资者能力。

3. 建议交易型投资者买指数基金

新手投资者不适合买指数基金，那么哪类投资者适合？有股票账户和投资经验的交易型投资者适合。

在指数基金中，有一类可以在场内交易的品种，即交易型开放式指数基金（exchange traded fund，ETF），其交易时仅收取股票交易佣金，免收印花税，交易成本较低，非常适合交易型投资者进行中短线操作。

ETF 场内交易策略有很多，比如用 ETF 对冲行业风险、货币风险，用 ETF 进行期现套利、事件性套利、商品基金的跨品种套利等。在国内市场工具有限的环境下，利用 ETF 进行场内交易是投资者获取收益的重要途径。

此外，投资者还可以通过 ETF 之间的转换快速提高或者降低仓位，辅以精选个股，在单个交易日内便可实现"核心＋卫星"的组合投资管理。

1.3 买新基金还是老基金

1. 新基金和老基金的区别

Wind 数据显示，截至 2021 年 9 月 30 日，2021 年前三季度累计有 1335 只新基金成立，再创历年同期发行新高，合计发行规模达到 2.27 万亿元，突破 2 万亿元大关，这也是继 2020 年后，公募基金第二次出现新发基金成立规模超 2 万亿元的情况，基金发行市场一片火热。

与此同时，市场上还有 8000 多只老基金正在运作，不少朋友可能会纠结，该买新基金还是老基金？首先，我们来看下新老基金的区别。

（1）仓位。新基金需要一个建仓期，一般不超过 3 个月，其仓位较低且相对灵活，可以根据行情分批建仓，逐步提高股票仓位；而老基金已经建仓完毕，仓位一般维持在较稳定的水平。

（2）流动性。新基金成立后一般会有不超过 3 个月的封闭建仓期，在此期间基金投资者无法进行任何申赎交易，流动性会受到一定限制；而老基金不存在这一问题。

（3）基金净值。不少基金投资者会陷入一个误区，觉得相比老基金动辄 2 元甚至 5 元的基金净值，新基金 1 元 / 份的价格更"便宜"，因此买新基金更划算。

需要强调的是，基金收益 = 持有金额 × 涨跌幅，和基金净值高低并无关系。而影响基金涨跌幅的，是市场环境、基金经理能力等。倘若一只基金的净值常年在 1 元以下（剔除分红影响），我们反倒该好好审视这只基金的糟糕历史表现。

（4）参考信息。从公开信息中我们可以了解到老基金上季度末的持仓情况和投资风格，在交易时段还可以参考实时估值；而新基金的公开信息十分有限，不但没有估值信息，而且建仓期间的净值一般每周只披露一次，对于基金经理的投资风格和投资能力等关键信息，也只能通过基金发行材料以及拟任基金经理管理的其他基金产品历史业绩来大致了解。

（5）交易费用。虽然在形式上，新基金在募集期的认购费率一般会低于基金成立后该基金同档位的申购费率（具体以基金发行实际费率为准），但是，在实际操作过程中，蚂蚁财富、天天基金网等独立第三方销售渠道的申购费率大多为规定认购费率的 1 折。

也就是说，新有新的好，老有老的好，新老基金并没有孰优孰劣之分，但为什么基金经理总是给我们推荐新基金呢？

这主要是受销售渠道收费模式的影响：一方面，投资者认购新基金，会发生认购费用，给销售机构带来认购费收入。如果赎旧买新，还有可能发生赎回费。投资者长期持有老基金，销售机构就赚不到这一部分收入。另一方面，一只基金的管理费用中会有 30% ～ 70% 返还给代销机构，在基金中报或年报中，以客户维护费的科目出现。通常情况下，新基金的客户维护费率远高于老基金。因此，一只新基金赚钱后，代销机构往往会引导投资者赎回老基金，然后再买新基金，从中赚取中间业务收入。这种"赎旧买新"的现象在基金圈存在已久，它不仅增大了基金管理人的管理难度，而且使投资者在频繁申赎中少赚了不少复利收益。

2.选择新基金、老基金的影响因素

"赎旧买新"的问题已经引起了监管机构的重视。2020 年 10 月，证监会正式施行《公开募集证券投资基金销售机构监督管理办法》，其中对基金客户维护费占基金管理费的比例（尾随佣金）设置上限，明确规定"尾随佣金"比例不超过 50%。2021 年 5 月，中国基金业协会发布基金销售机构公募基金保有量规模名单，首次将公募基金存量保有规模对外公布，同样旨在引导市场走出"赎旧买新"的虚假繁荣怪圈。

因此，在基金营销宣传的狂轰滥炸和卖方主导的行业发展模式的积弊下，投资者购买基金越来越需要理智分析，在铺天盖地的广告投放中保持自己的判断力。

那么，回到最初问题，对于新基金、老基金，我们到底如何选择？不妨从以下几个方面去考虑。

（1）市场行情。"牛市买老，熊市买新"，即牛市的时候适合买老基金，熊市的时候适合买新基金。

这是因为，在股市持续火爆、预期未来涨幅较大时，老基金的仓位将会享受到市场上涨收益，更适合快速参与到市场行情中来；而新基金的建仓成本将随市场上涨逐渐提高，会降低同一时间内获得的投资收益。

相反，在股市进行调整、市场方向不太明确的时候，则可以适当关注新基金。从过往经验看，一些重视品牌建设与长远发展的基金公司，在发行新基金时也会比较慎重，所聘请的基金经理要么是具有丰富经验和良好历史业绩的老手，要么是能得到资深基金经理认可的新秀，有机会在市场震荡过程中逢低建仓，为今后的长期增长打下良好基础。

（2）资金流动性。新基金成立之后，一般会有不超过 3 个月的封闭建仓期，在封闭期内的基金是不能够进行申购和赎回的，而老基金没有这个限制，如果投资者短期内对资金流动性有要求，还是多考虑老基金。

（3）投资范围。例如，很多老基金不能投资我国香港市场，而很多新基金都增加了港股通的投资范围，如果投资者看好港股，可能更适合买新基金。不过，部分老基金也已经修改合同，增加了港股通的投资范围。

此外，一些新基金的投资范围和标的较为稀缺，比如新三板基金、REITs（real estate investment trust，房地产信托投资基金）等，可以对特定的市场进行更有针对性的投资。如果投资者看好相对应的投资机会，也可以通过新基金择机参与。

不过，从中长期看，新基金、老基金并不是影响投资者收益的关键，只有选择好基金并长期持有，才能获得良好的收益。

1.4 基金投资的十大原则

1. 选择与自己风险承受能力相匹配的基金类型

按照投资对象的不同，基金分为货币基金、债券基金、混合基金、股票基金等类型。80% 以上的资产投资于股票的，为股票基金；80% 以上的资产投资于债券的，为债券基金；主要投资于股票或债券，股票或债券的比例比较灵活，没有80%下限要求的，为混合基金；仅投资于货币市场工具的，为货币基金。

股票基金属于高风险、高收益类型，适合风险承受能力强，且投资周期长的投资者；混合基金的风险和收益均低于股票基金并高于债券基金，适合风险承受能力适中的投资者；债券基金的风险低于混合基金，适合风险承受能力较弱、追求稳定收益的投资者；货币基金只有在极端情况下才会出现亏损风险，适合基本不愿承担风险的投资者。

一个人的风险承受能力由他的客观财务状况和主观风险偏好综合决定。其中，家庭资产、收入、支出等构成投资者客观的财务状况，而主观风险偏好则与投资者的性格、对市场和投资的理解等相关。投资者需要根据自身的风险承受能力以及资金的投资期限，选择适合自己的基金类型。

2. 对于基金业绩建立合理预期

在国内，牛市中一些基金收益能一年翻一倍，但也有不少基金在熊市里会一年亏损百分之二三十甚至百分之四五十。暴涨暴跌是投资者最大的敌人，暴涨容易让投资者产生对市场不切实际的预期，误以为赚钱很容易；暴跌又有可能让高位被套者"一朝被蛇咬，十年怕井绳"。

真正优秀的基金经理不会把追求年度业绩排名作为目标，而会像巴菲特一样追求较高的平均复合年化收益率。

巴菲特自 1956 年开始建立合伙基金，于 1965 年取得伯克希尔·哈撒韦公司的控制权，从 1957 年至 2020 年的平均复合年化收益率约为 20%（注：其中，前期的平均复合年化收益率超过 30%，最近 20 年的平均复合年化收益率已下降至约 9.57%），这代表了世界顶级私募基金的长期平均复合年化收益率。

在长期的投资生涯中，巴菲特不追求短期暴利，仅在 1976 年取得超过 50% 的收益率，达 59.30%，其他年份的收益率都在 50% 以下。他十分注重保护本金，仅在 2001 年、2008 年出现亏损，亏损幅度分别为 -6.2%、-9.6%。

那些能在中长期达到 15% 以上平均复合年化收益率的基金，都是佼佼者。

3. 把对基金的风险评估置于第一位

很多投资者在购买基金时，都习惯看历史收益率排名。其实，与收益率排名相比，对基金风险的评估要重要得多。

在证券市场中，最重要的不是比谁在短期赚得多，而要比谁能活得长。证券投资的本质是风险管理，一些基金投资者虽然有可能冒着过大的风险获得短期暴利，但最终都会一败涂地。

投资者在评价基金的风险时，可以参考晨星公司的数据。晨星是美国的一家专业基金评价机构，官方网站为 www.morningstar.cn。在基金工具栏目下，投资者可以方便地查询到各类型基金。晨星不仅提供基金历史业绩，还能提供风险和评价数据，具体包括标准差、晨星风险系数、夏普回报等。

标准差反映计算期内总回报率的波动幅度，即基金每月的总回报率相对于平均月回报率的偏差程度，波动越大，标准差也越大。晨星风险系数反映计算期内相对于同类基金，基金收益向下波动的风险。它的计算方法为：晨星风险系数 = 相对无风险收益率的基金平均损失 ÷ 同类别基金平均损失。一般情况下，该指标越大，下行风险越高。夏普比率是衡量基金风险调整后收益的指标之一，反映了基金承担单位风险所获得的超额回报率（excess returns），即基金总回报率高于同期无风险收益率的部分。一般情况下，该比率越高，基金承担单位风险得到的超额回报率越高。

4. 把 3 ～ 5 年的基金业绩排名作为分析的起点

在支付宝、天天基金网等各大基金代销平台上，可以很方便地查询到基金业绩排名。有些投资者喜欢参考基金的年度业绩排名甚至更短期的排名来选择基金。

其实，基金短期业绩排名往往不是由基金经理的投研实力决定的，与运气、市场风格等因素的关系更大。年度排名靠前的基金中，有的是依靠基金经理的投研实力，但也有的是靠运气。那些主要依靠运气的基金往往在第二年表现较差，甚至会在随后几年里连续落后。

投资不是百米冲刺，而是一场马拉松。3 ～ 5 年的基金业绩排名，才可以作为判断一只基金是否值得购买的指标。投资者可以把 3 ～ 5 年的业绩排名作为筛选基金的第一步，然后要看中间是否换过基金经理以及该基金在下跌阶段的抗跌性等。

5. 选择管理规模适中的基金

基金净资产规模在 2 亿元以下的基金缺乏规模效应，如果进一步萎缩，甚至有清盘的风险。因此，投资者宜选择 2 亿元以上规模的基金。

不过，基金规模也不是越大越好。规模太大的基金，比如 300 亿元的规模，如果第一大重仓股的占比为 8%，就需要买入 24 亿元的股票，不仅建仓时间长，还会产生较高的冲击成本。完成建仓后，调仓换股的难度也会比较大。

6. 在市场狂热或低迷时敢于逆向而行

2020 年 10 月至 2021 年春节前，基金抱团股快速上涨，基金盈利效应急剧放大，大量"90 后"新基金投资者蜂拥入市，市场不断出现爆款基金。明星基金经理备受追捧，不少百亿元规模基金单天完成募集，且要比例配售。

投资者追逐爆款，从一个侧面反映了他们对基金缺乏了解以及市场已进入狂热阶段。当时，很多所谓核心资产的估值进入 90% 以上的历史高位，在众人争相入市之时，聪明的投资者要保持冷静，要避免买在高位。

2022 年春节长假结束后，A 股市场开盘后很快迎来持续下跌，不少明星基金市值在十几个交易日里，跌幅达到 20% 甚至 30%。很多基金投资者特别是以"90 后"为主体的新基金投资者被套牢，面临割肉还是持有的抉择。忍受基金净值的阶段性不利波动，这也是基金投资者理财过程中的必修课。没有人每次都能精准地抄底逃顶，当市场已经跌至合理价位，股价泡沫破灭之后，不在低位割肉，需要保持信心，静待时间的玫瑰再次绽放。

在 1965 年 6 月 18 日的致股东信中，巴菲特说："如果你持有的权益（比如巴菲特合伙有限公司）的市场价值下跌了 20% ~ 30%，这让你在心理上很不好受，经济状况也窘迫起来，那么你就应该从常规的股票市场投资中退出。用哈里·杜鲁门的话说就是'受不了热气就别进厨房'。当然，在决定进'厨房'之前考虑到可能出现的问题会更可取。"

7. 选择投资价值观与自己契合的基金经理

基金经理需要在实战中建立比较完整的投资体系，包括投资目标、投资策略和投资方法等，才能形成稳定和一致的投资风格。投资者只有选择投资价值观与自己契合的基金经理，才会在持有基金的过程中，经历风风雨雨的考验，保持坚定的信任。

有些基金经理把获得中长期绝对收益作为投资目标，追求所投资公司未来成长所带来的现金流收益，在构建投资组合时注重行业分散和个股分散，这类基金在牛市中的收益往往比不过风格激进者，但在熊市中却更有利于保护盈利果实，具体表现为下跌幅度小于股市整体下跌幅度。有些基金经理把追求相对收益作为主要目标，重视基金收益排名，行业集中度与个股集中度较高，在判断正确的前提下，会取得领先的业绩排名，但这类基金的波动会比较大，较大的回撤幅度会影响投资体验，适合能承受高风险、追求高收益的投资者。

投资风格不同的基金经理，在不同市场阶段的表现也有较大差异。有些基金经理风险偏好较低，坚持投资低估值的价值股，在宏观经济景气的环境中表现更好；有些基金经理风险偏好较高，喜欢投资成长性较高的股票，在市场流动性较好的环境中，会有较好表现。

即使巴菲特也不是全天候基金经理，在 20 世纪 90 年代后期的纳斯达克互联网牛市中，他旗下的伯克希尔·哈撒韦的业绩表现远远跟不上美股总体涨幅。

8. 选择投研实力强，把投资者利益放在第一位的基金公司

很多投资者喜欢选择管理资产规模大、知名度高的基金公司，更相信这些基金公司所管理的基金。管理资产规模是基金公司投研、营销、客户服务等综合实力的结果。诚然，这有一定的道理。

基金公司的收入来自所管理基金资产的管理费收入，规模越大的公司收入越高，越能吸引一流人才，在投研、客服等方面的资金投入也有可能越多。但是，投资者也需提防基金公司过分重视规模扩张，把股东和经理层的自身利益置于投资者利益之上。

多年来，公募基金业强者恒强的马太效应明显，华夏、易方达、富国、汇添富等都是综合实力居前的基金公司，而景顺长城、睿远、兴证全球、中欧、泓德等则在投研能力方面各领风骚。

投资者在选择基金公司时，需要寻找把投资者利益放在第一位的基金公司。只有价值观正确的基金公司，才能抵制各种诱惑，切实服务投资者。

9. 在其他条件相当的情况下，选择低费率的基金

在基金历史业绩、基金经理和基金公司的投研水平差不多的情况下，投资者宜优先选择费率低的基金。据晨星中国的数据，截至 2019 年底，股票基金、混合

基金、债券基金的资产加权总费率的中位数分别为 1.77%、1.76%、0.44%。在复利效应下，费率对于基金盈利具有明显的侵蚀作用。

对于同一位基金经理管理的不同基金，如果费率不同，或者在管理费收费机制上有差别，投资者也宜选择费率低的基金。通常情况下，优秀的基金经理会公平对待自己管理的不同基金，不会因为费率不同而在投资管理上分出亲疏。

目前，市场上还存在两种浮动费率的基金：其中一种是管理费率浮动，另一种是收取业绩提成。对于浮动费率基金，尤其是收取业绩提成的基金，投资者更需谨慎，原则上尽量回避，因为凡是合格的基金经理都会在适中的基金费率下尽心尽职地工作，不会因为基金费率向上浮动就更加卖力，把投资做得更好，也不会因为基金费率降低就偷懒耍滑。

10. 追求复利的喜悦，长期持有基金组合或基金中的基金（FOF）

俗话说："吃不穷，穿不穷，算计不到一世穷。"在现代社会，人们的生活节奏更快，压力更大，基金理财不是权宜之计，而应该成为人们长期坚持的良好习惯。

结婚、买房、养育子女、赡养父母，面对这些人生大事时，我们都需要有一定的经济基础。年轻人工作资历浅，收入不高，因而凡事更要从长计议，让时间成为自己财富持续增长的好朋友。

复利曾被称为"世界第八大奇迹"。巴菲特在 1962 年、1963 年的致股东信中，都连续讲到了"复利的喜悦"。

他在 1962 年的信中说，西班牙的伊莎贝拉女王最初投资了 3 万美元给哥伦布，人们认为女王的这笔风险投资做得相当成功。如果不考虑发现新大陆的成就感，那么必须指出的是，这笔投资也没那么了不起。粗略计算，3 万美元，按照每年 4% 的收益率投资，年复一年复利积累，到 1962 年就会增加到 2 万亿美元。

他在 1963 年的信中说，很多人不了解复利，我打算给大家上一课，这次以艺术界为例。1540 年，法兰西的弗朗西斯一世花了 4000 埃居（当时相当于 2 万美元），买入达·芬奇的名画《蒙娜丽莎》。如果弗朗西斯头脑清醒，能找到税后收益率为 6% 的投资，这笔钱现在就值 1000 万亿美元，相当于 1963 年美国国债的 3000 倍。

巴菲特本人是享受复利喜悦的成功典范。睿远基金在 2019 年底发布的《不要用线性思维应对非线性的投资》一文中表示，复利效应的特点就是刚开始效果并不明显，但是只要重复的次数足够多，突破临界值之后，结果就会呈现指数级爆发式增长，所以复利曲线是一条越来越陡峭的非线性曲线。巴菲特的财富增长曲线就是完美的复利曲线，他几乎用前半生的积累达到临界值，后半生迎来了财富的指数级爆发式增长，如表 1.1 所示。

表 1.1　巴菲特财富

年龄	巴菲特财富 / 美元
13 岁	5000
19 岁	1 万
21 岁	2 万
26 岁	14 万
30 岁	100 万
35 岁	700 万
39 岁	2500 万
44 岁	1900 万
47 岁	6700 万
52 岁	3.76 亿
56 岁	14 亿
59 岁	38 亿
66 岁	170 亿
72 岁	360 亿
83 岁	585 亿

让基金理财成为一生的习惯，坚持中长期投资，能充分享受复利效应带来的财富增值。同时，基金理财能帮助我们开阔视野，增长智慧。在持有基金的过程中，我们在净值增长过程中感受到的喜悦与成就感，在净值下跌过程中感受到的不安与焦虑，都是一种人生修炼，能帮助我们更加深刻地理解财富、学会应如何看待财富。

投资者想要享受长期复利的喜悦，一个有效的办法就是选择和购买一个基金组合。持有基金组合，能有效减少净值的波动，改善投资体验，且不会对中长期收益产生不利影响。

掌握基金理财的方法，让我们一起成为金钱的主人，使财富持续增长，享受多姿多彩的生活。

第2章
指数基金

　　股票型基金分为股票指数基金和股票主动基金。其中，股票指数基金以跟踪指数为目标，而股票主动基金大多以跑赢指数为目标。

　　在以美股为代表的成熟市场以及以 A 股为代表的新兴市场中，指数基金的表现存在巨大差异。在选择指数基金时，投资者需要结合市场的具体情况进行判断。

1. 美股指数基金能战胜大多数主动型基金

在 20 世纪 70 年代之前，世界上只有主动基金，没有指数基金。指数基金的主要优点是简单明了，盈亏幅度与指数的涨跌幅基本一样，选择难度相对较低。同时，指数基金的综合费率远低于主动基金，能凭借低费率的成本优势在长期产生巨大的复利效应。

美国先锋领航集团（Vanguard）的创始人约翰·博格（1929—2019）被称为指数基金之父。他于 1974 年创办先锋领航集团，于 1976 年成立了首只面向个人投资者的指数基金——先锋标普 500 指数基金，开创了公募基金指数投资的先河。如今，该公司管理的资产规模已近 6 万亿美元。

博格毕业于普林斯顿大学。在上大学的初期，他的学业并非一帆风顺。1948年秋天，博格读大学二年级，他的经济学课的成绩相对较差，后来经过努力才克服了困难。在大学三年级的后半学期，博格翻阅 1949 年 12 月出版的《财富》杂志时，读到了一篇题为"波士顿的巨额财富"的文章，第一次了解到开放式基金这个行业，并决定把毕业论文聚焦于开放式基金公司的过去与未来。

经过阅读与研究，他写出了 130 页的毕业论文《投资公司的经纪角色》。他在论文中提出，投资公司应该以最高效、最忠诚、最经济的方式运营，降低销售费用与管理费用，使财富获得最大化增长，基金公司不应该声称可以超过市场平均水平，例如指数。这篇论文的思想闪耀着理想主义的光辉。

普林斯顿大学校友、威灵顿基金公司创始人沃尔特·摩根在读到这篇论文后，邀请他到公司工作。1951 年 7 月，博格加入威灵顿基金，并于 1965 年被火箭般地提拔为公司总裁。在任职总裁期间，他主导了对一家成长风格的基金公司的并购，董事会迎来了几位新合伙人。在 1973 年至 1974 年的股市暴跌中，公司内部矛盾爆发，他于 1974 年 1 月被新合伙人解除了公司总裁职务。但是，作为公司旗下每只基金的主席，博格没有屈服，于当年 9 月推动成立了威灵顿基金公司的子公司——先锋领航，负责基金运营，赢得了共同基金的独立之战。

约翰·博格的伟大之处在于切实把投资者利益置于管理人利益之上，他自己并不拥有先锋领航集团的股权，而是创造性地把公司股东与持有人合二为一，使先锋领航成为唯一真正"共有"的基金公司。

博格把自己 67 年的职业生涯都献给了基金业，毕生发展指数基金，致力于降低指数基金的费率，彻底改变了美国基金业。据晨星公司关于美国基金费率的研究，截至 2018 年底，先锋旗下基金的规模加权平均费率为 0.09%，其中，先锋标普 500ETF 的费率为 0.03%，远低于主动基金。

《坚守："指数基金之父"博格的长赢之道》的译者望京博格在译后记中表示，所有先锋领航的基金没有固定管理费率，基金在扣除运营成本与人员工资之后，所有的盈利都计入基金资产，被所有的基金持有人享有。指数基金规模越大，相对固定的运营成本占比越小，基金的费率越来越低。

在先锋领航的推动下，20 世纪 90 年代以来，美国指数基金获得快速发展，低费率扩大了长期复利优势。巴菲特曾多次推荐指数基金，他早在 1993 年就说过："通过定期投资指数基金，一个什么都不懂的投资人通常能打败大部分专业经理人。"

2005 年，巴菲特设下赌局，提议以标准普尔 500 指数基金连续 10 年的表现（复利）作为基准，挑战全世界任何一位对冲基金经理所选的任意 5 只对冲基金组合的回报。直到 2007 年，华尔街才有一位对冲基金经理站出来应战，他是 Protégé 的创始人之一、联席首席投资官泰德·西德斯（Ted Seides）。后来，尽管经历了 2008 年金融危机，标普 500 一度腰斩，然而泰德·西德斯最终还是输掉了这场赌局。

2019 年、2020 年，巴菲特的伯克希尔·哈撒韦公司的年涨幅分别为 10.98%、2.42%，而标准普尔 500 指数的年涨幅分别为 28.88%、16.26%，连续两年不及标准普尔 500 指数。直到 2021 年，伯克希尔·哈撒韦公司的表现才比标准普尔 500 指数略好一些。

在 2021 年的股东大会上，巴菲特表示，他一直以来都推荐 SP500 指数基金。从长远来看，大多数投资者将从简单地购买标准普尔 500 指数基金中受益，而不是挑选个别股票，甚至包括伯克希尔·哈撒韦公司。

为了进一步阐述他的观点，巴菲特还展示了一份已经倒闭的汽车制造商名单。在他父亲出生的 1903 年，汽车是一个令人兴奋的产业，至少有 2000 家公司进入了该行业，到 2009 年，还剩下 3 家，其中 2 家破产了。"很少、很少、很少有人能够挑选出赢家。"巴菲特还告诫新投资者："我要告诉你的是，（投资）没有听上去那么容易。"

如今，指数基金已成为美国共同基金市场的主流品种之一，基金规模占比约 37%。美国股市历史长，成熟度高，养老金等长期资金让市场更加稳定，具有牛长熊短的特征，指数基金能给长期持有人带来丰厚回报。

2. A 股指数基金更适合阶段性持有

国内首只开放式指数基金——华安 180 指数增强基金（代码：040002）成立于 2002 年 11 月 8 日。经过近 20 年的发展，指数基金的数量已超过 1200 只。

与主动基金相比，指数基金的马太效应更加明显。目前，跻身头部的基金公司包括华夏、易方达、华泰柏瑞、国泰、南方、华安等，大多数中小型公司在指数基金领域缺乏机会。

按照标的指数成分股的覆盖面，指数基金分为宽基指数基金和行业主题指数基金。宽基指数反映整个市场的股票走势，而行业主题指数只覆盖单个行业或主题。

对于缺乏足够时间去研究主动基金的投资者而言，可以考虑宽基指数基金。上证 50ETF、沪深 300ETF、创业板 ETF 分别跟踪上证 50 指数、沪深 300 指数和创业指数，普通投资者可以像交易股票一样买卖 ETF。

如何正确选择 A 股宽基指数基金？市场上常有一些似是而非的宣传，比如说买指数基金比买主动基金更好、指数基金也适合长期定投等，这些说法容易对投资者形成误导。之所以会出现这些带有误导性的宣传，可能有两方面原因：一是宣传这样做的人自己没有弄懂，错误地把美国成熟市场的经验照搬照抄到 A 股市场，无疑会出现"橘生淮南则为橘，橘生淮北则为枳"的情形；二是部分基金公司出于营销需要，在发行指数基金时夸大其词，歪曲了事实。

相较于以美股为代表的成熟市场，A 股市场只有 30 多年历史，仍属于新兴市场，股市中养老金等长期资金的比例仍远低于美股，大部分投资者过于关注市场中短期表现，导致指数的波动幅度较大。同时，在投资者结构方面，散户比例仍较高，在交易和博弈过程中，机构在专业、信息等方面具有明显优势。

A 股市场中的专业机构投资者大多能取得超越指数的收益率，指数基金的表现整体不及主动基金。统计数据显示，从 2016 年至 2020 年，上证 50 指数基金的收益率为 64% 左右。同期，主动基金的收益率中位数为 90.72%。

在费率方面，A 股指数基金的费率仍远高于美股指数基金。以跟踪指数的股票型 ETF（exchange-traded funds，交易型开放式指数基金）为例，美国股票 ETF 的规模加权平均费率为 0.13%，国内大多为 0.6%（注：其中管理费率为 0.5%，托管费率为 0.1%），A 股 ETF 的费率接近美股的 5 倍。

鉴于 A 股市场宽基指数往往波动大，调整时间长，投资者如果长期持有不动，或者长期定投，不仅会在市场较长的下行或者横盘阶段，不得不忍受不赚钱的煎熬，而且这种付出太多痛苦代价所取得的长期收益率往往吸引力不大。

俗话说，"在哪座山上就要唱哪座山的山歌"，指数基金的投资同样需要因地制宜，具体问题具体分析。在现阶段，A 股市场的宽基指数基金更适合波段操作，阶段性持有。

以沪深 300 指数为例，2015 年 6 月 9 日，该指数盘中最高点为 5380.43 点，2019 年 1 月 4 日，盘中最低点为 2935.83 点。从 2015 年 6 月 9 日至 2019 年 1 月 4 日，时间持续三年半。如果在这么长的时间里，投资者一直持有沪深 300 指数基金，或者一直在定投，存在收益率与投资体验都比较差的问题，并非好的选择。

再以中证 500 指数为例，该指数反映沪深两市小盘股的走势，波动更大。2015 年 6 月 12 日，中证 500 指数的最高点为 11 616.38 点，2018 年 10 月 22 日的最低点为 3948.56 点，三年多时间的最大跌幅约 66%。投资者如果不幸在高位买进，机械地长期持有，会承受巨大的心理压力。

从长期看，随着市场有效性的提高，以及主动基金取得超额收益的难度增加，指数基金未来的市场份额将有望不断上升，像美国市场一样占据半壁江山。

近 10 年来，沪深 300 指数成分股的市盈率为 8～17 倍，平均值为 12 倍。在 10 倍附近时，指数基本处于历史底部区域，在 15 倍以上则会面临调整压力。2014 年上半年、2019 年初，沪深 300 指数成分股的平均市盈率为 10 倍，适合买入持有。2015 年中、2018 年初、2021 年一二月份，沪深 300 指数成分股的平均市盈率为 15 倍，高位追买会有较高风险。

从估值角度看，从 2015 年 9 月至 2016 年底、2018 年下半年至 2020 年上半年，沪深 300 指数成分股的平均市盈率为 12 倍，这意味着即使不考虑沪深 300 指数成分股的成长性，投资这只指数基金的年回报率也有 8% 以上，比较适合一次性买入或定投。在其他时间，更适合持有或逢高减持。

值得一提的是，易方达、富国、兴全等基金公司管理的指数增强型基金，能通过指数化投资的增强操作，在严格控制与目标指数偏离风险的前提下，获得明显高于指数的收益。追求超越指数收益率的投资者，则可以选择指数增强型基金，如易方达上证 50 增强（代码：110003）、兴全沪深 300 增强（代码：163407）等。

指数增强型基金的收益来源分为两部分：一是超越指数的 α[①] 收益，即基金经理有权对跟踪指数外的 20% 资产进行主动投资，获得超越指数的回报；二是标的指数的 β[②] 收益，因为指数增强基金投资标的指数成分股和备选股的资产比例不得低于 80%。

指数增强型基金实现超额收益的方式多种多样，主流增强方式有利用交易规则来获取超额收益（例如新股申购）、利用基本面和技术面等指标择时增强、通过主题及风格暴露获得超额收益、个股权重优化增强等。

近几年来，针对 A 股市场结构性行情特征，各大基金公司开发了大量行业主题指数基金。行业主题指数基金相当于股票的替代品，投资者如果对科技、白酒、芯片、新能源等行业主题中的某些行业比较熟悉，但对个股缺乏深入研究，那么可以选择行业主题指数基金。

在指数基金家族中，ETF 已经成为主流品种。与传统开放式指数基金只能通过场外申购、赎回不同，ETF 是一种交易型开放式指数基金，结合了封闭式基金和开放式基金的运作特点，投资者既可以用一篮子股票申购赎回基金份额，也可以在二级市场买卖交易。ETF 可以满仓运作，基金净值表现和指数基本一致。

华夏上证 50ETF（代码：510050）是国内首只 ETF，成立于 2004 年 12 月 30 日。

2019 年 11 月 16 日，在上交所联合华夏基金"十五年十五城"ETF 高峰论坛上，华夏基金总经理李一梅回顾说，2004 年 11 月底，华夏上证 50ETF 发行

---

① α 系数，也称阿尔法系数（alpha coefficient），是指个别股票或基金的绝对回报和按照 β 系数计算的预期风险回报之间的差额。绝对回报是实际回报减去无风险投资收益率（在国内通常为 1 年期银行定期存款利率）的差额。

② β 系数，也称贝塔系数（beta coefficient），用来衡量个别股票或基金相对于大盘平均水平的价格波动情况，在股票、基金投资术语中常见。

可谓天时、地利、人和都不尽如人意，主要面临三重困难：一是当时市场刚经历持续下跌，一度击穿市场公认的 1300 点的"铁底"，新基金特别是权益类基金发行极为困难；二是必须要去券商开户购买 ETF，银行不参与销售；三是当时即使是专业投资者对 ETF 也知之甚少。

但是，在华夏基金、上海证券交易所、各大证券公司的共同努力下，首只公募 ETF 的发行最后取得了成功。华夏上证 50ETF 首募超 54 亿元，远超同期开放式基金平均 10 多亿元的募集额。

据华夏基金介绍，ETF 的客户涵盖机构客户、私募机构、券商以及个人投资者，但是每类投资者对 ETF 的应用策略有所不同，具体如表 2.1 所示。

表 2.1　不同类型投资者对 ETF 的应用策略

交易类型	券商	保险公司	私募机构	银行	个人
日内交易及套利	上证 50ETF、沪深 300ETF 等衍生品配套 ETF	—	—	—	—
	大型券商自营部门	—	—	—	—
趋势交易及轮动	上证 50ETF、沪深 300ETF、恒生 ETF 等流动性较好的 ETF	宽基指数 ETF、行业指数 ETF 等，部分以联接基金配置	上证 50ETF、沪深 300ETF、恒生 ETF 等流动性较好的 ETF	—	新能源车 ETF、芯片 ETF、食品饮料 ETF 等
	大中型券商自营部门、融资融券部门	大型保险倾向于宽基指数 ETF，中型保险倾向于行业指数及主题指数 ETF	行业轮动及宏观对冲基金	—	场内交易做行业轮动
长期持有配置策略	恒生 ETF、沪港通上证 50AH	恒生 ETF、上证 50ETF、沪深 300ETF 及中证 500ETF 等	—	上证 50ETF、沪深 300ETF、中证 500ETF、恒生 ETF 等联接基金	沪深 300ETF、中证 500ETF、恒生 ETF、沪港通上证 50AH 等
	大多自营部门未覆盖港股，ETF 是投资港股的主要工具	大型保险资管	—	银行资管以及理财 FOF 类产品	互联网、零售及场内渠道

2.1　宽基指数基金

在所有股票指数中，知名度最高的无疑是上证综合指数（以下简称"上证综指"），它反映的是在上海证券交易所上市的所有股票的整体表现。对于上证综指，中国股民可谓耳熟能详。

在历史上，上证综指最惊艳的表现出现在 2006 年至 2007 年。在这轮大牛市中，上证综指由 2005 年中的千点起步，于 2007 年 10 月 16 日创出 6124.04 点的历史最高点。

2009 年 7 月 1 日，汇添富基金公司发行成立了上证综指基金，有效认购户数 12.15 万户，首募规模 90.98 亿份。其中，汇添富基金公司投入 3000 万元固有资金认购。在发行期间，公司打出"激荡十九年，一只好指数"的广告词，给人印象颇深。

不过，上证综指后来多年的表现却不尽如人意，即使在 2015 年上半年的杠杆牛市中，最高也仅达到 5178.19 点，距 2007 年的历史高点尚有距离。截至 2021 年 9 月 30 日，该指数仍在 3500 点附近，汇添富上证综指成立以来的累计涨幅为 48.07%，基金净资产规模为 8.15 亿元。

买指数基金，关键是选择指数。从投资价值的角度看，上证 50、沪深 300、中证 500、创业板指数、科创板指数都是具有代表性的宽基指数，各大基金公司已发行成立了跟踪这些宽基指数的指数基金。

作为国内规模最大的指数基金公司，截至 2021 年 9 月 30 日，华夏基金的指数基金规模高达 2300 亿元。自 2004 年以来，华夏基金就把 ETF 作为指数基金的主要发展方向，并一直保持 ETF 规模第一的位置。其中，代表性的宽带基金产品包括上证 50ETF（代码：510050）、300ETF 基金（代码：510330）、科创 50ETF（代码：588000）、恒生 ETF（代码：159920）等。另外，该公司管理的行业主题指数 ETF 包括 5GETF（代码：515050）、芯片 ETF（代码：159995），规模分别达 171 亿元、163 亿元。

易方达深证 100ETF（代码：159901）则是在深交所上市的首只 ETF，成立于 2006 年 3 月 24 日。易方达旗下的指数基金规模居国内第二位，其中，易方达上证 50 增强（代码：110003）、易方达上证科创板 50ETF（代码：588080）、易方达深证 100ETF（代码：159901）、易方达创业板 ETF（代码：159915）、易方达沪深 300ETF（代码：510310）都是该公司的代表性产品。

万家基金（原名：天同基金）在公司成立之初，曾经把发展重点定位于指数基金。该公司首只基金即上证 180 指数基金（代码：519180.OF），成立于 2003 年 3 月 15 日，也是国内第二只指数基金。2011 年 3 月 17 日，万家基金发行成立了万家中证红利指数（代码：161907）。2013 年 10 月 31 日，万家基金发行成立了万家上证 50ETF（代码：510680）。后来，公司调整了发展战略，改为以发展主动基金为主。

天弘基金在余额宝取得成功，于 2014 年成为国内第一大基金公司之后，曾凭借余额宝的客户资源和公司资金优势，聚焦于指数基金的发展。2015 年，该公司在宽基指数、行业指数方面进行了密集布局。6 年来，该公司在指数基金领域投入甚巨。

如今，指数基金的市场集中度远高于主动基金。对于机构、渠道资源缺乏比较优势的基金公司而言，发展指数基金是一条比较艰难的道路。

投资者在选择跟踪同一个指数、由不同基金公司发行和管理的指数基金时，可以通过对基金的管理资产规模、费率、跟踪误差等多个指标进行综合评判，选出跟踪效率最高、费用成本最低的领头羊。

2.1.1　上证 50 指数基金

1. 上证 50 指数

上证 50 指数于 2004 年 1 月 2 日发布。

与上证综指反映沪市全体股票的整体表现不同，上证 50 指数成分股由沪市 A 股中规模大、流动性好的具有代表性的 50 只股票组成，反映上海证券市场最具影响力的一批龙头公司的股票价格情况。该指数对样本空间内的证券按照过去一年的日均总市值、日均成交额进行综合排名，选取排名前 50 位的证券组成样本。

2005 年中，A 股市场在一片低迷和绝望中见底，悄然步入大牛市。据国家统计局发布的最终核实数据，2006 年、2007 年的 GDP 增长率分别高达 11.6%、13%，宏观经济的高速增长，是 2006 年至 2007 年大牛市的基本面基础。

2005 年 4 月 29 日，经国务院批准，证监会发布了《关于上市公司股权分置改革试点有关问题的通知》；2005 年 5 月，股权分置改革试点正式启动；2005 年 6 月 10 日，三一重工的改革方案高票通过，三一重工成为成功实施股权分置改革的第一家上市公司。股权分置改革的成功开启，解决了困扰 A 股多年的股权分置问题，弥补了制度性缺陷。

在上证综指处于千点附近的低谷，市场对股改仍疑虑较重时，政府推出了给券商低息贷款等利好政策。后来，政府又接连出台政策鼓励上市公司加速股改进程，将资源向已完成股改的上市公司倾斜。2006 年 1 月 12 日，证监会、商务部等五部委发布的《外国投资者对上市公司战略投资管理办法》规定，国外投资者对已完成股改的上市公司和股改后新上市公司两类对象进行战略投资，可以采取有条件的定向发行和协议转让以及国家法律法规规定的其他方式。

在政策的大力呵护以及良好的宏观经济基本面的共同推动下，大牛市喷薄而出。从 2005 年 6 月 6 日至 2007 年 10 月 16 日，上证综指的涨幅为 501%，同期上证 50 指数的涨幅为 575.56%。在这轮牛市中，上证 50 指数略强于上证综指。

从 2008 年至 2015 年，上证 50 指数剧烈震荡。2016 年 3 月之后进入长牛和慢牛轨道。从 2004 年 1 月 2 日至 2021 年 9 月 30 日，上证 50 指数的累计涨幅为 219.7%，相较于上证综指同期 138.35% 的累计涨幅，表现明显更好。

近 16 年来，随着中国经济结构转型升级，上证 50 指数成分股经历了巨大变化。2004 年，前十大成分股以电力、钢铁、银行、电信、石化等传统周期行业为主，反映了当时中国在加入世贸组织后重化工业是宏观经济的中流砥柱；2020 年，前十大重仓股以消费、金融、医药、高端制造等行业为主，反映了中国经济从投资和出口拉动向内需拉动的变迁。

截至 2021 年 9 月 30 日，上证 50 指数成分股的平均市盈率（trailing twelve months，TTM）为 10.85 倍，最近 10 年历史最大值为 14.93 倍，最小值为 6.97 倍，平均值约为 10 倍。2020 年上证 50 指数成分股的平均净资产收益率为 10.68%。

2004 年以来，易方达、华夏、天弘、博时等各大基金公司发行成立了 30 多只上证 50 指数基金。其中，华夏上证 50ETF（代码：510050）、易方达上证 50 增强（代码：110003）的规模分别为 528.87 亿元、237.61 亿元，处于绝对领先地位。

2. 华夏上证 50ETF，近 5 年年化涨幅为 9.69%

华夏上证 50ETF（代码：510050）作为国内首只交易型开放式指数基金

（ETF），自 2004 年 12 月 30 日成立以来，获得了机构投资者的较高认可，在持有人结构中，机构投资者所占的比例在大多数时间里超过一半，其中，在 2021 年中的比例达 74.14%。

截至 2021 年 9 月 30 日，该基金的资产净值达 528.87 亿元。近 5 年累计涨幅为 58.29%，同期上证 50 指数累计涨幅为 46.83%，成分股分红、参与打新股等是该基金涨幅高于同期指数涨幅的主要原因。该基金近 5 年年化涨幅为 9.69%，最大回撤率为 -27.5%。

华夏上证 50ETF 纳入上交所两融（融资融券）投资标的，是境内与 ETF 期权挂钩的比较好的工具，结合股指期货、ETF 期权可以有效管理投资风险。

3. 易方达上证 50 增强，近 5 年年化涨幅 18.01%

易方达上证 50 增强 A（代码：110003）成立于 2004 年 3 月 22 日，是国内第一只跟踪上证 50 指数的基金。截至 2021 年 9 月 30 日，该基金的基金资产净值达 237.61 亿元，近 5 年年化涨幅 18.01%，最大回撤率为 -28.64%。

与完全复制指数成分股不同，该基金以指数化投资为主，辅以一定的增强投资和操作，投资目标是在严格控制与目标指数偏离风险的前提下，力争获得超越指数的投资收益。

该指数增强型基金主要基于对上市公司及行业的基本面分析对指数化投资组合进行优化，通过深入研究和跟踪成分股企业的基本面变化，进而预测企业价值的中长期变化趋势，更好地把握投资机会，获取超额收益。

实践证明，易方达上证 50 增强基金的增强效果相当明显：从 2016 年至 2020 年，易方达上证 50 增强 A 的累计收益率达 153.98%，同期上证 50 指数累计涨幅约 64.53%，领先上证 50 指数 89 个百分点，且每年都优于指数，牛市涨得比指数多，熊市跌得比指数少，比较充分地实现了指数增强的目标。

易方达上证 50 增强基金的持有人以个人投资者为主，近几年机构持有的比例大多在 10% 以下。

基金经理张胜记于 2005 年 3 月加入易方达，历任机构理财部研究员、投资经理助理、研究部行业研究员等。他于 2010 年起担任基金经理，自 2012 年 9 月 28 日起管理上证 50 增强基金。2020 年 12 月 30 日起，他开始管理易方达沪深 300 精选增强基金（代码：010736）。

　　谈及易方达上证 50 指数基金的超额收益，张胜记在接受媒体采访时表示，收益主要来自三个方面：一是在成分股中长期超配部分具备长期竞争优势和持续业绩增长能力的股票，大约有 50% 的超额收益来自绩优成分股的超配；二是对行业竞争优势薄弱、业绩波动大、盈利水平低下的成分股进行低配，尤其是在这些成分股估值过高时大幅低配，一些事后业绩"爆雷"的成分股，甚至从未出现在他的组合中，对这类成分股的低配大约为他的组合贡献了 35% 的超额收益；三是来自少量非成分股的超配与增强，通过自下而上的基本面研究，挑选出能够持续增长的优质企业配置在组合中。

　　张胜记预计，未来 5 ～ 10 年，A 股仍将处于弱势有效的市场环境当中，基金经理能通过基本面研究获得超额收益。

　　股票投资是一件预测未来的事情，预测未来就需要你去深度研究，而且需要找到一个因果逻辑。"我找到的因果逻辑是：业绩持续成长，那么股价一定能够持续增长。"张胜记说。

　　那么，什么样的企业才具备持续增长能力呢？

　　张胜记通过观察发现，首先，企业要拥有核心竞争优势，具备很高的竞争壁垒，具体表现为在细分市场上拥有寡头垄断的市场地位。

　　其次，这些企业已经建立起一套良好的激励体制，具体包含三个部分：一是企业内部能够选拔、激励优秀的人才，同时淘汰落后者。二是建立外部激励体系，即企业能够很好地利用外部资源。比如，一家消费品企业要能够充分地让经销商赚钱，利用全社会的经营杠杆让企业的经营成果迅速扩大，实现更多增长。三是主营产品或服务要比竞争对手能更好地满足客户需求。

　　最后，企业的核心管理层要拥有积极进取的精神、对技术与市场的深度理解以及长远持续发展的目标。

　　如果企业能够满足上述 3 个条件，这个企业大概率能够在未来保持增长。

　　在具体选股时，张胜记按照业务模式把企业分为 6 类：资源类，项目类，to B 类，to C 类，to B 和 to C 兼有的类型，以及平台类。他表示，如果从企业的生命周期来看，平台类企业以及 to C 类细分市场的龙头企业，更容易成为持续增长型企业。这种企业大多处于技术成熟周期曲线的第二个上升阶段，值得深度研究与分析。

　　技术成熟周期曲线是指企业或行业在从小变大过程中的市场估值变化曲线。

在第一阶段，曲线上升往往会很陡峭，一项先进的技术在初步商业化时，公司市值会上涨得非常快。随着市场对新技术的预期急剧升高，将有大量竞争对手进来，然后会很快进入曲线的第二个阶段—大幅回撤阶段，行业内多数公司的股价会腰斩或者下跌更多，这个阶段对投资者的杀伤力非常大。技术成熟周期曲线的第三个阶段是"剩者为王"的上升阶段，主要特征是行业赢家已见分晓，专业投资者能够看出新技术下最具竞争力的龙头企业，在随后的市场渗透提升过程中，这类企业将能够保持增长。

2.1.2　沪深 300 指数基金

1. 沪深 300 指数

沪深 300 指数于 2005 年 4 月 8 日发布，由上海和深圳证券市场中市值大、流动性好的 300 只股票组成，综合反映中国 A 股市场上市股票价格的整体表现。

该指数选样方法的第一步是对样本空间内的证券，按照过去一年的日均成交金额由高到低排名，剔除排名后 50% 的证券。第二步是对样本空间内剩余证券，按照过去一年的日均总市值由高到低排名，选取前 300 名证券作为指数样本。

该指数的计算公式为

$$报告期指数 =（报告期样本的调整市值 / 除数）\times 1000$$

$$调整市值 = \sum（证券价格 \times 调整股本数）$$

计算调整股本数，需要确定自由流通量和分级靠档两个因素，根据分级靠档的方法对样本股本进行调整。

沪深 300 指数成分股的平均市盈率（TTM）为 13.1 倍（注：截至 2021 年 9 月 30 日），最近 10 年历史最大值为 18.78 倍，最小值为 8.03 倍，中位数为 12.33 倍。2020 年平均净资产收益率为 10.79%。

2. 三大主要沪深 300ETF，近 5 年年化涨幅约为 10%

2012 年 5 月 4 日，国内首只跨市场 ETF——华泰柏瑞沪深 300ETF（代码：510300）成立。2012 年 5 月 7 日，嘉实沪深 300ETF（代码：159919）成立。2012 年 5 月 28 日，它们于同一天分别在上海、深圳上市。2012 年 12 月 5 日，华夏沪深 300ETF（代码：510330）成立。

十几年来，各大基金公司发行成立了上百只沪深 300 指数基金。截至 2021 年 9 月 30 日，华泰柏瑞沪深 300ETF（代码：510300）、华夏沪深 300ETF（代码：510330）、嘉实沪深 300ETF（代码：159919）的规模分别为 389.25 亿元、244.55 亿元、189.04 亿元，排在市场前三位。它们近 5 年的平均复合年化涨幅分别为 9.94%、10.22%、10.03%，最大回撤率分别为 -31.19%、-31.14%、-31.28%。

3. 兴全沪深 300 指数增强，近 5 年年化涨幅为 13.43%

兴全沪深 300 指数增强基金（代码：163407）成立于 2010 年 11 月 2 日。截至 2021 年 9 月 30 日，该基金净资产规模为 47 亿元，近 5 年年化涨幅为 13.43%，最大回撤率为 -24.49%。

基金经理申庆，1997 年 7 月至 2003 年 9 月任兴业证券研究发展中心研究员，2003 年 9 月任兴业基金行业研究员。从 2010 年 11 月 2 日至今，担任兴全沪深 300 指数增强基金的基金经理，兼任兴全中证 800 六个月持有指数（代码：010673）的基金经理，合计管理资金规模约 69 亿元。

2.1.3　中证 500 指数基金

1. 中证 500 指数

中证 500 指数于 2007 年 1 月 15 日发布，由全部 A 股中剔除沪深 300 指数成分股及总市值排名前 300 名的股票后，总市值排名靠前的 500 只股票组成，市值占 A 股近 13%，综合反映中国 A 股市场中一批中小市值公司的股票价格表现。

按照中证行业分类，可以大致把工业、公用事业、金融、房地产、能源和材料 6 个行业视为传统的周期行业，把可选消费、日常消费、医疗保健、信息技术和其他 5 个行业视为新兴的成长行业。中证 500 指数中周期与成长权重分别占比为 55.27% 和 44.29%，结构分布均衡。

中证 500 指数近 5 年年化收益率为 2.64%，整体表现较差。主要原因是指数平均估值在持续下降，市盈率（TTM）[①] 已由原来的接近 50 倍下降至 22 倍左右。

---

① 市盈率（TTM）表示最近 12 个月市盈率。

在中国经济从增量经济向存量经济转型的背景下，各行业的市场集中度上升，中小公司经营压力增大，加上 A 股逐步推行注册制，上市公司越来越多，壳资源的价值下降，代表中小盘股的中证 500 指数受到较大冲击。

2020 年底，政府加大对互联网平台反垄断的监督力度。2021 年 2 月，国务院反垄断委员会发布《关于平台经济领域的反垄断指南》，这对于促进市场公平竞争，保护中小企业的发展具有重要作用。

在估值方面，最近 10 年中证 500 的市盈率（TTM）最高值为 83.24 倍，最低值为 16.24 倍，中位数为 29.45 倍。截至 2021 年 9 月 30 日的市盈率（TTM）为 21.01 倍，动态市盈率更低，处于历史底部位置。2020 年平均净资产收益率为 7.06%。

现在，市场上有上百只跟踪中证 500 指数的基金。其中，南方中证 500ETF（代码：510500）、富国中证 500 指数增强（代码：161017）的规模分别为 475.17 亿元、91.57 亿元，前者规模最大，后者有增强特色。

2. 南方中证 500ETF，近 5 年年化涨幅为 3.78%

南方中证 500ETF（代码：510500）成立于 2013 年 2 月 6 日。截至 2021 年 9 月 30 日，该基金净资产规模为 475.17 亿元，近 5 年年化涨幅为 3.78%，最大回撤率为 −39.43%。

基金经理罗文杰（女），美国南加州大学数学金融硕士、美国加州大学计算机科学硕士，具有中国基金从业资格，曾先后任职于美国 Open Link Financial 公司、摩根士丹利公司，从事量化分析工作，2008 年 9 月加入南方基金。

3. 富国中证 500 指数增强，近 5 年年化涨幅为 9.45%

富国中证 500 指数增强（代码：161017）成立于 2011 年 10 月 12 日。截至 2021 年 9 月 30 日，该基金净资产规模为 91.57 亿元，近 5 年年化涨幅为 9.45%，最大回撤率为 −33.11%。同期业绩比较基准的收益率为 17.95%，基金跑赢业绩比较基准 39.12%，增强效果显著。

基金经理为李笑薇、徐幼华、方旻。

李笑薇，北京大学学士，普林斯顿大学硕士，斯坦福大学博士，是一位典型的学霸型基金经理，同时也是国内量化基金领域的领军人之一，现任富国基金副总经理。自 2003 年 1 月开始，她从事证券行业工作；2003 年 1 月至 2005 年 12

月任摩根士丹利资本国际公司（MSCIBARRA）BARRA 股票风险评估部高级研究员；2006 年 1 月至 2009 年 5 月任巴克莱国际投资管理公司（Barclays Global Investors）大中华主动股票投资总监、高级基金经理及高级研究员；2009 年 6 月，李笑薇加入富国基金，负责量化投资研究，近 13 年来取得了出色成绩。

2.1.4　创业板指数基金

1.创业板指数

创业板又称二板市场，上市门槛低于主板。全球创业板起源于美国纳斯达克，源自科技创新的推动，是创新型企业进行风险融资的重要渠道。

在 2008 年亚洲金融危机中，很多企业遇到了较大困难，创业板的推出就变得更加迫切。深圳创业板于 2009 年 10 月 23 日举办启动仪式，10 月 30 日，首批 28 只代码"300"的公司正式在创业板挂牌。

借鉴美国纳斯达克的经验，深圳创业板以服务中小型企业为战略定位，主要是为了支持和服务中小型企业，特别是高成长企业，从而与主板市场形成了分工。

此前，创业板的准备已历时 10 年。德高望重的已故经济学家、被誉为"中国风险投资之父"的成思危为创亚板的推出做出过重要贡献。1998 年 3 月，成思危代表民建中央提交了《关于尽快发展我国风险投资事业的提案》，此提案是当年全国政协会议的"一号提案"，被认为开启了在中国设立创业板的征程。

创业板首批 28 只股票平均发行市盈率高达 56.6 倍。在上市首日，当天收盘价均比发行价上涨超过 7 成，平均市盈率升至 100 倍，显示了投资者对新事物的巨大热情和高度预期。

2010 年 6 月 1 日起，深交所正式编制和发布创业板指数。创业板指数由深圳创业板块中市值大、流动性好、具有代表性的 100 只股票组成，综合反映创业板中具有影响力的龙头企业的整体状况，集中体现了业绩高成长、新产业集中的创业板特征，是创业板市场的标尺。

2010 年 10 月 20 日，该指数创出诞生之后的高点 1239.6 点。统计数据显示，当天 147 家创业板上市公司的平均市盈率达 83 倍。此后，创业板进入长达 2 年的熊市。通胀压力和紧缩政策导致市场反复下跌，创业板指数最大跌幅超过 50%，直至 2012 年 12 月 4 日创出 585.44 点后，才止跌企稳。

2013 年至 2015 年上半年，在智能手机逐渐普及的背景下，以移动互联网为代表的小盘股牛市如火如荼，创业板指数在 2015 年 6 月 5 日达到 4037.96 点，最大涨幅近 6 倍。

2015 年 6 月，杠杆牛市走到穷途末路，A 股爆发惨烈的股灾，市场开始了一轮漫长的下跌。由于估值过高，即使在宏观经济转好的 2016 年、2017 年，创业板指数也备受压制，直至 2018 年国庆节之后才探明底部，最低见 1184.91 点，最大跌幅达 7 成。对于很多投资小盘股和科技股的投资者而言，这是一场非常痛苦的煎熬。

经历 2018 年的熊市之后，从 2019 年起，在中美冲突加剧，美国对中国不断打压和遏制的大背景下，中国科技企业立足自主创新，攻坚克难。2019 年 7 月，科创板上市之后，电子、医药、生物等科技行业迅速成为全市场的热点，科技股牛市来临，创业板市场交投活跃，指数表现强劲。

改革是进步的源头活水。2020 年 4 月 27 日，中央全面深化改革委员会第十三次会议审议通过了《创业板改革并试点注册制总体实施方案》。会议指出，推进创业板改革并试点注册制，是深化资本市场改革、完善资本市场基础制度、提升资本市场功能的重要安排。2020 年 8 月 24 日，创业板注册制首批企业挂牌上市。同日起，这一板块的存量股票和相关基金实行 20% 涨跌幅限制，创业板 2.0 扬帆起航。

2010 年 6 月 1 日，创业板指数发布的第一天，总市值超过 100 亿元的公司仅有 6 家，依次是乐普医疗（222 亿元）、神州泰岳（199 亿元）、碧水源（170 亿元）、国民技术（166 亿元）、华谊兄弟（114 亿元）、万邦达（101 亿元）。截至 2021 年 9 月 30 日，创业板前六大公司依次为宁德时代（1.22 万亿元）、迈瑞医疗（4686 亿元）、金龙鱼（3764 亿元）、东方财富（3552 亿元）、爱尔眼科（2887 亿元）、智飞生物（2544 亿元）。

经过近 12 年的发展，创业板市场硕果累累。截至 2021 年 9 月 30 日，创业板指数成分股的平均市盈率为 56.73 倍，最近 10 年的最大值为 135.13 倍，最小值为 27.92 倍，中位数为 53.49 倍。2020 年平均净资产收益率为 13.75%。

现在，市场上共有 20 多只跟踪创业板指数的指数基金。其中，易方达创业板 ETF（代码：159915）以 130.1 亿元规模独占鳌头。

2. 易方达创业板 ETF，近 5 年年化涨幅为 8.81%

易方达创业板 ETF（代码：159915）成立于 2011 年 9 月 20 日，截至 2021 年 9 月 30 日，该基金净资产规模为 130.1 亿元，近 5 年年化涨幅为 8.81%，最大回撤率为 -45.65%。

基金经理为成曦、刘树荣。

成曦，自 2008 年 7 月至 2010 年 5 月任华泰证券研究员，2010 年 6 月加入易方达，曾任集中交易室交易员、指数与量化投资部指数基金运作专员。

刘树荣，自 2007 年 4 月至 2008 年 4 月任招商银行资产托管部基金会计，2008 年 4 月加入易方达，曾任核算部基金核算专员、指数与量化投资部运作支持专员。

2.1.5　科创板指数基金

1. 科创 50 指数

在创业板开市近 10 年之后，2019 年 7 月 22 日，首批 25 只科创板股票在上交所上市交易。与深圳创业板诞生于 2008 年全球金融危机之后的第二年类似，科创板开板并试点注册制，也是在 2018 年熊市之后。

科创板的诞生是伟大历史时代的召唤，是资本市场服务于科技创新的重大举措。在国际关系错综复杂，大国竞争变得更加激烈的形势下，要实现关键核心技术领域的突破，不再被别人"卡脖子"，就需要实现各个要素的有效配置，通过资本市场发挥配置功能，让创新活动和资源投入得到有效激励。

对于科创板的诞生，博时基金董事长江向阳曾在《清华金融评论》发表《从 0 到 1：科创板时代价值投资的新定义》一文，他认为科创板是中国科技从 0 到 1 的孵化器，是机构投资者的"高考"平台。

他指出，对于大量处于发展初期的科创板公司而言，财务报表体现的净利润和净资产收益率（return on equity，ROE）等静态指标的参考意义并不大，A 股投资者惯常使用的市盈率、ROE 等指标并不适用。此外，对亚马逊这类互联网企业而言，市盈率的重要性并不显著，净利润本质上仅是一个会计周期内的盈余数字，代表真实议价能力和盈利潜力的自由现金流更受到投资者关注。机构投资者应根据企业的商业模式、所处生命周期选取匹配的估值定价方法。

科创板相当于风险投资 C 轮、D 轮融资的提前证券化，剔除大部分个人投资者后，科创板的市场流动性相较于主板流动性有所下降，因此，科创板投资从持股久期和研究深度两方面对传统二级市场投资方法提出考验，一级、二级市场投资方法的交叉和融合成为必然选择。一级市场投资中经常使用的可触及市场空间测算（total addressable market，TAM）、竞争卡位和潜在盈利弹性测算将成为科创板投资方法的重要基石。此外，除了行业和公司基本面分析，包括环境、社会和公司治理（environment、social responsibility、corporate governance，ESG）的企业社会责任评价和管理层评估也将纳入投资决策体系中，共同支撑和完善科创板投资方法论。

上证科创板 50 成分指数于 2020 年 7 月 23 日发布，由上海证券交易所科创板中市值大、流动性好的 50 只证券组成，反映最具市场代表性的一批科创企业的整体表现。

从行业市值占比来看，科创 50 指数以科技行业、生物医药为主。根据 Wind 行业分类，科创 50 指数中信息技术行业市值占比最高（77.7%），医疗保健、材料次之，分别占比 9.7%、5.1%，前三大行业市值占比达 92.5%。

截至 2021 年 9 月 30 日，科创 50 指数成分股中前五大公司依次为中芯国际（4363 亿元）、金山办公（1306 亿元）、传音控股（1130 亿元）、天合光能（1108 亿元）、中微公司（935 亿元）。

现在，市场已有十几只跟踪科创 50 指数的基金，其中，华夏上证科创板 50 成分 ETF（代码：588000）的规模为 201 亿元，居第一位。

2. 华夏上证科创板 50ETF，成立以来年化涨幅为 −1.27%

2020 年 9 月 28 日，华夏、易方达、工银瑞信、华泰柏瑞的科创 50ETF 在同一天成立。一年之后，截至 2021 年 9 月 30 日，它们的资产规模分别为 222.79 亿元、112.81 亿元、49.72 亿元、31.45 亿元。其中，华夏上证科创板 50 成分 ETF（代码：588000）成立以来的年化涨幅为 −1.27%，最大回撤率为 −18.66%。

华夏上证科创板 50 成分 ETF 在发行期间，有效认购户数高达 69.57 万户，首募规模达到 51.23 亿元。大量普通投资者对于科创板满怀憧憬和热情，其中很多人受科创板 50 万元证券资产最低门槛等准入条件的限制，不能直接交易科创板股票，他们便通过科创 50ETF 等公募基金入市，希望能分享科技企业成长带来的收益。

2021 年中报数据显示，华夏上证科创板 50 成分 ETF 的持有人户数为 53.62 万户，其中，机构持有比例为 33.77%，个人持有比例为 66.23%。

由于科创企业具有高风险、高收益的特征，科创板指数在未来有可能会呈现比创业板更明显的大涨大跌特征。科创 50ETF 的持有人需要对科技周期有一定的了解，能够长期持有科创板基金，并有承受市场大幅波动风险的能力。

2.1.6　MSCI 中国 A 股国际通指数基金

1. MSCI 中国 A 股国际通指数

MSCI，即摩根士丹利资本国际公司，又称明晟公司，是美国著名的指数编制公司，旗下各项指数是国际投资者的风向标，大量基金将这些指数作为跟踪标准。

2017 年 10 月，MSCI 中国 A 股国际通指数发布，该指数用于跟踪 A 股纳入 MSCI 新兴市场指数的过程，主要为中国投资者设计。该指数的成分股都是国际投资者可以通过陆股通投资的标的。

该指数行业分布比较均衡，涵盖 10 个一级行业，其中金融行业占 20.51%，日常消费行业占 19.38%，工业行业占 13.31%，信息技术行业占 12.54%。该指数成分股的平均市盈率为 22.24 倍，市净率为 2.63 倍。

2018 年 6 月 1 日，MSCI 开始把 A 股陆股通中的 226 只大盘股正式纳入 MSCI 新兴市场指数，成为中国资本市场对外开放的标志性事件，是中国股票市场迈向国际化的重要一步。

纳入 MSCI 使中国 A 股成分股成为投资者追踪 MSCI 新兴市场指数基准时必须关注的股票，推动海外投资者更加积极地参与中国 A 股市场。这次的成功纳入，源于 QFII、RQFII 以及陆股通等多种投资渠道的建设和各项交易制度的完善，更源于国际投资者对中国资本市场改革开放成果的认可，印证了中国资本市场不断上升的国际知名度和影响力。

截至 2021 年 9 月 30 日，MSCI 中国 A 股国际通指数成分股的平均市盈率为

14.38 倍,自 2017 年 10 月 23 日指数发布以来的历史最大值为 18.57 倍,最小值为 9.83 倍,中位数为 14.38 倍。

2. 招商 MSCI 中国 A 股国际通 ETF,成立以来年化涨幅为 26.42%

招商 MSCI 中国 A 股国际通 ETF(代码:515160)成立于 2020 年 2 月 3 日。截至 2021 年 9 月 30 日,基金净资产规模为 8.05 亿元,成立以来年化涨幅为 26.42%,最大回撤率为 -15.09%。

基金经理为白海峰、王超。

白海峰,曾任职于新东方教育科技集团;2010 年 6 月加入国泰基金,历任管理培训生、宏观经济研究高级经理、首席经济学家助理、国际业务部负责人;2015 年加入招商基金,现任国际业务部总监兼招商资产管理(香港)公司执行董事兼总经理。

王超,中央财经大学硕士,CFA(特许金融分析师),金融风险管理师(FRM)。2007 年 7 月加入长盛基金,曾任金融工程与量化投资部金融工程研究员,从事数量化投资策略研究和投资组合风险管理工作;2019 年加入招商基金。

3. 南方 MSCI 国际通 ETF,成立以来年化涨幅为 16.54%

南方 MSIC 国际通 ETF(代码:512160)成立于 2018 年 4 月 3 日。截至 2021 年 9 月 30 日,基金净资产规模为 5.63 亿元,成立以来年化涨幅为 16.54%,最大回撤率为 -20.98%。

基金经理罗文杰(女),美国南加州大学数学金融硕士、美国加州大学计算机科学硕士,具有中国基金从业资格,曾先后任职于美国 Open Link Financial 公司、摩根士丹利公司,从事量化分析工作,2008 年 9 月加入南方基金。

2.2 行业指数基金

除了上述宽基指数基金外,指数基金还有另一大类,即行业指数基金。投资者投资这类基金时,可以通过跟踪指数来判断某个行业的整体表现。当投资者看好某些行业整体发展时跟踪指数是又好又便捷的投资方式。比如,投资者看好银行业发展可以买银行指数基金，看好券商发展可以买证券指数基金。

在众多公募基金公司中，华夏基金、国泰基金、华宝基金等对行业指数基金的布局较为全面。

其中，华夏基金之所以能成为 ETF 管理规模最大的基金公司，很高程度上要归功于行业 ETF 的发展。在华夏基金的产品图谱中有 20 余只行业 ETF 产品，其中芯片 ETF、5G ETF、恒生互联网 ETF 等多只行业 ETF 的规模超百亿元，位居同类产品前列。

国泰基金是行业 ETF 产品的先行者，在 2011 年发行了全市场第一只行业 ETF 产品——国泰上证 180 金融 ETF（代码：510230），而后陆续推出国内首只军工行业 ETF、首只证券行业 ETF、首只生物医药 ETF、首只计算机 ETF、首只通信 ETF 等旗舰产品，产品规模和流动性均位居行业前列。

华宝基金同样位于行业 ETF 的先锋阵营，不仅前瞻性布局第一代行业类 ETF，如券商 ETF、银行 ETF 等，其后又在科技及消费两大黄金赛道上推出科技 ETF、电子 ETF、医疗 ETF、食品 ETF 等系列产品。2021 年初，华宝基金把握资本市场热点，适时推出化工 ETF、新材料 ETF、智能电动车 ETF 等。

市场上现有的行业指数基金主要分布在科技、消费、医药、先进制造、金融地产、周期等几个大类行业。

2.2.1　科技行业指数基金

1. 华宝中证科技龙头 ETF，成立以来年化涨幅为 25.98%

华宝中证科技龙头 ETF（代码：515000）是国内首只科技 ETF，该基金成立于 2019 年 7 月 22 日，和科创板开市同日，首募规模为 10.37 亿元。随后，8 月 16 日，该基金上市交易，上市首日成交额高达 5.5 亿元，流动性比肩诸多百亿级头部宽基 ETF。8 月 20 日，上市第三个交易日，科技股行情助推科技 ETF 量价齐飞，当日收盘规模增长至 20.8 亿元，成为史上规模翻倍最快的 ETF。

华宝中证科技龙头 ETF 跟踪中证科技龙头指数，该指数在 2018 年 3 月由华宝基金向中证指数公司提出定制。

据华宝科技 ETF 基金经理胡洁介绍，不同于细分行业 ETF 可以有申万、中信的行业分类做基础，当时国内根本没有人做过科技指数，海外也没有所谓的science & technology index（科技指数）。科技指数应该如何编制，市场上存在一些观点，却没有统一的认知。

如果只是泛行业选股，或许仅能够获取行业的平均收益。而2015年股灾之后，从2016年、2017年开始，行业龙头股表现愈加强势，特别是在后来宏观经济下行的背景下，"马太效应"愈演愈烈，通过量化策略选出科技行业中优质的龙头企业，可以帮助投资者获取行业上的超额收益。

胡洁在接受媒体采访时说："大家公认美国过去10年的牛市是科技股引领下的牛市，而中国资本市场也正在与国际接轨，我们想，科技龙头指数的编制不妨也参考一下海外的指数产品体系。"为此，她统计了海外所有科技指数背后挂钩的资产类别，发现这些资产主要分为三大类，即金融科技、生物科技和信息科技。

放眼国内，我国金融科技产业当时尚处于发展周期的起步阶段，信息科技和生物科技是主要的两个大板块。胡洁对这两大板块再次细分，最终确定了电子、计算机、通信、生物科技这四大细分行业，并初步筛选出一个涵盖600多只股票的股票池。

在投资者的普遍认知中，行业龙头就是蓝筹白马股。实际上，在华宝兴业基金向中证指数公司提出龙头系列指数之前，中证指数公司已有一套现有的龙头指数体系，但编制的思路主要集中在"大"的范畴，无论编制方法采用的是"日均成交额"排名还是"总市值"排名，实际上选出来的公司的最大特点就是"市值大"。

基于公司此前在红利、质量、价值等策略因子研发上积累的优势，2017年，华宝兴业基金在业内率先向中证指数公司提出了龙头指数编制优化的想法：做行业内的策略选股，在"规模大"的基础上，增加策略的部分来综合刻画股票的龙头属性。

简单来说，就是除考虑市值和营收规模大以外，还要考虑不同行业的不同特点，将符合行业特性的龙头因子通过主动量化策略揉进指数，做到行业内策略选股。中证指数公司将其命名为"龙头因子策略"，具体到科技行业，就体现为公司的高成长性。

既要市值大又要具有高成长性，既要有行业β又要有超额收益，华宝中证科技龙头ETF在双维因子的龙头优化层面实现了逻辑自洽后，又在实操上遇到了新的问题："要知道，成长性和市值指标的相关性并不高，同时用来筛选科技股就会出现逻辑不自洽的情况。"

胡洁解释道，科技股中市值大的股票，通常盈利好，却不一定成长性高。同理，成长性好的企业，通常研发投入高，市值却不一定大。这就会拉大数据的极值差，导致一些市值特别大但成长性差的股票，或者一些不具有行业代表性但成长性特别好的尾部公司，以及一些各项数据中等但平均分居前的公司，都会进入股票池，导致最后选出的股票组合并不是纯正的科技龙头企业。

因此，与综合排名打分不同的是，胡洁在科技龙头 ETF 的选股上采用了"分层筛选"的方法，即先基于规模龙头标准，从涵盖 600 多只股票的样本股票池中，挑出 100 只行业代表性强、市值大、市占率高的龙头股，然后再用成长性指标选出最终的 50 只成分股。

"有些维度可以用来选股，有些维度则可以用于剔除。"基于海外经验，胡洁还在选股中加入了估值、研发投入等"稳定性筛选指标"，剔除了估值过高、研发投入不持续的公司，以期获得稳定的超额收益。

将科技 ETF 产品设计至此，行业方向、因子策略、选股思路的逻辑已通通敲定，华宝基金量化团队这才开始进行下一步的历史回测检验。"华宝基金的所有策略指数都是逻辑先行，然后再用历史数据回测进行样本内的检验。"

胡洁认为，做量化投资很容易陷入数据挖掘的陷阱，即把许多因子糅到一起，去看历史收益率和显著性，然后从结果出发，把有效因子提取出来，将无用的因子剔除出去。

值得警惕的是，通过数据挖掘提取的因子只是证明了基金历史表现很好，但资本市场本身有较强的不确定性，历史表现好可能是因为逻辑也可能是因为运气，因此历史收益并不能够保障未来收益。如果仅仅通过数据挖掘确定成分股而不考虑策略背后的逻辑，将有可能使指数陷入未知的风险之中，也有可能使产品本身偏离投资者需要的产品特征。而且，市场本身还在不断演化，因子表现也在不断变化中。因此，唯有从逻辑出发，构建与投资理念相契合的策略，才是聪明贝塔（smart beta）产品的长久之道。

胡洁说："我们的核心竞争力不在于挖掘到多么特别的因子，不在于让投资者看某一个历史区间内业绩有多好，而是真实地按照我们的设计、投资逻辑，让投资者投资到真正想要的科技龙头公司。"

在华宝兴业和中证指数公司的共同努力下，中证科技龙头指数于 2019 年 3 月 20 日正式发布。该指数以中证全指成分股为样本空间，选取归属于电子、计算机、通信、生物科技四大科技领域的股票，综合评定其总市值、营业收入、收入和净利润增速、研发投入比重等指标，选取具有代表性的 50 只股票作为样本股，反映科技领域龙头股票在 A 股市场的整体表现。

截至 2021 年 9 月 30 日，华宝中证科技龙头 ETF 的基金净资产规模为 47.84 亿元，成立以来年化涨幅为 25.98%，最大回撤率为 -22.65%。

2. 华夏芯片 ETF，成立以来年化涨幅为 28.45%

芯片是计算机和互联网硬件的"神经中枢"，操作系统则是让计算机硬件具备"灵魂"的基础。通信产业"缺芯少魂"，核心技术受制于人，是我们的最大隐患。

2018 年 4 月，美国商务部封杀中兴通讯，令公司主要经营活动无法进行。直至当年 7 月双方达成协议后，公司才恢复运营。

2019 年 5 月，美国把华为列入出口管制的"实体清单"。为了阻止华为的发展，美国对华为进行技术封锁，一再修改对华为的禁令：2020 年 5 月，禁止华为使用美国芯片设计软件；2020 年 8 月，禁止含有美国技术的代工企业给华为生产芯片；2020 年 9 月，禁止拥有美国技术成分的芯片出口给华为。由于美国的制裁，华为的手机业务受到巨大影响。

科技核心技术只有以自己为主，依靠科研攻关，才能实现自主创新。在科技板块的各个细分行业中，芯片行业的国产替代趋势使其景气度和成长性都十分亮眼。

"芯"若在，梦就在。芯片基金的大涨大跌牵动着无数基金投资者的心，让他们又爱又恨。按照基金契约，诺安成长混合（代码：320007）本来是一只主动偏股混合型基金，但由于基金经理蔡嵩松是一位主攻芯片设计的博士，工作后又多年从事芯片设计和计算机行业研究，他在 2019 年 2 月担任基金经理后，所做的最重要的一件事就是逐步把基金原来持有的科技、互联网、人工智能等股票卖掉，都换成了芯片股，已类似于加强版的芯片行业指数基金。2020 年以来，诺安成长混合的基金净值涨跌与芯片板块的波动紧紧联系在一些。

与像诺安成长这样的主动型偏股基金满仓投资芯片这个单一行业相比，芯片 ETF 按照基金契约复制芯片行业的指数成分股就更加名正言顺。目前，市场上聚焦半导体芯片的指数主要是中华交易服务半导体行业指数、中证全指半导体产品与设备指数以及华夏芯片 ETF 所跟踪的国证半导体芯片指数，前两个指数的成分股分别有 50 只和 32 只，而国证半导体芯片指数成分股仅有 25 只。此外，相比其他芯片指数，国证半导体芯片指数更注重成分股的流动性和市值，其成分股的自由流通市值和日均成交额平均好于创业板指和中证 500 指数成分股，精选芯片行业龙头，更具行业代表性。

华夏芯片 ETF（代码：159995）成立于 2020 年 1 月 20 日，是目前市场上规模最大、交投最活跃的芯片 ETF。截至 2021 年 9 月 30 日，基金净资产规模为 164.93 亿元，成立以来年化涨幅为 28.45%，最大回撤率为 -35.19%。

2.2.2　消费行业指数基金

1. 招商中证白酒指数基金，近 5 年年化涨幅为 39.33%

很多中国人都喜欢喝酒，不仅享受酒香所带来的生理快感，而且追求精神和文化层面的交流。哪怕是过去素未谋面的人，三杯酒下肚，话匣子就打开了，很快变得熟络起来。

酒在中国有四五千年的历史。古代，只有帝王将相才有酒喝，老百姓与酒无缘。司马迁在《史记·殷本纪》中记载，商朝的纣王以酒为池，悬肉为林，生活荒淫腐化，极端奢侈。

从汉朝起，酒开始进入人们的日常生活，婚丧嫁娶、迎宾送客等场合都离不开酒。西汉文学家邹阳在《酒赋》中说："庶民以为欢，君子以为礼。"此后历朝历代，文人墨客们写下了大量关于酒的诗赋，其中，最朗朗上口的莫过于酒仙李白在《将进酒》中的诗句："烹羊宰牛且为乐，会须一饮三百杯。"

在股票市场，白酒是广受投资者青睐的板块之一。由于生产供给格局非常稳定，而需求一直在稳步增长，凭借良好的商业模式，白酒企业的销售毛利率超过 70%，贵州茅台的销售毛利率更是高达 91%。

近十几年来，白酒股仅在 2013 年因为限制"三公消费"而经历了一轮大幅回调，此后的整体表现非常强劲。截至 2021 年 9 月 30 日，招商中证白酒指数（代码：161725）的累计涨幅为 423.66%，年化涨幅为 18.56%。

招商中证白酒指数基金有"酒王"的称号，是目前中国最大的权益类基金。它成立于 2015 年 5 月 27 日，初始规模仅为 3.96 亿元，截至 2021 年 9 月 30 日，基金净资产规模高达 928.95 亿元，近 5 年年化涨幅为 39.33%，最大回撤率为 -40.28%。

2. 汇添富中证主要消费 ETF，近 5 年年化涨幅为 25.95%

汇添富中证主要消费 ETF（代码：159928）是泛消费行业规模最大、流动性最好的产品。汇添富中证主要消费 ETF 成立于 2013 年 8 月 23 日，截至 2021 年 9 月 30 日，净资产规模为 99.55 亿元，近 5 年年化涨幅为 25.95%，最大回撤率为 -35.37%。

该基金跟踪的是中证主要消费指数，由中证 800 指数样本股中的主要消费行业股票组成，成分股分布的行业比较集中，主要分布在食品饮料和农林牧渔行业，目前，前五大权重股分别为伊利股份、贵州茅台、五粮液、泸州老窖、山西汾酒。

2.2.3　医药行业指数基金

1. 华宝中证医疗 ETF，成立以来年化涨幅为 42.44%

人的一生中最宝贵的是健康和生命。病有所医，保持身体健康，过上有质量的生活，要比积累的财富是多一点还是少一点更加重要。随着人们的平均寿命越来越长，癌症的发生率和死亡率呈上升趋势，市场对创新药、医疗服务的需求在不断增加。

一款新药从提出概念到最终上市，平均需要经历 12 年的周期，平均开发成本高达 26 亿美元，其中百分之六七十投入在临床研究阶段。在创新药领域，2015 年在我国是具有里程碑意义的年份。当年 5 月，国务院发布建设制造强国战略的纲领性文件中，首次将生物医药产业提升到支柱性产业的高度。同年 8 月，国务院印发《关于改革药品医疗器械审评审批制度的意见》，把鼓励创新作为改革的重要方向。从此，我国制药行业的研发开支快速增长。

近五六年来，随着创新药产业的加速发展，处于创新药研发产业链上游的 CRO（Contract Research Organization，合同研究组织）/CDMO（Contract Development and Manufacturing Organization，合同研发与生产组织）子行业一路赶超，已取得明显的比较优势。

作为以合同的形式为药企及其他研发机构在医药研发过程中提供外包服务的组织和机构，CRO 成立于 20 世纪 70 年代的美国，并于 20 世纪 80 至 90 年代在欧美获得较快发展。

CRO 是医药研究精细化分工的产物。按照服务的阶段划分，CRO 可以分为三大类型：药物发现 CRO、临床前 CRO、临床 CRO。CRO 可以帮助创新药企业在研发过程中提高效率、降低成本、缩短周期。

临床 CRO 需要大量有化学、生物学、药学、临床医学等各个专业背景的人才，还需要较多的患者，在这两个方面，中国都具有优势。2020 年新冠病毒疫情暴发后，由于中国防控得当，最早控制住疫情，使得 CRO 企业受到的影响远小于国外同行，推动了 CRO 行业的发展。

目前，我国约有 400 家本土 CRO/CDMO 企业，药明康德、药明生物已成为全球范围内的佼佼者，泰格医药、康龙化成、凯莱英等成长速度很快。

除了 CRO/CDMO 行业外，主营创新药的恒瑞医药，主营医疗器械的迈瑞医疗，主营眼科医院的爱尔眼科等，都是各自细分行业的龙头企业，被众多基金长期重仓持有。

华宝中证医疗 ETF（代码：512170）成立于 2019 年 5 月 20 日，跟踪中证医疗指数。中证医疗指数成分股覆盖了医疗器械和医疗服务领域的细分龙头，其中医疗器械直接受益于疫情防护、医疗物资出口等需求，医疗服务直接受益于人口老龄化、医疗消费升级和医疗美容等高成长领域，前五大权重股分别为药明康德、迈瑞医疗、爱尔眼科、泰格医药、康龙化成。

截至 2021 年 9 月 30 日，华宝医疗 ETF 的净资产规模为 96.6 亿元，成立以来年化涨幅为 42.44%，最大回撤率为 -28.91%。

2. 银华中证创新药 ETF，成立以来年化涨幅为 22.95%

中证创新药产业指数选取了主营业务涉及创新药研发的上市公司作为待选样本，按照市值排序选取不超过 50 家具有代表性的公司作为样本股，以反映创新药产业上市公司的整体表现，其成分股囊括药明康德、智飞生物、恒瑞医药、长春高新、凯莱英等众多市场关注度较高的医药行业个股。

目前，在跟踪中证创新药产业指数的 ETF 中，银华中证创新药 ETF（代码：159992）是成立时间最久、规模最大的旗舰级产品。银华中证创新药 ETF 成立于 2020 年 3 月 20 日，该基金净资产规模为 30.78 亿元，成立以来年化涨幅为 22.95%，最大回撤率为 -24.06%。

2.2.4　先进制造行业指数基金

1. 华夏新能源车 ETF，成立以来年化涨幅为 71.69%

从 1799 年意大利物理学家伏特制成世界上第一节电蓄池以来，电池的发展已有 200 多年的历史。1859 年，法国科学家普兰特发明了铅酸蓄电池，并于 1870 年将铅酸蓄电池改为世界上最早的可充电的二次电池。由于铅、镉、汞等有毒金属会污染环境，20 世纪 70 年代，锂离子电池诞生，并于 1991 年由索尼率先应用于消费电子产品市场。

电池技术的进步与电动汽车的发展紧密相连。1890 年，美国诞生第一辆电动车，使用铅酸电池。此后 100 多年，电动车一直处于边缘化的地位。2008 年，特斯拉横空出世，创新性地使用松下制造的三元锂电池，开创了电动车的新时代。

中国高度重视新能源汽车的研发与生产，2008 年被称为新能源汽车元年，当年销售新能源乘用车 899 台，同比增长超过 1 倍。从 2009 年起，新能源汽车步入快速发展轨道。

2016 年，新能源电池补贴退坡，高能量密度的三元锂电池获得政策鼓励，主营三元锂电池的宁德时代走到舞台的中心。2017 年，宁德时代力压松下，成为全球最大的动力锂电池公司。如今，在动力锂电池领域，中国已经处于领导者地位。

有"锂"走遍天下，无"锂"寸步难行。在能源结构调整的大时代，锂电产业是助力"中国梦"的澎湃动力之一。2021 年，如果按照重仓股票的行业类型划分，A 股市场上的偏股型基金可以大致分为重仓新能源车赛道的基金，以及没有重仓新能源车赛道的基金。在消费、科技、医药等赛道出现阶段性调整之后，新能源车赛道的交易变得更加拥挤，未来 30 年，全球能源结构调整和新能源革命的长坡厚雪将吸引大量资金涌入。

从电动车电池龙头宁德时代，到整车龙头比亚迪，再到锂矿龙头赣锋锂业，锂电材料股容北科技、当升科技等，都受到各类机构的热情追捧。

据《中国证券报》报道，截至 2021 年 12 月 7 日，685 只新能源基金（包括主题基金和重仓新能源个股的全行业基金）年内平均收益率达 15.88%，较全市场基金平均收益率 5.27% 超出 10 多个百分点。其中，有 51 只新能源基金年内收益率在 50% 以上，前海开源新经济混合 A（代码：000689）收益率超过 100%，达到 115.42%；长城行业轮动混合 A（代码：002296）、金鹰民族新兴混合（代码：001298）、信诚新兴产业混合 A（代码：000209）等基金的收益率均在 80% 以上。

与主动基金相比，行业 ETF 的涨跌更能体现新能源板块的冷热。华夏中证新能源汽车 ETF（代码：515030）成立于 2020 年 2 月 20 日，截至 2021 年 9 月 30 日，基金净资产规模为 88.8 亿元，成立以来年化涨幅为 71.69%，最大回撤率为 -27.66%。

该基金跟踪的是中证新能源汽车指数，成分股包括锂电池、充电桩、新能源整车等与新能源汽车产业链相关的上市公司股票，并对所有股票按照过去一年日均总市值进行排序，选取排名前 80 的股票作为指数样本，前五大权重股分别为宁德时代、比亚迪、亿纬锂能、恩捷股份、赣锋锂业。

2. 华泰柏瑞中证光伏产业 ETF，成立以来年化收益率为 90.16%

新能源产业有两大方向：一类是前面讲到的新能源汽车，主要面向消费端；另一类是光伏，主要面向企业端。

从 2001 年无锡尚德太阳能电力有限公司成立开始，中国光伏产业发展跌宕起伏。在经过两轮惨烈的行业洗牌之后，中国光伏产业已在全球全面领先。2020 年，全球光伏产业前 20 强中，中国企业占据 15 席。

中国光伏产业不仅在主产业链规模上全球领先，而且已经形成了一套几乎包含所有光伏专用设备、光伏平衡部件和辅材辅料的完整产业配套环境。同时，受益于良好的半导体产业发展基础，光伏设备企业从硅材料生产、硅片加工、太阳电池与光伏组件的生产，到相应的纯水制备、环保处理、净化工程的建设，以及与光伏产业链相应的检测设备、模拟器的生产等，已经具备成套供应能力。

由于配套环境完善，要素成本相对低廉，产业规模效应显著，我国光伏产品的制造成本一直处于全球最低水平，具有较强的竞争力。

华泰柏瑞中证光伏产业 ETF（代码：515790）成立于 2020 年 12 月 7 日，是国内首只光伏 ETF，也是目前规模最大的光伏 ETF。截至 2021 年 9 月 30 日，基金净资产规模为 125.12 亿元，成立以来年化收益率为 90.16%，最大回撤率为 -24.73%。

该基金跟踪的是中证光伏产业指数，以主营业务涉及光伏产业链上、中、下游的上市公司股票作为待选样本，选取不超过 50 家具有代表性的公司作为样本股，反映光伏产业公司的整体表现，前十大重仓股涵盖各细分行业龙头，其中单晶硅片龙头隆基股份和低成本光伏龙头通威股份合计权重占比近 30%。

根据在申万二级行业上的市值分布来看，目前，中证光伏产业指数涵盖电源设备（市值占比 65.5%）、高低压设备（市值占比 11.0%）、通信设备（市值占比 4.8%）、电力（市值占比 4.7%）、专用设备（市值占比 4.7%）和玻璃制造（市值占比 2.7%）等子行业，全面布局产业链的上、中、下游，并且每半年调整一次指数，纳入相关光伏产业链中的公司，紧密把握产业景气向上所带来的红利。

2.2.5 金融地产行业指数基金

1. 国泰中证全指证券公司 ETF，近 5 年来年化涨幅为 2.63%

在每一轮牛市中，券商股都会有惊艳的表现。2006 年至 2007 年，中信证券的涨幅超过 16 倍。2019 年初至 2021 年 9 月 30 日，传统券商表现平淡，中信证券的涨幅为 65.58%，而互联网券商的表现相当强劲，东方财富的涨幅接近 400%。

中长期来看，证券市场承担企业融资结构从间接融资向直接融资转型的重任，在居民财富从房地产、信托等领域向股票市场转移，海外资金持续增配 A 股等大背景下，证券公司无疑是证券市场的直接受益者，具备中长期配置价值。

国泰中证全指证券公司 ETF（代码：512880）是当前规模最大、流动性最好的券商行业 ETF。截至 2021 年 9 月 30 日，基金净资产规模达 338 亿元，近 5 年来年化涨幅为 2.63%，最大回撤率为 -45.68%。

该基金跟踪的是中证全指证券公司指数，该指数为中证细分三级行业指数，从上市证券公司中选取流动性好、市值大的龙头券商股作为指数样本，风险分散度较好，前五大权重股分别为东方财富、中信证券、海通证券、华泰证券、国泰君安。

2. 华宝中证银行 ETF，成立以来年化涨幅为 3.12%

华宝中证银行 ETF（代码：512800）为沪深两市规模最大的银行类 ETF，它成立于 2017 年 7 月 18 日，截至 2021 年 9 月 30 日，基金净资产规模为 88.37 亿元，成立以来年化涨幅为 3.12%，最大回撤率为 −27.83%。

该基金跟踪中证银行指数，包含 37 只上市银行股，其中七成仓位聚焦十大头部银行股，三成仓位分享中小银行业绩的高成长机遇，是分享银行股行情的高效投资工具，前五大权重股分别为招商银行、兴业银行、平安银行、工商银行、宁波银行。

近 5 年来，银行股虽然整体表现平平，但内部分化明显。其中，招商银行、宁波银行不仅净资产收益率在 14% 左右，高于全国性商业银行，而且估值也由原来的七八倍提升至十一二倍，股价累计涨幅超过 200%；工行、建行等全国性商业银行不仅净资产收益率要低两三个百分点，而且估值也略有下降，在 5 倍左右，股价累计涨幅只有百分之三四十。

截至 2021 年 9 月 30 日，中证银行指数成分股平均市盈率为 5.51 倍，市净率为 0.65 倍，分位点触及历史极限低位。这意味着指数成分股平均市净率低于 2013 年上市以来 99% 的时间，安全垫较高。

2.2.6　周期行业指数基金

1. 南方中证申万有色金属 ETF，成立以来年化涨幅为 8.02%

有色金属是汽车、电力设备、家电、航天器材等制造业发展的基础，处于整个制造业产业链的最上游，因此有色金属是典型的顺周期板块，与经济运行状况息息相关。

中证申万有色金属指数于 2012 年 5 月 9 日正式发布，选取申万有色金属行业内的 50 只规模大、流动性好的股票作为成分股，涵盖黄金（权重占比 21.6%）、工业金属（权重占比 23.4%）、稀有金属（权重占比 40.9%）等有色金属的重点子板块，而且前十大成分股合计权重占比为 53.78%，超过 50%，纯度较高。

南方中证申万有色金属ETF（代码：512400）是市场上唯一跟踪中证申万有色金属指数的ETF，也是市场上第一只有色金属行业主题ETF。该基金成立于2017年8月3日，截至2021年9月30日，基金净资产规模为43.84亿元，成立以来年化涨幅为8.02%，最大回撤率为-49.49%。

2. 国泰中证煤炭ETF，成立以来的年化涨幅为64.14%

在"双碳"（碳达峰和碳中和）目标下，2021年，煤炭行业出现供需失衡，煤炭板块迎来久违大涨。

国泰中证煤炭ETF（代码：515220）于2020年1月20日成立，截至2021年9月30日，基金净资产规模为35.12亿元，成立以来的年化涨幅为64.14%，最大回撤率为-15.23%。

该基金跟踪的指数为中证煤炭指数，该指数从煤与消费用燃料行业选取代表性上市公司作为成分股，反映煤炭行业上市公司整体表现，成分股包括中国神华、陕西煤业、兖州煤业、山西焦煤、美锦能源等。

2.3 smart beta 指数基金

在指数基金中，除常见的普通指数基金外，还有两类产品通过超越普通指数的赚钱能力获得市场的认可，一类是smart beta（聪明贝塔）指数基金，另一类是指数增强型基金。

smart beta指数基金是在传统指数的基础上，通过因子优化选股或因子优化分配权重的方式来编制指数，希望借助因子风险暴露来获得更好的收益。该指数在海内外市场通过大量实证取得不俗的成绩，例如中证红利低波动指数基金、创业板低波蓝筹指数基金等。

指数增强型基金是主动投资和被动投资的有机结合，在被动复制指数的基础上增加主动管理理念，通过暴露适当的风险来捕捉超额收益，其核心在于对跟踪误差和超额收益的取舍平衡，例如上证50指数增强基金、中证500指数增强基金。

也就是说，指数增强选用的增强因子一般是可变的，是不断适应市场的；而smart beta就单纯一点，只选那些在特定的某一个因子或两个因子上表现特别好的股票，相对来说更为简单透明，两者的具体区别如下所述。

1. 收益目标不同

smart beta：没有特定的业绩基准，只获得特定因子带来的收益。

指数增强：以长期超越跟踪指数为目标。

2. 收益构成不同

smart beta：主要取决于产品的选股范围和所使用的因子。比如沪深 300 价值，即在沪深 300 这个股票池里选最有"价值"的股票，收益既取决于沪深 300 指数，也取决于价值因子。

指数增强：主要取决于所跟踪的指数，次要取决于多因子选股带来的超额收益。

3. 超额收益稳定性

smart beta：取决于特定因子的波动性，超额收益稳定性弱于指数增强型基金。

指数增强：多因子选股，且有跟踪误差约束，所以超额收益比较稳定。

4. 产品形式

smart beta：多是纯被动产品，以紧密跟踪指数为目标。

指数增强：目前市场上的指数增强多见于宽基指数，比如沪深 300、中证 500 等。

smart beta 指数能获得超越基准的能力，主要归功于因子，因子在指数编制中起到两方面的作用：一是通过因子筛选个股，二是利用因子表现来加权优化分配个股权重，目的都是通过优化指数来战胜基准指数。常见策略包括价值策略、质量策略、红利策略、成长策略、基本面策略、等权重策略、低波动策略、动量策略等。

在创业板指数的基础上，华夏基金携手锐联资产，借助 smart beta 策略，基于不同的因子推出了华夏创成长 ETF（代码：159967）。该 ETF 采用成长因子和动量因子为指标进行选股，之所以设立成长因子，主要是考虑到用季度性的增长性指标来做选样；之所以设立动量因子，主要考虑到 A 股虽然短期反转现象较多，追涨以后会回跌，但是长期来看，很多有基本面支撑的股票，股价会被投资者长期低估。

华夏创成长 ETF 成立于 2019 年 6 月 21 日，截至 2021 年 9 月 30 日，基金净资产规模近 32.96 亿元，成立以来年化涨幅为 57.55%，最大回撤率为 -27.76%。

2.4　全球股票指数基金

根据标准普尔公司于 2018 年的研究结果，15 年来标准普尔的各类指数表现优于约 93% 的主动管理基金，覆盖范围包括大中小盘各类基金。

先锋领航创始人约翰·博格在《坚守》一书中介绍说，从 2008 年至 2017 年，指数基金行业净流入资金高达 2.2 万亿美元，是整个基金行业净流入资金的187%。在此期间，主动管理型股票基金现金流出超过 1 万亿美元。

随着市场竞争的白热化和基金费率的降低，美国指数基金的市场集中度大幅上升。目前，贝莱德、先锋领航、道富环球三家公司合计市场份额约占 80%。

2010 年 4 月 29 日，国泰纳斯达克 100 指数（代码：160213）成立，成为首只由中国内地基金公司发行、跟踪海外市场指数的指数基金。近十多年来，国内基金公司合计发行成立了约 100 只 QDII 指数基金，跟踪的指数包括恒生指数、H股指数、标普 500 指数、纳斯达克 100 指数、日经 2254 指数、德国 DAX 指数等。

2.4.1　恒生指数基金

1. 恒生指数

香港股市诞生于 1891 年，当年成立的"香港股票经纪协会"是香港正式的证券市场。1914 年，"香港股票经纪协会"更名为"香港证券交易所"。1964 年11 月 24 日，香港恒生银行推出恒生指数，反映香港股市的整体情况。

近 60 年来，香港股市经历了九轮牛市：第一轮从 1964 年 7 月至 1973 年 3 月，持续 8.6 年，涨幅 1674%；第二轮从 1974 年 12 月至 1981 年 7 月，持续 6.6 年，涨幅 1107%；第三轮从 1982 年 12 月至 1994 年 1 月，持续 11 年，涨幅 1764%；第四轮从 1995 年 1 月至 1997 年 8 月，持续 2.5 年，涨幅 144%；第五轮从 1998年 8 月至 2000 年 3 月，持续 1.6 年，涨幅 181%；第六轮从 2003 年 4 月至 2007

年 10 月，持续 4.5 年，涨幅 284%；第七轮从 2008 年 10 月至 2010 年 11 月，持续 2.1 年，涨幅 134%；第八轮从 2011 年 10 月至 2015 年 4 月，持续 3.5 年，涨幅 77%；第九轮从 2016 年 2 月至 2018 年 1 月，持续 2 年，涨幅 83%。

据海通证券研究，港股中内地企业占比较高，内地宏观经济对港股盈利有较大影响，而政策对港股影响较小，因此在内地经济形势较好的阶段，往往会出现港股比 A 股提前走牛的现象。例如在 2003 年至 2007 年，受益于中国内地经济快速增长，叠加大量中资股赴港上市，港股盈利稳步增长，港股从 2003 年 4 月进入牛市，而 A 股受国有股减持等不确定因素影响持续震荡，直到 2005 年 6 月股权分置改革推出后才逐渐进入牛市。

2016 年，港股同样提前进入牛市，而 A 股仍持续震荡。2016 年至 2017 年，内地 GDP 增速维持在 6.7% ～ 6.9%，并且内部结构在不断改善，港股净利润增速与 A 股净利润增速同步回升，全部港股净利润增速从 2015 年的 -15% 回升至 2017 年的 28.7%，净资产收益率从 9% 回升至 10.2%。

近两三年来，中概股回港上市是港股市场重要的变化之一。2018 年 4 月以来，港交所修订其上市规则，向新经济敞开怀抱，过去不能上市的"同股不同权"公司、"未能通过主板财务资格测试的生物科技公司"均被允许在港上市。此后，从 2018 年 8 月 8 日至 2021 年 12 月 8 日，共有 19 家中概股企业完成回港上市，包括阿里、网易、京东、汽车之家、百度、哔哩哔哩、微博等科技互联网企业，百济神州、再鼎医药、和黄医药等医疗保健企业，小鹏汽车、理想汽车等汽车新势力，港股的行业结构开始发生前所未有的深刻改变。

2021 年 11 月，港交所宣布放宽回港二次上市的标准，从 2022 年 1 月 1 日起实施。内容主要包括：一是无须再证明自身为"创新企业"；二是主要面向采取同股同权架构、业务以大中华为重心的公司；三是市值门槛降低，从原先的市值大于 400 亿港元，或市值大于 100 亿港元且最近财年的收益大于 10 亿港元的公司，放宽为市值 30 亿港元且具有 5 个完整财年的良好合规记录，或市值 100 亿港元且具有 2 个完整财年的良好合规记录的公司。随着更多中概股回流，港股在全球市场互联互通中的地位将不断提高，所发挥的作用将越来越大。

近 10 年来，恒生指数成分股的平均市盈率为 7 ～ 17 倍，中位数为 10 倍。截至 2021 年 9 月 30 日，该指数的市盈率为 10.48 倍，处于历史中位数附近。

2. 华夏恒生 ETF，近 5 年年化涨幅为 1.8%

华夏恒生 ETF（代码：159920）成立于 2012 年 8 月 9 日，以紧密跟踪恒生指数为投资目标。截至 2021 年 9 月 30 日，基金净资产规模为 96.66 亿元，近 5 年年化涨幅为 1.8%，最大回撤率为 -25.21%。

2.4.2　恒生科技指数基金

1. 恒生科技指数

恒生科技指数追踪经筛选后市值最大的 30 家香港上市的科技企业，主要涵盖与科技主题高度相关的上市公司，包括网络、金融科技、云端、电子商贸及数码业务公司。指数选股原则会考虑合格公司是否利用科技平台进行运营、研发开支占收入比例及增长情况等。该指数采用流通市值加权，推出日期为 2020 年 7 月 27 日。

在恒生科技指数推出后不久，在香港上市的科技股受到大量南下资金的追捧。2021 年 1 月至 2 月，市场上出现了众多一天完成募集的爆款基金，在成立后纷纷信心百倍地杀向港股。

在市场走向狂热的过程中，有券商喊出"跨过香江去，夺取定价权"的口号。这个口号随即遭到网友调侃，香江是香港的别称，"跨过香江，就掉进海里去了"。随后一家颇具知名度的自媒体则以"踏破深圳河，饮马中环！一生一次的历史机遇，来了"为题，写了一篇"社论"。

这是内地部分基金经理第三次跑到香港市场夺取定价权。2015 年上半年、2018 年 1 月，在高亢的情绪鼓舞下，都曾有在内地市场赚了钱的基金经理南下香港，最终折戟沉沙。

2021 年 2 月 17 日，恒生科技指数最高创下 11 001.78 点，其后拐头向下，持续大跌。指数成分股平均市盈率的变化轨迹也呈现倒 V 形，2020 年 9 月下旬，最低为 36.85 倍，2021 年 2 月下旬最高上升至 65.18 倍，2021 年 8 月 20 日最低见30.23 倍，9 月 30 日为 30.76 倍。

2. 华夏恒生科技 ETF，成立以来年化涨幅为 -50.91%

2021 年 5 月中旬，大成、博时、易方达、华夏、华安、华泰柏瑞 6 家公司发行成立恒生科技指数 ETF，其中，华夏、易方达的单日募集规模分别为 14.56 亿元、12 亿元。

华夏恒生科技 ETF（代码：513180）成立于 2021 年 5 月 18 日，截至 2021 年 9 月 30 日，基金净资产规模为 32.39 亿元，成立以来年化涨幅为 −50.91%，最大回撤率为 −28.55%。

2.4.3　恒生中国企业指数基金

1. 恒生中国企业指数

恒生中国企业指数由恒生指数公司编制，于 1994 年 8 月 8 日推出。该指数有 50 只成分股，覆盖在香港上市的市值最大及成交最活跃的中国内地企业。

2. 易方达恒生国企 ETF，近 5 年年化涨幅为 −0.63%

易方达恒生国企 ETF（代码：510900）成立于 2012 年 8 月 9 日，以紧密跟踪恒生中国企业指数为投资目标。截至 2021 年 9 月 30 日，基金净资产规模为 65.92 亿元，近 5 年年化涨幅为 −0.63%，最大回撤率为 −30.62%。

2.4.4　中证海外中国互联网 50 指数基金

1. 中证海外中国互联网 50 指数

中证海外中国互联网 50 指数选取海外交易所上市的 50 家中国互联网企业作为样本股，采用自由流通市值加权计算，反映在海外交易所上市的知名中国互联网企业的投资机会。该指数于 2014 年 12 月 29 日发布。

2. 易方达中证海外中国互联网 ETF，成立以来年化涨幅为 7.09%

易方达中证互联网 50 ETF（代码：513050）成立于 2017 年 1 月 4 日，以紧密跟踪中证海外中国互联网 50 指数为投资目标。截至 2021 年 9 月 30 日，基金净资产规模为 267.31 亿元，成立以来年化涨幅为 7.09%，最大回撤率为 −48.81%。

基金经理余海燕（女），复旦大学数量经济学硕士，曾任汇丰银行信用风险分析师，2006 年 12 月加入华宝兴业基金；2012 年 10 月加入易方达。

基金经理范冰，2005 年 6 月至 2006 年 6 月任皇家加拿大银行托管部核算专员；2006 年 10 月至 2007 年 8 月任美国道富集团中台交易支持专员；2007 年 8 月至 2009 年 11 月任巴克莱资产管理公司悉尼金融数据部高级金融数据分析员、主管，新加坡金融数据部主管；2009 年 12 月至 2016 年 7 月任贝莱德集团金融数据运营部部门经理、风险控制与咨询部客户经理、亚太股票指数基金部基金经理；2017 年 3 月加入易方达。

2.4.5 纳斯达克 100 指数基金

1. 纳斯达克 100 指数

1971 年 2 月 8 日，纳斯达克正式启动，对 2500 多只场外交易的证券进行报价。当时纳斯达克还不是真正的交易所，既没有挂牌标准，也没有撮合交易功能，只是一个自动报价系统，承担收集和发布场外股票报价的工作。

纳斯达克的成立，为无法满足纽交所上市条件的科技公司提供了新的融资希望。如今的半导体巨头英特尔（Intel）、超威半导体（AMD）以及大型传媒集团康卡斯特（COMCAST）等，在当时只是成立时间不长的小型科技企业，都在此时申请挂牌上市。

1975 年，纳斯达克建立了第一套上市标准，对于挂牌公司的总资产、股本及资本公积、公众持股数、股东数及做市商数量等都有具体要求，只有达到标准才可以在纳斯达克挂牌交易。通过设置上市标准，纳斯达克把自己与场外交易市场区别开来，成为一个完全独立的上市场所。

与此同时，随着"漂亮 50"[①]的暴跌，纽交所的大盘股集体回调，纳斯达克逐步将服务对象定位于中小型高科技成长企业，并针对其特点在企业规模、盈利记录等方面降低上市标准。1975 年，英特尔、超威半导体股价涨幅分别达到 222%、179%，以它们为代表的科技小盘股开始崭露头角。

当时，市场风格从大盘消费蓝筹转向小盘科技成长，源于新一轮科技革命。

---

① "漂亮 50"（Nifty Fifty）是美国股票投资史上特定阶段出现的一个非正式术语，用来指 20 世纪 60 年代末至 70 年代在纽约证券交易所交易的 50 只备受追捧的优质成长股。

1967 年，大规模集成电路出现。1968 年，英特尔创始人之一戈登·摩尔提出摩尔定律：当价格不变时，集成电路上可容纳的元器件数目，每隔 18 ～ 24 个月便会增加 1 倍，性能也将提升 1 倍。1977 年，超大规模集成电路面世，一个硅晶片中可集成 15 万个以上晶体管。1968 年至 1988 年，美国集成电路市场规模由不到 20 亿美元增长至接近 180 亿美元，增长近 9 倍。市场由二十世纪五六十年代的大型计算机革命进入个人计算机时代，以英特尔为代表的科技股的业绩保持快速增长。

20 世纪 70 年代，一边是美国小盘科技股的兴起，另一边是"漂亮 50"崛起后因可选消费业绩下滑而走向破灭。由于通胀压力导致资金面收紧，"漂亮 50"的估值降低。

1982 年，为了进一步吸引优质公司，并与纽交所以及美国交易所争夺上市公司资源，纳斯达克对挂牌股票进行分层，选择 40 只规模大、交易活跃的股票划入新设置的"纳斯达克全国市场"，其他由不满足全国市场上市标准的股票组成的市场被称为"纳斯达克常规市场"。

全国市场和常规市场分层后，纳斯达克首次公开募股（initial public offering，IPO）的数量呈井喷式增长，到 1983 年，全国市场挂牌股票数量达到 682 只，1985 年一跃增加至 2194 只。20 世纪 80 年代，纳斯达克 IPO 数量年均 140 只，是纽交所的 3 倍。两个交易所上市行业差异也十分明显，纽交所上市企业主要以工业、消费品和金融等传统行业企业为主，纳斯达克上市企业则主要以信息科技公司为主，从而为 20 世纪 90 年代的互联网浪潮奠定了基础。思科、雅虎、网景、eBay、亚马逊、谷歌在 20 世纪 90 年代相继登陆纳斯达克。1997 年 10 月 28 日，纳斯达克的日交易量为 13.5 亿股，成为第一个日交易量超过 10 亿股的股票市场，2000 年互联网泡沫也从侧面反映了纳斯达克的崛起。

2006 年，纳斯达克分层制度再度改进，形成"全球精选市场—全球市场—资本市场"三层架构，纳斯达克经美国证券交易委员会批准正式成为全国性证券交易所。纳斯达克的制度优势，吸引了大批科创企业奔赴上市，成为其霸榜全球科技资源的利器。

从最初半导体时代的英特尔，到个人电脑时代的苹果与微软，到互联网时代的雅虎与谷歌，到社交平台 Facebook，再到代表未来能源革命方向的特斯拉，近 50 年来，纳斯达克紧跟时代发展的脉络，孕育了众多科技巨头，帮助无数创业者实现了梦想，已成为美国乃至全球科技发展的重要支柱。

如今，纳斯达克共有约 4000 只上市股票，总市值达到 25 万亿美元，成为仅次于纽交所的全球第二大交易所。

纳斯达克 100 指数于 1985 年 2 月 1 日发布，由 100 只市值最大的股票组成，指数成分股每年 12 月更新一次。截至 2021 年 9 月 30 日，成分股平均市盈率约 33 倍。

2. 华安纳斯达克 100 指数，近 5 年年化涨幅为 23.27%

华安纳斯达克 100 指数（代码：040046）成立于 2013 年 8 月 2 日，管理费率为 0.8%，托管费率为 0.25%。截至 2021 年 9 月 30 日，基金净资产规模为 22.71 亿元，近 5 年年化涨幅为 23.27%，最大回撤率为 -25.02%。

基金经理倪斌，曾任毕马威华振会计师事务所审计员，2010 年 7 月加入华安基金，历任基金运营部基金会计、指数与量化投资部数量分析师等。

3. 国泰纳斯达克 100 ETF，近 5 年年化涨幅为 23.15%

国泰纳斯达克 100 ETF（代码：513100）成立于 2013 年 4 月 25 日，管理费率为 0.6%，托管费率为 0.2%。截至 2021 年 9 月 30 日，基金净资产规模为 23.13 亿元，近 5 年年化涨幅为 23.15%，最大回撤率为 -27.86%。

基金经理吴向军，硕士研究生，拥有 16 年证券基金从业经历。2004 年 6 月至 2007 年 6 月在美国 Avera Global Partners 工作，担任股票分析师；2007 年 6 月至 2011 年 4 月在美国 Security Global Investors 工作，担任高级分析师；2011 年 5 月起加盟国泰基金。

基金经理徐成城，曾任职于闽发证券，2011 年 11 月加入国泰基金，历任交易员、基金经理助理等。

2.4.6　标普 500 指数基金

1. 标普 500 指数

美国股市已有 240 年的历史，最早可追溯到 1792 年 5 月 17 日，当时 24 位证券经纪人在纽约华尔街一棵梧桐树下签订协议，协议规定了经纪人的"联盟与合作"规则，后人称之为"梧桐树协议"。

"梧桐树协议"的主要内容有三条：一是只与在"梧桐树协议"上签字的经纪人进行有价证券交易，该条内容奠定了纽约股票市场会员制的基础；二是股票经纪佣金不得低于成交额的 0.25%，有效制止了会员间的价格战和恶性竞争；三是在交易中互惠互利。

1817 年，纽约经纪人团体更名为"纽约证券交易委员会"，并将经纪人的证券交易活动场所从咖啡馆转移到独立的交易大厅。1863 年，"纽约证券交易委员会"更名为"纽约证券交易所"。1865 年，纽约证券交易所迁至曼哈顿的华尔街 11 号。

1896 年，查尔斯·道开始编制道琼斯工业平均指数（简称"道指"）。这一事件不仅在股市指数历史上具有划时代的意义，更标志着美国股市从"铁路时代"进入"工业时代"。从 1897 年至 1902 年，美国股市指数在不到 6 年的时间内翻了一番。同一时期美国上市企业盈利涨幅甚至超过股价涨幅，达到了令人吃惊的180%。

进入 20 世纪，美股先是经历了 20 多年的横向区间波动，并于 1924 年中向上突破，形成一轮波澜壮阔的牛市，道指从 100 点附近起步，至 1929 年 9 月达到最高点 381.17 点。

技术进步带来的劳动生产率提高，汽车工业、电力行业快速发展，基础设施建设，人们收入增长和生活水平提高等多种因素交织，共同造就了 20 世纪 20 年代的大牛市。在这一时期，电网规模不断扩大，发电量增长了 3 倍，大部分工业企业开始使用电力替代一次能源。同时，汽车在第一次世界大战前还是奢侈品，到 1920 年保有量为 810 万辆，到 1929 年保有量为 2310 万辆。

但是，20 世纪 20 年代的大牛市存在内幕交易横行、很多人加杠杆贷款买股票等问题。泡沫破灭加剧了市场的下跌，直至 1932 年 7 月创下 40.6 点的低点。其后 10 年，美股一直处于疗伤期，没有走出大萧条的阴影。

1942 年 6 月，美国打赢中途岛海战，成为太平洋战争的转折点。道指则于当年 4 月最低见到 92.72 点后开始企稳回升。

20 世纪 50 年代，美国成为世界上经济最繁荣的国家，随着上千万军人复员和成家立业，美国迎来"婴儿潮"。由于城市核心区拥挤不堪，住宅郊区化拉动了居民对汽车和基础设施建设的需求，汽车、家电等耐用消费品生产快速增长，企业盈利良好，居民的收入和消费保持两旺，形成良性循环。

20 世纪 60 年代，美股延续了 20 世纪 50 年代的上涨趋势，驱动引擎由汽车、家电行业转向休闲娱乐业。迪士尼、环球影城兴起，酒店业、航空业全面繁荣。

从 1950 年至 1968 年，美股在 19 年里上涨了 544%。1969 年，单边牛市终结，美股进入宽幅震荡期。1973 年 1 月，道指在创出 1067.2 点高点后，步入熊市，直至 1974 年底最低见 570 点后才最终企稳。1975 年至 1982 年中，美股宽幅横盘。

市场难以脱离区间波动的背后，是两股力量的此消彼长，即制造业的衰落和科技产业的发展。20 世纪 70 年代，美国城市化进入平台期，基建需求饱和，钢铁产能在 1970 年达到高点后进入长达 10 年的去产能阶段。

从 1982 年中开始，美国经济恢复增长，牛市气势如虹。1987 年 10 月的股灾曾引发全球市场同步下跌，但当年底，道指又重拾 2000 点。

20 世纪 90 年代，在"网络时代 + 知识经济"的驱动下，美国经济保持了 100 多个月的增长。道指从 3000 点一路上涨，1999 年 4 月向上突破 10 000 点，当年底以 11 497.12 点收盘。

2000 年 3 月，纳斯达克指数在创下 5132.52 点高点后，互联网泡沫开始破灭。当年 3 月 20 日，《巴伦周刊》刊登了一篇名为"燃烧殆尽警告：互联网公司将很快耗尽现金"（*Burning Up Warning: Internet companies are running out of cash—fast*）的文章。该文章指出，按照现在的速度，至少 51 家互联网上市公司将在未来 12 个月内花光他们的现金。该文引发了股市投资者对互联网公司财务状况的普遍担忧。

纳斯达克的这轮熊市异常惨烈，直到纳斯达克指数在 2002 年 10 月最低见 1108.49 点后，才止跌企稳。同期，纽交所的传统公司股票比较抗跌，道指震荡调整，向下调整幅度远小于纳斯达克指数。

在 2000 年互联网泡沫破灭后，美联储大幅降低利率。当年底，美国国会通过《住房所有权和经济机会法》，2003 年底又通过《美国梦首付法案》，刺激住房需求，很多中低收入家庭购房可享受零首付。

在一系列逆周期政策调节下，2003 年美股重回上升轨道，展开了一波持续 5 年的牛市。与此同时，房地产泡沫悄然滋长，直到 2008 年美国次贷危机爆发。

经历次贷危机之后，从 2009 年 3 月至今，美股重回牛市，并已经持续了 13 年。在本轮牛市中，以 FAANG 即脸书（Facebook）①、亚马逊（Amazon）、苹果（Apple）、

① 2021 年脸书已更名为 Meta。

奈飞（Netflix）以及谷歌（Google）母公司 Alphabet 为代表的科技股板块持续走强，成长风格得到极致演绎。

回望 240 年的美国股市，经历了惊心动魄的风云变幻：从美国南北战争，到第一次世界大战、20 世纪 30 年代的大萧条、第二次世界大战、20 世纪 70 年代的两次石油危机、1987 年 10 月的崩盘、2000 年的互联网泡沫破灭、2001 年的"9·11"事件、2008 年的次贷危机。美股就如同不死鸟一样，经历了一次次涅槃重生。

标普 500 指数由美国标普公司创立，于 1957 年 3 月 4 日发布。该指数以在美国上市的 500 家公司为样本，所选择的成分股不完全取决于市值，产业中的代表性和产业变动反应的敏锐度同样重要。此外，成分股的净资产回报率是指数最重视的硬指标。

2. 博时标普 500ETF，近 5 年年化涨幅为 14.57%

博时标普 500ETF（代码：513500）成立于 2013 年 12 月 5 日，管理费率为 0.6%，托管费率为 0.25%。截至 2021 年 9 月 30 日，基金净资产规模为 40.94 亿元，近 5 年年化涨幅为 14.57%，最大回撤率为 -32.95%。

基金经理万琼（女），硕士，2004 年起先后在中企动力科技股份有限公司、华夏基金工作；2011 年加入博时基金。

2.4.7　日经 225 指数基金

1. 日经 225 指数

19 世纪中叶，在美国等西方国家的压力下，日本被迫实行门户开放。明治天皇即位后，于 1868 年实行"明治维新"，将日本从一个落后的封建制国家发展为工业化世界大国。

日本股市建立于明治维新期间的 1878 年。当年，明治政府制定并颁布了《股票交易条例》，并以此为基础成立了东京股票交易所、大阪股票交易所两大证券交易所，其中东京股票交易所正是东京证券交易所的前身。以此为标志，日本开始了全面资本主义经济时代。

此后，日本股市经历了中日甲午战争、日俄战争、第一次世界大战和第二次世界大战。由于战争推动国内投资浪潮，每次战争前后，日本股市都会经历大起大落。第二次世界大战期间，日本把所有证券交易所合并为日本证券交易所。在第二次世界大战之后，1947年，日本证券交易所解体，进入"交易所空白时期"，直至1949年东京股票交易所重启。

从1955年至1985年，日本经济高速增长。在20世纪70年代两次世界石油危机前后，日本依靠技术进步促使产业从资本和能耗密集型向技术密集型升级，丰田等厂商生产的汽车成本低、耗油少，日本汽车产销量超过美国。

1978年，日本政府发布《特定机械信息产业振兴临时措施法》，鼓励发展电子计算机、高精度装备制造和其他知识型产业，引导制造业重心从重化工业向半导体等高端制造业转移。

进入20世纪80年代后，在日美贸易中，日本一方形成巨大的贸易顺差，1985年，日本成为全球最大的债权国。针对贸易失衡，当年9月22日，美、日、英、法、德五国央行行长在纽约广场饭店签订《广场协议》，协议规定日元和德国马克应大幅升值，以挽回被过分高估的美元价格。

为了应对日元升值，日本启动宽松货币政策，1986年四次下调利率，大量资金涌入股市和房市，推动股价和房价暴涨，泡沫经济愈演愈烈。1989年12月，日经225指数最高见38 957.44点。

在日本政府意识到资产价格过度膨胀后，1989年5月至1990年8月，为了调控市场，日本央行先后五次上调基准利率，从2.5%提高到6%。1990年起，日本股市开始下跌，进入漫长的熊市，直至2008年10月一度跌破7000点，最低见6994.9点。

2012年11月以来，日本股市重回上升通道，至今已超过9年，2021年以来基本在30 000点上下波动。本轮牛市的启动，与安倍晋山于2012年12月再次出任首相基本同步。

从2012年12月至2020年8月，安倍晋三连续担任首相天数达2799天，成为连续在任时间最长的日本首相。任职期间，他实施一系列经济刺激政策，核心是超宽松货币政策、扩大财政支出和经济改革，被称为"安倍经济学"。

日经225指数由日本经济新闻社编制发布，在日本东京证券交易所第一市场上市的股票中，以成交量最活跃、市场流通性最高的225只股票的股价为基础，通过"修正式算术平均"计算出来。截至 2021 年 9 月 30 日，市盈率约 16.77 倍，最近 10 年历史中位数为 20.19 倍。

2. 华夏野村日经 225ETF，成立以来年化涨幅为 10.74%

华夏野村日经 225ETF（代码：513520）成立于 2019 年 6 月 12 日，管理费率为 0.2%，托管费率为 0.05%。截至 2021 年 9 月 30 日，基金净资产规模为 0.67 亿元，成立以来年化涨幅为 10.74%，最大回撤率为 -29.98%。

基金经理赵宗庭，2008 年 6 月至 2015 年 1 月，任华夏基金研究发展部产品经理、数量投资部研究员；2015 年 1 月至 2016 年 11 月，任嘉实基金基金经理助理、基金经理；2016 年 11 月，回归华夏基金。

3. 易方达日兴资管日经 225ETF，成立以来年化涨幅为 11.15%

易方达日兴资管日经 225ETF（代码：513000）成立于 2019 年 6 月 12 日，管理费率为 0.2%，托管费率为 0.05%。截至 2021 年 9 月 30 日，基金净资产规模为 0.66 亿元，成立以来年化涨幅为 11.15%，最大回撤率为 -31.19%。

基金经理余海燕（女），复旦大学数量经济学硕士，曾任汇丰银行信用风险分析师；2006 年 12 月加入华宝兴业基金；2012 年 10 月加入易方达。

基金经理范冰，2005 年 6 月至 2006 年 6 月任皇家加拿大银行托管部核算专员；2006 年 10 月至 2007 年 8 月任美国道富集团中台交易支持专员；2007 年 8 月至 2009 年 11 月任巴克莱资产管理公司悉尼金融数据部高级金融数据分析员、主管，新加坡金融数据部主管；2009 年 12 月至 2016 年 7 月任贝莱德集团金融数据运营部部门经理、风险控制与咨询部客户经理、亚太股票指数基金部基金经理；2017 年 3 月加入易方达。

2.4.8 德国 DAX 指数基金

1. 德国 DAX 指数

德国受监管的证券市场建于 19 世纪末，在第二次世界大战前已有较大发展。在第二次世界大战期间，德国证券市场受到较大破坏，一度被迫关闭，在第二次世界大战后重新营业。

德国现在有 8 家证券交易所，其中以法兰克福交易所为主要上市和交易平台，市场份额超过 90%，其他 7 家均为地区性交易所。1992 年，这 8 家证券交易所联手德国的大银行共同出资成立了德国证券交易所集团，并通过集团子公司德意志交易所集团反过来控股法兰克福证券交易所及其他证券机构。

在德国股票市场，投资者以机构为主，个人投资者持股市值占 10% 左右，且偏好他们熟悉的本地小规模企业。相对于股票，德国居民更偏好投连险。德国股票市值的一半以上由国外机构投资者持有，他们的投资对象以大市值公司为主。

DAX 指数是德意志交易所集团推出的蓝筹股指数，于 1988 年 1 月 1 日发布，成分股包括德国 30 家主要的上市公司。

2. 华安德国 30ETF，近 5 年年化涨幅为 5.04%

华安德国 30ETF（代码：513030）成立于 2014 年 8 月 8 日，管理费率为 0.8%，托管费率为 0.2%。截至 2021 年 9 月 30 日，基金净资产规模为 6.12 亿元，近 5 年年化涨幅为 5.04%，最大回撤率为 -41.44%。

基金经理倪斌，曾任毕马威华振会计师事务所审计员，2010 年 7 月加入华安基金，历任基金运营部基金会计、指数与量化投资部数量分析师等。

2.4.9 跟踪印度市场的基金

1. 不容小觑的印度股市

印度不仅有咖喱、手抓饭、恒河水等人文或自然特色，还有塔塔集团、信实工业等大公司。印度的证券市场规模在亚洲次于中国和日本，有 23 家证券交易所。其中，孟买证券交易所（BSF）和国家证券交易所（NSE）是两个全国性交易所，另外 21 个是地方区域性交易所。孟买证券交易所成立于 1875 年，国家证券交易所成立于 1992 年，在 1994 年开始交易。

作为世界第五大经济体，印度的经济体量次于美国、中国、日本、德国。在人口红利释放、经济改革见效、数据技术进步以及正规经济扩大的经济发展背景下，印度市场的长期前景广阔，投资逻辑清晰。

孟买证券交易所发布的印度 SENSEX30 指数是被广泛使用的指数，该指数有 30 只成分股，能代表整个印度股市的走势。近十几年来，印度股市整体表现强劲。2020 年一季度，受新冠病毒疫情冲击，市场深幅回调，但旋即触底反弹，迭创新高。数据显示，从 2009 年初至 2021 年 9 月 30 日，印度 SENSEX30 指数的涨幅为 513%，虽然不及纳斯达克的同期涨幅 1112%，但优于标普 500 的涨幅 377% 和道琼斯工业指数的涨幅 286%。

2. 工银瑞信印度市场基金，近 5 年年化涨幅为 7.12%

工银瑞信印度市场基金（代码：164824）成立于 2018 年 6 月 15 日，管理费率为 1.6%，托管费率为 0.2%。该基金主要跟踪中信证券印度 ETP 指数（CIS51001），投资全球跟踪印度市场的基金。中信证券印度 ETP 指数的样本基金主要为跟踪印度市场的 ETF，在美国、德国、英国、法国、瑞士、新加坡、日本等发达市场上挂牌交易。这些发达市场的交易所本身有成熟的机制，能够保障上市 ETF 的正常运作和交易。

截至 2021 年 9 月 30 日，工银瑞信印度市场基金的净资产规模为 2.33 亿元，成立以来年化涨幅为 7.12%，最大回撤率为 -38.78%。

基金经理刘伟琳（女），中国人民大学金融工程博士，2010 年加入工银瑞信，历任风险管理部金融工程分析师、指数投资部投资经理助理、投资经理，现任指数投资部基金经理。

第3章
主动权益基金

　　与指数基金被动跟踪标的指数以取得市场平均收益不同，主动权益基金的目标是打败指数，力求超越市场平均收益。

　　近 130 年来，以美国华尔街为主的西方市场诞生了一批投资大师，曾取得远超市场平均收益的卓越战绩，他们包括：《股票大作手操盘术》的作者杰西·利弗莫尔，《证券分析》与《聪明的投资者》的作者本杰明·格雷厄姆，《怎样选择成长股》的作者菲利普·费雪，《笑傲股市》的作者威廉·欧奈尔，对冲基金大鳄、《金融炼金术》的作者乔治·索罗斯，富达基金明星基金经理、《战胜华尔街》的作者彼得·林奇，富达国际明星基金经理、《安东尼·波顿的成功投资》的作者安东尼·波顿，桥水基金创始人、《原则》的作者瑞·达利欧，耶鲁大学首席投资官、《机构投资的创新之路》作者大卫·F.史文森，以及股神沃伦·巴菲特等。

　　这些投资大师依靠自己的专注、勤奋和智慧，创造了辉煌的业绩。他们把自己对于投资的思考和理解，写成传世经典，影响和激励了无数追求财富自由和人生梦想的投资者。巴菲特虽然没有出版专著，但他几十年来每年"致股东的信"反映了他整个投资生涯和投资思想。

　　相对于美股等成熟市场而言，作为新兴市场的 A 股波动较大，进行主动投资以获取超额收益一直是众多投资者的追求。在 A 股市场，主动基金整体业绩优于指数基金。由于主动基金数量众多，业绩水平参差不齐，投资者需要付出较多的时间研究和甄别，才能做到优中选优。

1. 选择长期业绩优秀的基金经理

选择主动基金时，要寻找优秀的基金公司以及投资价值观与自己一致的基金经理。由于基金公司的营业收入主要来自基金管理费提成，我们需要规避片面追求规模扩张的基金公司。中大型基金公司大多已建立起完整的产品线，每年仍要发行成立较多新基金，主要是出于销售规模增长的考虑。因此，投资者原则上应以选择老基金为主，回避没有实质性创新的新基金。

通俗地说，买基金就是把钱委托给基金经理去投资股票，选基金的第一要义就是选择基金经理。国内基金业已培养出一批出类拔萃的基金经理，他们勤奋、专注，努力用自己的专业能力证明，他们能年复一年地取得出色的业绩，并且可解释、可持续。

这些基金经理主要集中在两种类型的基金公司：第一类是综合实力雄厚的头部公司。这类公司大多在与政府关系、销售渠道、投研团队等方面具有比较优势，管理资产规模大，管理费收入丰厚，能以较好的工作条件和薪资待遇留住优秀的基金经理。第二类是投研实力独领风骚的基金公司。这类公司往往在与政府关系、销售渠道方面比较一般，但投研平台能在领军人物的带领下达到领先水平，形成比较浓厚的投研文化。

在综合性基金公司中，华夏、易方达、汇添富、华安、工银瑞信、嘉实、银华等基金公司的投研人数较多，有一批历史业绩优秀的基金经理；在投研驱动型的基金公司中，景顺长城、兴证全球、睿远、中欧、泓德等基金公司投研文化浓郁，已形成了良好的传承。

统计数据显示，截至 2022 年 3 月 3 日，国内有 2936 位公募基金经理，其中任职年限达到 10 年或超过 10 年的有 178 位，任职年限达到 5 年或超过 5 年的有 987 位。由于基金经理的成长和成熟需要市场的考验和时间的沉淀，投资者要选择适合自己的优秀基金经理，需要花时间研究，做足功课。

2. 要了解基金经理的投资风格

2020 年，明星基金经理不断涌现，如易方达的张坤、中欧的葛兰、景顺长城的刘彦春等。"90 后"新基金投资者跑步入场，还组建基金经理后援会，基金一度"饭圈化"。但是，很多新基金投资者对他们所追捧的基金经理缺乏真正了解。2021 年春节后市场下跌，很多基金净值大幅回撤，不少基金最大回撤率达到 30%，引发基金投资者焦虑。

如同每个人都有自己的性格特征，成熟的基金经理在投资过程中也会表现出一定的习惯和偏好，即各自的投资风格。投资者只有事先了解和熟悉他们的投资风格，才有可能在市场出现不利波动时保持信心，把自己的资金放心交给基金经理管理，穿越牛熊，收获胜利的果实。

在实际管理投资组合之初，基金经理大多有一个学习和探索的过程。在这个阶段可能会呈现不同的风格与特征，表现并不稳定，会出现风格飘移的现象。在经过或长或短的一段时间之后，优秀的基金经理会根据个人的性格、风险偏好、知识结构、核心能力圈以及竞争优势等，形成比较成熟的投资体系和投资风格，他们在应对不同的市场环境变化时会体现出比较一致的投资理念和投资逻辑，表现为比较稳定的投资风格。

基金经理的投资风格可以分为价值、成长、平衡、中观配置、行业主题 5 种类型。随着能力圈的逐渐扩展、管理资产规模的增长、认识的提高等，他们的投资理念会不断进化，投资风格也可能发生变化。

每种投资风格都有适应和不适应的市场环境，市场中实际上并不存在全能的基金经理。投资者只有充分理解基金经理的投资风格，才能对他们所管理的基金在不同市场环境中的表现做出客观评价，并在不同的市场阶段配置适应当下市场环境的基金。

主动型基金以追求 α 收益、优于大盘指数为目标。α 收益的来源可分为资产配置、行业配置、个股选择 3 个层面。保险资金、银行理财资金把资金安全放在第一位，要求获得绝对正收益，大类资产配置是核心和灵魂。但是，对于主要追求相对收益的公募基金而言，主要通过行业配置和个股选择来获取 α 收益。

在选择个股时，需要对股票进行估值。股票估值是基金经理进行自下而上选股时评估股票价值的方法和过程，分为绝对估值和相对估值。绝对估值一般使用现金流贴现（discounted cash flow，DCF），即预测公司未来若干年的净现金流入，按照一定的贴现率贴现到现在，得出它的绝对价值。在贴现模型中，分母中的贴现率的取值与公司的经营风险、当时的市场利率等多个因素相关，分子中未来若干年份的现金流预测数也具有较强的主观性。鉴于未来的变化往往难以预测，具有不确定性，运用现金流贴现获得的数据属于估计值，一般只作为一种参考，主要用于评估公司的质地、未来可能的发展空间和股价安全边际等。相对估值采用市盈率（price earings ratio，PE）、市净率（price-to-book ratio，PB）、市销率（price-to-sales，PS）等指标，在计算出公司比值后，要与同行业同板块的公司进行横向比较，并与它的历史值进行纵向比较，以判断估值高低。

3.1　价值风格基金

价值风格基金以投资价值型股票为主，投资组合的整体市盈率相对较低，具有低风险偏好的特征。

1934 年，本杰明·格雷厄姆与他的助手戴维·多德合著的《证券分析》出版，开创了价值投资的先河。格雷厄姆把投资定义为"通过透彻地分析，保障本金安全并获得令人满意的回报率"，而价值投资更需要"既能从质的方面，又能从量的方面找到根据"。

近百年来，尽管证券投资书籍汗牛充栋，但真正能对投资者有实质性帮助的图书凤毛麟角，《证券分析》无疑是珍贵的奠基之作，是整个证券分析行业的基石。

1. 格雷厄姆开创价值投资先河

格雷厄姆（1894—1976）出生于英国伦敦，未满 2 岁就随父母迁居纽约。起初，他的家庭生活优越，家里有女佣、厨师。但是，在他 9 岁的时候，年仅 35 岁的父亲离世，一家人的生活陷入困境。他的妈妈把家变成了廉价寄宿公寓，并借钱进行股票"保证金"交易。1907 年的股灾把她的本金一扫而光，她不得不典当首饰维持生活。

在纽约公立学校读书期间，格雷厄姆成绩优秀。但是，在毕业后申请哥伦比亚大学奖学金时，因工作人员失误被拒绝。他曾入读免学费的纽约城市大学，后来因故退学，找了一份装配门铃的工作。后来，他又一次申请哥伦比亚大学，取得成功并获得了奖学金。由于博览群书，他在学期开始就获得了最高免修学分。1914 年 6 月，他以全班第二名的成绩毕业。

大学毕业后进入华尔街工作，从事证券分析。1925 年，格雷厄姆对石油管道公司——北部管道公司进行深入研究，发现该公司拥有价值每股 80 美元的高等债券，而当时该公司的股价仅为 65 美元。他买进了这只股票，3 年以后以 110 美元出手。

在投资实践过程中，格雷厄姆发现市场对杜邦公司和当时炙手可热的通用汽车公司两者的股票定价不合理。杜邦公司持有数量可观的通用汽车公司的股份，而市场给杜邦公司的估值只相当于这部分股票的估值，这意味着市场给杜邦公司其他业务的估值为零。于是，格雷厄姆买入杜邦公司的股票，并卖空通用汽车公司的股票，最终大赚一笔。

同时，格雷厄姆给《华尔街杂志》投稿，传播安全边际的理念。他在文章中呼吁，未来充满变数，投资者要以自身来对抗未来的不确定性，因此应该以低于内在价值的成本进行投资。

1926 年，格雷厄姆与杰罗姆·纽曼合伙组建格雷厄姆 - 纽曼公司。

1927 年，格雷厄姆开始在哥伦比亚大学讲授"证券分析"课程。他想通过讲课，逐步整理自己的思想，写出一本证券分析教科书。他本来以为可以很快把"证券分析"的教科书写出来，不承想被后来 1929 年的股市崩盘打断。

1929 年，格雷厄姆 35 岁，他已成为一个拥有很多财富和良好名声的人。尽管他对市场高位表示担心，却并没有因为看跌的预感而有所行动。格雷厄姆 - 纽曼公司当时拥有 250 万美元资本，持有大约 450 万美元的多头头寸，还控制着 250 万美元的多空对冲头寸。

从 1929 年至 1932 年，美股最大跌幅达 89%，无数人亏得倾家荡产，格雷厄姆也亏损了 70%。他不得不退掉豪华的公寓，辞掉佣人，坐公交车上班。

但格雷厄姆并没有一蹶不振。在股市见底反弹后，他反思自己过去的错误，不断完善投资策略。在股市于 1932 年中见底之后，格雷厄姆与他的助手戴维·多德合作，重新开始写书，于 1932 年底签订出版合同，1934 年中，《证券分析》终于出版，成为证券分析行业具有划时代意义的伟大作品。

格雷厄姆表示，投资是根据深入的分析，能够承诺本金安全，而且能确保获得满意回报的操作（注：这里最重要的词是"承诺"，并不代表绝对保证，而是意味着高度的确定性）。投资必须始终考虑证券的价格和质量，可以在定性和定量两方面均被证明合理。

格雷厄姆指出，证券分析师总要关注证券的内在价值。一般来说，内在价值是由资产、收益、股息等事实和可以确定的前景决定，有别于被人为操纵和狂热情绪扭曲的市场价格。根据不同情况，内在价值的概念或多或少会有些差异，差异的程度可以用假设性的"近似值范围"来表示。当市场前景不确定性增加时，"近似值范围"会扩大。

在第一部分第四节"区分投资与投机"中，他又补充道，内在价值的定义是"事实证明合理的价值"，必须认识到这种价值不局限于"投资价值"，即总价值包含投资的组成部分。如果投机价值是靠理性分析得出的话，那么可以适当地包括大部分的投机价值。因此，只有当市场价格能明显反映非理性投机时，才能说市场价格超过内在价值。

决定证券内在价值的是市场而不是分析师，价值区间可能很大。尽管市场结果每天都在变化，它仍代表着对不稳定证券的内在价值的最有效决定。

价值投资策略以安全边际作为基本原则，所谓安全边际，就是证券分析师估算出来的价值区间下限，达到安全边际的股票的市场价格也已打了相当大的折扣。

格雷厄姆说："事实上，依我们之所见，绝大部分实力雄厚的公司的普通股交易，在大多数时间里都必须被看作投机买卖，因为它们的价格太高，在任何理性投资的含义下都无法保证本金安全。"

随着股市从 1932 年的低点回升，格雷厄姆的公司逐步走出困境，到 1935 年弥补了之前的全部亏损。从 1936 年到 1956 年，格雷厄姆 - 纽曼公司的平均年化收益率达到 14.7%，高于同期股市 12.2% 的整体年化收益率 2.5 个百分点。

1956 年，道琼斯工业指数已经超过 1929 年的巅峰，股票价格让格雷厄姆感到紧张。62 岁的他决定退休，享受生活，关闭了他的合伙公司。

2. 约翰·聂夫 31 年的成功实践

美国投资大师约翰·聂夫也是价值投资的长期实践者，他于 1963 年加入威灵顿基金公司，从 1964 年至 1995 年，他担任威灵顿基金公司温莎基金的基金经理，把这只困境中的小基金管理成当时最大的共同基金，31 年的总收益率达到 55.47 倍，比标准普尔指数收益率的两倍还要多。

在《约翰·聂夫的成功投资》第 7 章中，他把自己的选股方法归纳为 7 个要素：一是低市盈率；二是基本增长率超过 7%；三是收益有保障；四是总回报率相对于支付的市盈率两者关系绝佳；五是除非从低市盈率得到补偿，否则不买周期性股票；六是成长行业中的稳健公司；七是基本面好。

在低市盈率的股票中，寻找资产质量优良，且能保持一定成长性的公司，这是价值风格基金在投资过程中的显著特征。 虽然有不少低市盈率的公司往往存在各种各样的问题，隐藏着价值陷阱，但是，也一直有不少被市场错误定价的好公司，能给基金带来超出预期的收益率。

约翰·聂夫说："作为低市盈率投资者，你必须能够分辨哪些股票的大势已去，而哪些股票只是被市场暂时误解和忽视。它们之间一开始并不好区分，所以，投资者必须煞费苦心地研究每只低市盈率股票所代表的不同含义。"

1992 年，以价值投资闻名于世的公司——特维迪 - 布朗有限责任公司出版了一本包含 44 篇研究报告的全集，即《有效的投资之道》。该公司通过研究发现，真正的投资非常简单：廉价股票（由市净率、市盈率或股息率来衡量）的表现往往优于昂贵的股票，股价不佳的股票在 3 ～ 5 年会超越近期表现较好的股票。

3. 价值策略知易行难

在国内，中庚基金的丘栋荣、鹏华基金的伍旋、国海富兰克林的赵晓东、景顺长城的韩文强等都是价值风格的典型代表。

在众多的基金经理中，能真正践行价值策略的基金经理占比很小。低估值价值策略虽然已被证明在取得中长期收益率方面非常有效，但不利于基金净值的短期排名和基金公司资产规模的扩张。在基金净值排名的年度榜单上，人们很难在前面找到价值风格基金。

价值风格的基金经理对当时热门的成长股会持谨慎态度，因为投资者往往倾向于给热门成长股未来的成长性支付很高的溢价。由于上市公司的业绩成长并不是线性的，而投资大众的思维却是线性的，一旦热门成长股预期中的高成长性没有兑现，那么，就会面临业绩与估值的双杀，股价将大幅下跌。这种情况正是价值风格基金极力避免的。

丘栋荣在选股时强调低风险、低估值以及较快的成长性。以他曾重仓的格力电器为例，从 2014 年三季度起，他在汇丰晋信担任基金经理期间，曾较长时间重仓格力电器。当时，国内空调的渗透率正处于快速提升过程中，而他买入格力电器的时候，格力电器的市盈率在 7 倍以下。

伍旋把自己的投资风格总结为"偏向低估值投资却又不墨守成规"，尤其关注公司是否存在治理结构的价值陷阱。他的经典投资之一是在 2016 年 1 月市场熔断行情后曾低位重仓贵州茅台，当时茅台的市盈率在 16 倍以下。从 2016 年四季度至 2019 年一季度，他一直重仓茅台，期间茅台的市盈率大部分时间在 25～40 倍。

现在，他们虽然早已不再持有格力或茅台，但他们在投资过程中运用的内在投资逻辑一脉相承，并在不断进化与完善。

采用低估值价值策略，需要具有逆风而行的勇气。**大卫·F.史文森在《机构投资的创新之路》中说："在投资世界里，失败却是未来成功的种子。与那些估值高、如日中天的投资策略相比，那些估值低、备受冷落的策略未来前景更胜一筹，折价交易的失宠资产能够提高预期收益，而溢价交易的受宠资产会降低预期业绩。"**

案例 3.1 ————————————————————————————————

国富中小盘股票，近 5 年年化涨幅为 19.55%

Ⅰ. 基金简介

代码：450009；成立时间：2010 年 11 月 23 日；投资范围：以 A 股为主；基金类型：股票型基金，股票仓位要求为 80%～95%；基金规模：截至 2021 年 9 月 30 日，基金规模 46.45 亿元；业绩表现：截至 2021 年 9 月 30 日，近 5 年年化涨幅为 19.55%，最大回撤率为 -22.58%；晨星评级：三年四星，五年四星，十年五星。

Ⅱ. 基金经理赵晓东

赵晓东，辽宁工程技术大学投资经济专业学士，香港大学工商管理学硕士，曾任淄博矿业集团项目经理，浙江证券分析员，上海交大高新技术股份有限公司高级投资经理，国海证券行业研究员。2009 年 9 月至 2014 年 2 月担任富兰克林国海沪深 300 指数增强基金经理；2010 年 11 月起担任富兰克林国海中小盘的基金经理。

据 2021 年三季报，他共管理 7 只基金，合计管理规模为 183 亿元。

重视估值，行业分散

赵晓东的微信朋友圈封面，是一张朝霞满天的照片，阳光穿透层层云霭洒向大地，世界正在苏醒。

照片下方的签名是："梦想是前进的最大力量，只要梦想在，前进就不会停止。"

"稳"，是赵晓东给人的第一印象，也是投资者持有他的基金最直观的体验。

这种"稳"来自他对估值的重视。在他的投资组合中，大多数个股的市盈率有一二十倍，较少超过 25 倍。"这与我的性格有关，我是一个偏保守的人，买什么都要先看价格，捡便宜的买。"赵晓东说。

但在更多情况下，他不仅要看估值，还苛求着稳定的股权结构、心无旁骛的管理层、精细化的经营管理。

他重仓银行股，尤其偏爱市场化程度较高的全国股份制银行，以及江浙地区的城市商业银行。因为它们具有更好的激励机制、更加勤勉的管理层，投资者不仅能获得银行股每年内生增长所带来的收益，还能获得估值提升带来的收益。

他重仓轮胎股，不仅是因为估值合适。在这个产能过剩和充满恶性竞争的行业，只有具备超前意识的个别企业才能提前在东南亚布局，规避美国的反倾销限制，取得超越行业平均水平的利润率。

赵晓东有很多成功的投资案例，但当你问他能不能举一两个例子时，他总会说："没什么可讲的，我给你讲个失败的案例吧。"

在他十几年投资生涯中，走过的沟沟坎坎是一笔无形的财富。2013 年，他在白酒行业估值很低的阶段越跌越买，前五大重仓股全是白酒股。但在周期和政策的共同压力下，白酒板块持续下跌，让他承受了巨大压力。此后，他构建投资组合时，更加注重行业分散。

经历过 2015 年的移动互联网行情后，他定下了"四不原则"：第一，不做景气投资；第二，不要集中，要分散；第三，不做不熟悉的领域；第四，不做波动太大的标的。

诚实地面对自己，客观地看待自己精挑细选的公司。用赵晓东的话说，他的重仓股都不太"性感"，很难让人血脉偾张。但也正是这种平实的投资风格，不仅能给持有人带来长期持续的较高收益率，而且所承受的风险相对要小一些。

这种投资风格也让专业的机构投资者非常喜欢。例如，根据 2017 年至 2021 年中报数据，国富中小盘的机构占比均在 70% 以上。

1. 把估值放在第一位

赵晓东表示，把估值放在第一位投资理念的形成，总体上和他的性格有关，他是一个偏保守的人，买什么都要先看价格，捡便宜的买，生活中和投资中都是这样。

但这两年他也在反思，之前太看重价格，太看重估值了，但估值只是价值的一部分，还要和公司的质地、成长性结合起来。

赵晓东从 2017 年开始重点关注银行股，银行股估值当时都很低。但三四年下来，在有的银行股上只能赚到净资产收益率的钱，而有的银行质地比较好，在这些银行股上还能赚到估值扩张的钱，银行股之间的收益率已经拉开了差距。

对于好股票，越晓东会放宽估值，具体放宽到什么程度，则要结合它的成长性。比如，每年稳定增长 20%，他会接受 30 倍左右的市盈率，但接受不了 40 倍的市盈率。

按照 PEG（市盈率相对盈利增长比率）估值，好公司能达到 1.2 ~ 1.5 倍就可以了。在市场普遍接受 3 ~ 4 倍甚至更高估值的情况下，他不会买，前期能做的只是先研究着，等某一天估值跌下来再说。

由于对估值的要求很高，在他的投资组合中，新能源、医药、科技等行业股票的持仓就比较少，持仓主要集中在传统行业，看起来不太"性感"的公司，比如银行、轮胎企业。

同时，他认为，上市公司的管理层很重要，尤其是民营企业。

赵晓东曾重仓过一家公司，买的时候觉得行业不错，是一条好赛道，所以趁其下跌就建仓了。但是，没想到公司老板喜欢资本运作，不注重经营管理，导致这次投资以失败告终。

赵晓东认为，在投资一家公司之前，对管理层要做 360 度的尽职调查，比如老板以往的工作经历，他的上游供应商、下游客户、竞争对手、行业专家，还有他以往的公开发言、负面舆情等。经过 360 度调研之后会得出一些结论，可供投资时参考。

2. 成功布局轮胎股的逻辑

基金定期报告显示，赵晓东从 2018 年就开始买轮胎股，回过头来看，这是一笔非常成功的投资，他是如何做到的呢？

赵晓东表示，他先通过量化指标筛选标的，当时就发现这家轮胎企业每年能实现 20% 的增长，但只有 13 倍左右的市盈率，有研究的价值。

深入研究后他发现，这个行业以前是产能过剩的，再加上小企业特别多，污染很严重，所以处于去产能和恶性竞争阶段。

那么，在市场竞争那么激烈的情况下，这家轮胎企业怎么还能有高增长呢？主要因为它在海外提前布局，该企业 50%～60% 的订单都来自泰国。由于从泰国向美国出口没有关税，净利润率可以达到 25% 左右，而国内向欧美出口的关税很高，净利润率不到 10%，因此导致海内外轮胎厂的利润率相差很大。

现在很多轮胎企业都已在海外布局，不过各家企业的经营状况、盈利水平存在差别。赵晓东认为，这和公司管理层有很大关系。比如，轮胎制造业的成本管理很重要，老板一定要很"抠门"才能把公司做好。这家公司的老板在管理方面事无巨细，经常半夜去工厂里看员工的工作情况。而且，老板很勤奋，有一半时间都在外面出差，巡查零售网点，开拓海外业务。

在米其林、固特异等外资品牌长期占领汽车原配轮胎供应市场的情况下，这家企业成为国内最早进入全球配套市场的轮胎企业，目前已经被通用、福特、宝马等很多车企所接受，而且有从中低端向高端市场拓展的趋势。

虽然国产轮胎现在还没完全进入高端市场，但和高端轮胎在性能上的差距已经很小。

赵晓东表示，国产轮胎可能在刹车距离和耐磨性方面稍微差一点。但是反过来说，假如我一个轮胎卖 300 元，国外那些高端轮胎卖 600 元，由于价格相差很大，性价比还是很高的。

至于为什么高端市场还不太接受国产轮胎，主要是因为企业形象、品牌地位还不行。这个行业其实有一定的品牌壁垒和技术壁垒，其中品牌壁垒更重要，尤其是在中高端市场上。

不同于重卡的工业属性，轮胎其实属于半消费品，特别是对于乘用车来说，个人消费者比较注重品牌，而品牌的建立需要一个过程，国内企业这几年也已经意识到这个问题。

除了轮胎股，赵晓东也关注重卡股。他分析，以前国内的重卡都是从海外引进的，所以有很多合资公司，但现在我国重卡企业的技术已经是全世界最好的，比如某发动机龙头企业，市占率全世界最高。这和管理层也有很大关系——它虽然是一家国有企业，但是高管都持有一定股权，是一家国有民营企业，不用担心公司治理问题。一般情况下，这种股权结构的公司都还不错，比如某化学龙头企业也是这样。

案例 3.2 ————————————————————————————————

中庚价值领航混合，成立以来年化涨幅为 33.54%

Ⅰ. 基金简介

代码：006551；成立时间：2018 年 12 月 19 日；投资范围：A 股、存托凭证、港股通标的股票、债券等；基金类型：混合型基金，股票仓位为 60% ～ 95%（其中投资于港股通标的股票的比例占股票资产的 0% ～ 50%）；基金规模：截至 2021 年 9 月 30 日，基金净资产规模为 51.22 亿元；业绩表现：自成立以来至2021 年 9 月 30 日，年化涨幅为 33.54%，最大回撤率为 -14.51%；晨星评级：两年四星。

2021 年 10 月 8 日至 22 日，该基金以通信方式召开持有人大会，审议议案：在基金的投资范围中增加港股通标的股票。10 月 26 日，中庚基金公告，该议案获得持有人大会的通过。

在 2021 年三季报中，丘栋荣说："他坚持低估值价值投资策略，希望长期、持续为持有人挖掘具备低估值、较低风险、可持续成长特征的公司，力争为持有人构建更高性价比的投资组合。"他认为港股通标的股票从多角度符合以上要求。

Ⅱ. 基金经理丘栋荣

丘栋荣，工商管理硕士，历任群益国际控股有限公司上海代表处研究员，汇丰晋信行业研究员、高级研究员、股票投资部总监、总经理助理；2014 年 9 月至2018 年 4 月担任汇丰晋信大盘的基金经理；2014 年 11 月至 2018 年 4 月担任汇丰晋信双核策略的基金经理；2018 年 12 月起任中庚价值领航基金经理；现任中庚基金副总经理兼首席投资官。

据 2021 年三季报，他共管理 4 只基金，合计管理规模为 208 亿元。

首先是低风险，然后是低估值

丘栋荣是一位低估值价值投资者。基本面的低风险、低估值、高成长性是他的投资组合的三大主要特征。

在他看来，投资是一门科学，构建投资组合的预期收益率可以用未来现金流回报来计算。因此，他对自己所投资的资产有着清晰的认识，既不会在顺风顺水时盲目自大，也不会在遇到逆风巨浪时发生动摇。

2019 年至 2020 年，经济基本面的差强人意和资金面的总体宽松让 A 股迎来成长股风口，价值策略举步维艰。在价值策略的逆风中，丘栋荣敢于坚持，且依然取得了不错的回报率。

丘栋荣还是一位低风险偏好的选手，他始终把风险管理置于第一位，防守反击能力较强。更为难得的是，他用自己的大部分资金购买了自己所管理的基金，与基金持有人风雨同舟。他认为，作为一项资产，房地产的租金率太低，而他坚信，自己所构建的投资组合能在未来产生更富有吸引力的现金流回报。

1. 坚持低估值价值策略

前几年，价值策略在全世界范围内表现比较差，在 A 股市场同样比较艰难。做价值投资能长期坚持下来的基金经理在国内屈指可数，海外甚至有经营几十年的机构在 2020 年关门。

市场风格和两个因素有关：第一是基本面，第二是流动性。这两个因素之间又有相关性。

比如，由于成长型股票的利润在远期，会非常依赖流动性，在宽松的货币环境下，成长股可以很容易获得融资，用来加大产品研发并以高薪吸引人才，进而改善公司基本面；相反，一旦融资环境恶化，公司信用降低，基本面恶化，就会出现一系列问题。

对于价值股来说，随着经济复苏、公司基本面改善，风险大幅降低，货币政策趋于正常化，价值型股票就会迎来春天。

任何一个泡沫的破灭都来自流动性变差，导致估值下跌，那时候大家才发现原来基本面是那么不堪一击。也就是说，股价涨跌与公司基本面之间具有反身性。

低估值价值投资策略尽管在近几年也发挥了赚钱效应，但在所有策略中的相对表现并不是最好的，因为在市场处于成长阶段时，表现最好的资产是高估值、有主题、有故事的股票。但是，投资者不能把这个阶段高估值股票的表现进行简单的复制推广，要真正理解估值和收益之间的关系。

第一，股票的预期回报源于企业自身的盈利和现金流，在基本面不变的情况下，买便宜的资产比买贵的资产预期回报更高，风险也更小；反之，即便是再优质的公司，估值高时买入，预期收益会降低，风险会增加。

在低估值价值投资策略体系下，股票投资的超额收益必须用低估值解释，通过低估值下的现金流回报获得收益。总体来说，无论投资什么公司，价格和估值决定未来的预期回报和风险。

第二，一家公司足够好，增长幅度足够大，估值高一些也没关系，但需要关注以下三点。

（1）增长天花板。如果所有人都已经购买了新能源车，未来增长空间有限，这就是增长天花板。

（2）竞争格局。看起来牢不可破的龙头公司，也会面临意想不到的竞争。所以，不要简单地认为一家公司是龙头，就给予高估值。

（3）周期性。比如，2007 年，由于资源稀缺、油价持续上涨，石油公司很赚钱。但是，由于新能源的冲击，让一些过去看上去牢不可破的公司没那么坚不可摧了。

因此，不要简单地判断公司的高净资产收益率（return on equity，ROE）可以持续。在预期很高时，一定要思考风险在哪里。如果高 ROE 可持续，估值高是合理的；但如果高 ROE 很难持续，那一定要小心，要远离这些资产。

第三，在估值定价方面，高估值股票具有脆弱性，也具有不对称性。脆弱性就是人们常说的盛极必衰，如果基本面出现问题，会产生蝴蝶效应，预期增长就会大幅下降。比如，一些高估值股票非常依赖流动性。不对称性是指一旦出现问题，亏损较大，但即使不出问题，也赚不了多少钱。

2021 年春节后，"核心资产"出现较大波动，主要原因是它们自身的确定性并不强，面临增长见顶的天花板风险、周期性风险、外部竞争的风险，以及包括反垄断、增税等在内的政策风险。

回顾历史，对未来过高的预期和定价所产生的高风险曾一次次发生，这也是丘栋荣不去买"核心资产"、对价格越来越慎重的原因。

收益应来自资产本身的盈利和现金流，不能指望来自交易。如果你以一个价格买入，别人以更高的价格卖出，但资产的现金流没有变化，这不是好的投资。

所以相对于房产，丘栋荣更喜欢权益类资产。

2014 年，他买过很多地产股。当时地产股只有 3 ～ 4 倍市盈率，只要房价不跌，年化回报率超过 30%；如果房价涨 1 倍，股价能涨 5 倍。事实证明，股价真的涨了 5 倍。所以他提出买房不如买地产股，如果房价涨，地产股会涨得更多。

2. 低估值一定意味着低风险吗？

低估值本身不是一个 α 策略，要把低估值里面很多高风险的股票去掉，避开低估值陷阱。所以，首先确定低风险，然后确定低估值。

2018 年、2019 年，丘栋荣的投资组合里超配最多的是低估值的医药股和科技股，却没有估值最低的银行股、地产股。地产股在 2018 年初平均只有 10 倍市盈率，但在经济下行周期却是一个泡沫，因为在周期顶点的 10 倍市盈率很高，预期收益率较低，对于这种表面的低估值需要看空。

2020 年 6 月之后，丘栋荣才开始买银行股，主要是因为这类公司基本面风险不断降低、估值依旧便宜，能够通过研究获得 α 收益。

在做基金经理前，丘栋荣没有交易过股票。即使如此，他认为做投资赚的钱应该来自企业本身的盈利和现金流。

用这种方法做投资需要把握上市公司的周期性。**市场给不同股票的定价具有周期性，这种周期性反映了投资者永远应该持有这样一个投资组合：低风险，低估值，高成长性。**

投资者要动态评估自己的投资组合是否满足这三个条件：低风险本质上反映经营风险，即 ROE 下降的不确定性，价值投资的第一要素是低风险，要回避价值陷阱。但从逻辑上看，如果只是低风险、低估值，只能拿到分红，也很难有高收益率。

之所以不买"抱团股"，就是因为如果要以资产的完整生命周期来评估它的现金流价值，抱团股太贵，风险比较高。

丘栋荣表示，PB-ROE（市净率 - 净资产收益率）只是他投资框架中的一小部分，整个框架其实是基于不确定性定价的价值策略。

首先，PB-ROE 是以 ROE 的不确定性为核心的基本面研究，本质是对公司完整生命周期的研究。为什么 2020 年 6 月之后，他开始看好银行股？因为银行的周期性风险降低了。疫情期间，市盈率更低，但为什么不敢买？因为当时处于经济下行周期，风险算不出来，估值再便宜也不敢下手。要把 ROE 的风险算出来，应明确 ROE 的风险与企业所处生命周期的关系。

其次，10 倍的 PE（市盈率）既可能是非常好的投资机会，也可能是一个价值陷阱，把 PE 分解成 PB-ROE 会更加清楚。比如，两家公司的 PE 都是 10 倍，一家公司的 PB 是 1 倍、ROE 为 10%，另外一家公司的 PB 是 5 倍、ROE 为 50%，那么前者可能处于周期性底部，成长性非常高，而后者股价可能处于高点，比如 2018 年初的钢铁股。

同样 10 倍 PE，买哪个、卖哪个，主要在于 ROE 的变动方向和风险。

3. 发行新基金的出发点：自己也想买

价值策略不仅体现在投资上，也体现在公司经营上。丘栋荣经常思考，从价值策略出发，应该怎样经营一家资产管理公司和一个基金产品？所以，他发行基金产品时一般有以下三个充分条件。

一是时机，发行基金产品时应选择熊市而不是牛市，只有这样才能在低风险的情况下赚钱。他大多选择在股价低位时发行基金产品，在这种情况下，投资者的风险比较小。只有投资者能赚到钱，产品规模才会自然增长，从而形成正向循环。

二是精心研究所涉及的资产类别，知道怎么做能获得 α 收益。2021 年 1 月，他之所以发行新产品，就是因为特别看好港股中的低估值公司，比如银行、石油公司、电信公司等，不仅风险小，而且价格很便宜。

此外，产品策略还包括分红、停止大额申购以及极端情况下的产品关闭等。在上一家公司管理基金时，2017 年 8 月之后，他就停止了大额申购。核心原因是市场时机不好，当时他一再跟投资者讲，对于散户而言最好的策略是买收益率超过 4.3% 的货币基金，机构投资者应买 5% 收益率的 10 年期国开债。

三是找到合适的客户和渠道。他的目标是满足客户的真实投资需求，权益资产具有一定的生命周期和资产久期，所以客户和钱必须和权益资产的生命周期相匹配。

以中庚基金旗下低估值价值投资策略产品来说，之所以不建议投资者用几个月、半年的周期去持有或者考察，原因在于低估值策略也有周期性，如果配置时低估值策略产品正处于周期性底部，那么持有一定周期，赚钱的效应会显著增强。

需要强调的是，并不是只要长期投资就能赚钱，没有选择正确的资产和策略，长期投资也于事无补。

所以，公司发行新产品的一个重要出发点就是时机到了，员工都想买自己公司的基金。他希望能为持有人赚到不错的、可持续的收益，而不是昙花一现。

丘栋荣认为，单看基金的历史业绩是没有什么用的，一定要看背后的事实和逻辑。市场在变化，未来的资产定价也在变化，历史和未来没有必然的联系。

对业绩的评估至少要考虑三个方面的因素：第一个是收益率，第二个是风险，第三个是用完整的时间周期去评价。过去两年处于结构性牛市，牛市里通常风险偏好高的策略收益率会比较高，风险偏好低的策略表现落后，但不代表这个策略不好。半个周期内其实不太容易看出哪个策略更好，要兼看上涨和下跌，还要看风险和波动率。

丘栋荣的投资目标是高 α 收益，背后有两个要求：一是低风险，二是高收益。要实现这个目标，需要找到市场的显著错误定价，使业绩可解释、可复制、可持续。所以，他投资的内在逻辑和方法高度一致。

4. 重点配置四大方向

丘栋荣偏好的公司，最好能满足以下三个条件。

第一个条件：需求是稳定，并且是持续增长的。

第二个条件：竞争格局经历了长时间的博弈，是比较稳定的。近几年发生的新冠疫情和中美贸易摩擦等事件，对很多行业进行了一次洗礼，导致许多公司退出了市场。在丘栋荣的投资中，他偏好那种竞争格局清晰的行业，最好许多公司已经退出这个行业的市场。例如，此次疫情带来了供给侧的大面积出清，对于幸存者来说就是比较好的格局。

第三个条件：最后一个条件也是最苛刻的，他要寻找幸存者里面最好的公司，最好是全世界这个行业中最好的公司。他的要求是，这家公司不但是幸存者里面最好的，而且估值很低，这样的公司风险比较小，提供的预期回报是值得期待的。

在 2021 年三季报中，丘栋荣表示，基于他对低估值价值投资策略的信心，仍保持较高仓位配置，重点配置 4 类股票资产。

（1）大盘价值股中的金融、地产等。

配置逻辑：地产类公司政策风险充分释放，存在边际改善的可能性，经营风险预期显著暴露，尤其是具有高信用、低融资成本优势的龙头央企基本面风险低、销售周转快、竞争优势扩大、抗风险能力更强，在估值极低的情况下，未来可以期待宏观环境的变化对股价有较好的提振作用。

同时，金融板块中，他看好与制造业产业链相关、服务于实体经济的银行股，这类公司基本面风险较小、估值极低、成长性较高。

（2）能源、资源类公司。

2021 年三季度，丘栋荣增持较多这类公司的股票，配置的逻辑主要在于：①从长期来看，能源、资源的需求是持续增长的，短期与地产周期相关度较低，甚至呈现需求加速增长的状况；②供给侧结构性改革以来，供给收缩比较严重，市场出清比较明显，真实有效的供给增长非常有限；③从中长期来看，在环保和碳中和政策影响下，中期的供给约束和边际成本会上升，导致存量资产价值显著提升。④从市场定价和估值来看，这类公司估值极低、现金流丰沛、资本开支少、分红收益率较高、现价对应的预期回报率高。因此，在碳中和背景下，丘栋荣看好能源、资源类存量优质资产的投资价值。

（3）广义制造业中具备独特竞争优势的细分龙头公司。

这类公司性价比非常高，满足丘栋荣提到的三个条件，即需求增长、供给收缩、细分行业龙头，比如化工、轻工、有色金属加工、机械加工等，从中可以挖掘真正的低估值小盘价值股。

（4）线下消费类公司。

这类公司，包括商贸零售、纺织服装、交通运输等受益于后疫情时代线下消费和需求复苏的公司。这类公司估值较低。

案例 3.3

鹏华盛世创新混合，近 5 年年化涨幅为 14.04%

Ⅰ. 基金简介

代码：160613；成立时间：2008 年 10 月 10 日；投资范围：A 股；基金类型：混合型基金，股票仓位在 60%～95%；基金规模：截至 2021 年 9 月 30 日，基金规模 3.22 亿元；业绩表现：截至 2021 年 9 月 30 日，近 5 年年化涨幅为14.04%，最大回撤率为 −23.09%；晨星评级：三年二星，五年三星，十年四星。

Ⅱ. 基金经理伍旋

伍旋，北京大学工商管理硕士，曾任职于中国建设银行，2006 年 6 月加盟鹏华基金，从事研究分析工作，历任研究部高级研究员、基金经理助理；2011 年 12月 28 日起任鹏华盛世创新的基金经理。

据 2021 年三季报，他共管理 7 只基金，合计管理规模约为 31 亿元。

回撤和上涨存在非对称性

伍旋强调投资要建立在较高的安全边际之上，精选低估值股票，发掘企业价值被低估的投资机会来获取超额收益。他说："防范风险和获取收益，是一个硬币的两面，回撤和上涨存在非对称性，做投资要在市场每次下跌时少跌一点，上涨的时候又能跟上，积小胜为大胜。"

伍旋把自己的投资风格总结为"偏向低估值投资却又不墨守成规"。他认为，在判断低估值公司的安全边际时，一定要回归公司基本面，尤其关注公司是否存在治理结构的价值陷阱。他喜欢选择能不断创造高于社会平均利润水平的公司。

在具体的投资中，伍旋把自己的投资范围集中在金融、泛消费、细分制造业，并对其中估值低于历史 25% 分位，即历史上只有 25% 的时间低于当下估值水平的行业和优质公司给予重点关注，然后具体分析估值低是受基本面因素影响还是受情绪面因素影响，如果是情绪面因素，伍旋就会做一些偏左侧的投资。

例如，2015 年股市大跌后，大多数人还停留在科技股投资中，伍旋却开始关注贵州茅台。伍旋认为贵州茅台是 A 股中基本面很优秀的公司，其财务数据优于绝大多数公司。于是他在 2016 年股市熔断之后开始买入贵州茅台股票，在 2017 年开始重仓买入贵州茅台股票，从而享受到贵州茅台股票价格上涨的"戴维斯双击"①。同样，新能源公司股价在 2020 年到 2021 年期间大幅上涨，估值一路攀升，伍旋却将目光投向了计算机领域，在 2020 年四季度买入朗新科技，直到 2021 年三季度朗新科技成为伍旋的第一大重仓股，期间斩获了丰厚的收益，显示出伍旋独到的选股眼光。

此外，在构建投资组合时，伍旋还非常注重股票的组合搭配，即个股集中、行业适度分散，以达到波动小、回撤低的投资效果。

1. 在防范风险的基础上获取收益

伍旋于 2006 年加入鹏华基金，历任研究员、高级研究员、基金经理助理、基金经理，工作的时间比较长。他经历了两三轮牛熊周期的历练，得益于公司投研平台的支持，加上自己不断地修正和完善，形成了现在的投资体系。

---

① 在股票市场的某个阶段（一般是牛市阶段），企业估值水平大幅提升的同时，企业的业绩也相应大幅提升，估值和业绩（净利润）同步提升带来市值提升的"乘数效应"，这个过程就叫"戴维斯双击"。

伍旋认为，做股票投资应在力争保证本金安全的基础上，通过理性客观的分析去争取比较好的回报。市场充满不确定性，在二级市场，即便是机构投资者也处于弱势地位。防范风险和获取收益，实际上是一个硬币的两面。

首先，要防范本金永久损失的风险。无论是在 A 股市场还是在海外股票市场，都有财务造假的公司，或者在经营过程当中故意损害小股东利益的公司，如果不慎投资这样的公司，就可能造成部分本金的永久性损失。

其次，要防止阶段性的股票估值与业绩"双杀"的风险。例如，在伍旋刚入行时，从 2006 年到 2007 年，中国经济经历了高速增长的黄金期，股市经过持续上涨后已到一个估值很高的状态，当时的股价已经充分反映了市场对经济的美好预期。如果投资在 2007 年的高点，即使投资了优质公司，也差不多需要五六年甚至更长时间才能收回成本。

在股价波动过程中，回撤和上涨存在非对称性。一个 10% 的下跌幅度，需要上涨 11% 才能恢复原价；下跌 20%，需要上涨 25% 才能恢复原价；下跌 50%，需要上涨 100% 才能恢复原价。除了要防止本金永久性损失，还要防范这种阶段性的大幅回撤。

投资像长跑，也像攀岩，在市场每次下跌时跌得少，上涨时涨得多，积小胜为大胜，那么资产整体就能不断创出新高。巴菲特几十年来的年化回报率高达 20%，其实没有哪一年他的投资业绩是特别亮眼的，只不过就是市场下跌的时候跌得少，上涨的时候涨得多。

巴菲特的投资决策是基于对收益和风险的理解做出的，即在做好风险管理的同时，争取比较好的收益。在具体选股层面，就是努力以合理的价格买入好公司。

好公司需要有较强的综合实力。企业家长期专注于主业，并愿意与经理层和员工分享公司利益，这是一个好公司的基础。

我们不能选择通过过多的资本运作壮大的公司。大部分公司从事的都是竞争性商业活动，要在一个行业里面站住脚，或者说要获得超额利润，一定要在这个行业里面厚积薄发，建立差异化或者成本领先的竞争优势。

在激励机制方面，公司应善于分享利益，让经理层和核心员工都能分享公司的成长收益，这样才能充分调动大家的积极性。

在商业模式方面，最好选择轻资本型公司，这样的公司利润率比较高，能通过成本领先或者产品差异化等带来竞争优势。同时，这种竞争优势需要具有可持续性。

2. 从两个层面进行风险管理

在公司运行过程中，企业家没有办法完全控制和把握所有因素。商业活动本身就是一种风险很大的活动，在这种活动中，要把对风险的敬畏放在第一位。

伍旋从基本面和财务两个层面进行风险管理。

在基本面方面，一要选择优秀的公司，要选择靠谱的企业家，这类公司通常长期专注某个领域；二要看实际控制人能否善待外部股东，能否创造真正的社会价值。在财务层面，公司要具有比较好的资产负债结构、较高的利润率。

早在 2012 年底，伍旋就调研了乐视网，但发现其商业模式并无特别的亮点。后来，乐视从电视领域进入手机领域，伍旋认为一家公司要分别在两个竞争激烈的行业里成为龙头，是一件极度困难的事情，因而避开了乐视网。虽然短时间内错过了乐视网在 2013 年至 2015 年的巨大涨幅，但也规避了之后出现的惨烈下跌。

在防范估值风险方面，即使是好公司，如果价格过高也不见得是一项好投资。特别是在二级市场，如果估值过高，说明市场对公司的美好预期已经在股价中反映得非常充分。一旦未来出现不确定性的时候，就可能产生比较大的波动。

针对估值风险，伍旋会用绝对估值和相对估值去控制。绝对估值就是基于合理的假设，计算用未来现金流贴现出来的企业价值，再和现在的市场价值做对比。

同时，由于股价波动具有明显的周期性，要在相对估值比较合理或者比较低的时候介入。只有在估值具有较强吸引力时，他才会进行投资。无论是整个股票指数还是个股，或者行业指数，都有一个历史估值区间，可以作为重要参考。

以沪深 300 指数为例，它的成分股的历史平均市盈率估值波动区间基本在 10 ~ 17 倍。处于 10 倍市盈率的时候，大概率在一个底部的区域，会有比较好的潜在回报率。

股价的周期性波动，体现均值回归的规律。社会平均回报率通常处在一个比较稳定的水平，无论是个体企业还是行业，都逃脱不了社会平均回报率的约束。公司的利润率高会吸引更多竞争者，其他商业模式的出现会造成冲击，公司内部可能出现松懈麻痹的思想，这些因素都会导致公司盈利出现周期性波动，从而在股价层面体现出来。

从历史经验来看，制造业的平均回报率为 8% ~ 10%，上市公司的净资产收益率（ROE）、投入资本回报率（return on invested capital，ROIC）等指标也大多落在这个区间。

3.2　成长风格基金

成长风格基金以投资成长型股票为主，投资组合的整体市盈率相对较高，具有较高风险偏好的特征。

1958 年，菲利普·费雪出版了《怎样选择成长股》，并成为登上美国《纽约时报》畅销书排行榜的首部投资类书籍。自此，成长股投资逐渐成为美国股市的主流投资理念之一。

1. 费雪：1954 至 1969，辉煌的 15 年

费雪执着于成长股投资，他选股的第一项原则是：这家公司是否拥有一种具备良好市场潜力的产品或服务，使得公司的销售额至少在几年内能够大幅增长。那些数十年来始终保持惊人的成长速度的公司大体可分为两类：一类是幸运而且经营能力强的公司，另一类是因为经营能力强所以幸运的公司。两类公司的管理层都必须有非凡的能力，否则没办法长期掌控这样的好运气，也没办法保持自己的优势地位不受竞争对手的威胁。

成长型公司应当有一个能使公司收益长期大幅增长的经营计划，且其内在特质很难让新加入者分享其高成长。这类公司总是将大部分盈利投入新业务扩张。在获利高但股利低或根本不发股利的公司中，最有可能找到理想的投资对象。

费雪认为，无论是经营公司还是投资股票，重要的是止损和不止赢。良好的投资管理态度，是愿意承担若干股票带来的小损失，并让前途看好的股票利润越增越多。真正出色的公司非常少，要长期坚定持有最具魅力的股票，直到公司的性质发生改变，或者公司的增长率不能再快于整体经济。除非有例外的情形，否则不应因经济或股市走向的预测而抛售股票。

费雪说："1954 年至 1969 年的 15 年间，是我的事业颇有成就的一段时间，因为在此期间我持有的股票虽然不多，但涨幅明显高于市场平均水平。"

1955 年，他买入德州仪器，到 1962 年时该股票已涨了 15 倍以上。他通知

客户说，股价已高到一个不合理的水平，不鼓励他们用当时价格衡量自己的财富净值，但仍然极力主张客户继续持有股票，相信几年后会涨得更高。在德州仪器发生回调时，下跌幅度最大达 80%，这让他的信心受到了极为严峻的考验。经过惨烈的调整之后，该股后来再创新高，比原来的高点高出 1 倍以上。

美股"漂亮 50"（nifty fifty）行情，就是成长股风格主导市场的结果。20 世纪 60 年代末至 70 年代初，美国经济走向低增长。为刺激经济，美联储持续降息，低利率、低通胀、宽松的流动性令经济企稳，并提升了市场风险偏好，投资者纷纷追捧大盘成长股，诞生了"漂亮 50"，即 50 只被公认为可以买入并持有的优质成长股。它们主要分布在科技、消费和医药等行业，平均市盈率一度达 42 倍，远高于当时标普 500 的 19 倍。

1969 年，在一轮长期牛市达到最高点后，费雪却犯了一次错误。那一年，在与一家科技设备公司的总裁共进午餐之后，他买入了这家公司的股票。由于付出了过高的价格，尽管这家公司确实出现了相当快的增长，但他几年之后卖出股票时并没赚到钱。

经过 1969 年至 1970 年的大幅下跌后，1970 年中至 1972 年，美股再度大涨。在 1973 年初股市的顶部，费雪大量持有一些当时大公司的股票。后来，世界石油危机爆发，美国经济衰退，"漂亮 50"首当其冲，在 1973 年初至 1974 年底的残酷熊市中大幅下跌，平均跌幅达 50%。

1973 年之后，随着年龄的增长，费雪的选股和投资能力明显下降。在 1975 年至 1982 年的漫长横盘市中，成长股风格被阶段性遗忘。

2. 富达基金蔡至勇：从高歌猛进到偃旗息鼓

蔡至勇曾是富达基金擅长成长股投资的明星基金经理。他 1929 年在上海出生，于 1947 年随家人移民到美国，1952 年加入富达基金。

从 1958 年至 1965 年，蔡至勇负责管理富达资本基金，主要投资高增长股票，喜欢集中持股。在此期间富达资本基金翻了 27 倍，成为美国当时规模最大的基金。

此前，富达基金主要投资高分红的公司股票。但蔡至勇认为，买这些股票等于在跟银行存款竞争，没有意义，真正能体现股权投资价值的是投资增长潜力大的公司。

彼得·林奇在《战胜华尔街》中描述："这一时期是基金业的黄金时代，几乎每一个人都想购买基金。就连我的母亲，一个只有少量积蓄的寡妇，也被这一阵基金狂热所影响。一个晚上做兼职推销员的学校教练极力劝说他购买富达资本基金（fidelity capital）。让他感兴趣的是，这只基金是一个中国人管理的，因为他相信东方人的头脑非常聪明。这个中国人就是蔡至勇（Gerald Tsai），他和管理富达趋势基金（fidelity trend）的内德•约翰逊并称为那个时代基金经理中的'绝代双骄'。"

1965 年，蔡至勇离开富达基金，以 220 万美元的本金成立自己的公司——蔡氏公司；1966 年，发行成立了曼哈顿基金。与巴菲特在市场高位解散基金，把钱归还给投资者不同，1968 年 8 月，蔡至勇以 3700 万美元的价格把蔡氏公司卖给了保险公司，并不再负责曼哈顿基金的管理。1968 年，曼哈顿基金的收益率为 -6.9%，1969 年至 1970 年下跌了 -55%，投资者损失惨重。

约翰•聂夫在他的著作中也有专门一节讲述蔡至勇。他说："一批鼓吹成长性的基金走到了温莎前头。我们的基金只高出标准普尔 500 指数 8 个点，相对于那时当红的基金经理人蔡至勇管理的两只富达系基金简直是小巫见大巫。"

他还说："蔡至勇管理的共同基金最终没能经受住时间的考验。但在 20 世纪 60 年代末期，他却是华尔街炙手可热的人物。富达趋势基金和富达资本基金所取得的业绩令每个人瞠目结舌，连销售威灵顿基金的证券经纪人也不能除外。"

在 20 世纪 60 年代，巴菲特也曾两次评价蔡至勇管理的基金。在 1962 年 7 月 6 日致股东的信中，他写道："上半年，最受伤的是所谓的成长基金，它们比道琼斯指数跌得惨多了，几乎无一幸免。几年前业绩最好的三只'成长'（这里真该用引号）基金——富达资本基金、普特南增长基金、威灵顿证券基金，上半年平均下跌 32.3%。说句公道话，这些基金在 1959 年至 1961 年业绩亮丽，到现在为止，它们的总业绩还是比指数高，将来也可能领先指数。匪夷所思的是，很多人被这几只基金前几年傲人的业绩吸引，争先恐后地买入，正好赶上了今年业绩大跌，那些能享受到前几年优异业绩的人只是少数。这恰好证明了我的观点：评判投资业绩必须经过一个牛熊周期看它们的长期表现。"

1968 年 7 月 11 日，巴菲特再次点评蔡至勇："前几年高歌猛进的一些基金最近偃旗息鼓了。在投资风格激进的基金公司中，蔡至勇的曼哈顿基金最负盛名，但它在 1968 年只取得了亏损 6.9% 的业绩。"

3. 沃伦·巴菲特与查理·芒格：超越格雷厄姆

作为格雷厄姆最得意的学生，巴菲特自 1956 年成立合伙公司起，"捡烟蒂"式的价值投资是他主要的投资方法，他用这种方法赚了很多钱。

1959 年，在遇到芒格后，他逐渐从格雷厄姆的框架中走了出来，转向以投资伟大的企业为主。他从 1964 年开始买进美国运通公司，就是对格雷厄姆按企业清算价值投资框架的巨大突破。

巴菲特后来做了如下总结：

"时间是好生意的朋友，是普通生意的敌人。你也许认为这个道理很明显，不过我却艰难地领会了这一点。"

"以合理的价格买一家好公司要远远胜过以一个好价格买一家合理的公司。查理早就理解了这一点，而我是一个迟钝的学习者。不过现在，我们买公司或者普通股票的时候，寻找的是有一流管理的一流生意。那也导向了另一种相关经验：好骑师要骑好马，而不是骑驽马，才能发挥出色。"

巴菲特早年运用格雷厄姆的投资框架，已经赚了很多钱。要从这个成功的投资方法中进一步突破，需要很大的力量，而芒格就是这股力量。

芒格说："我们起初是格雷厄姆的信徒，也取得了不错的成绩。但慢慢地，我们培养起了更好的眼光。我们发现，有的股票虽然价格是其账面价值的两三倍，但仍然是非常便宜的，因为该公司的市场地位隐藏着成长惯性。它的某个管理人员可能非常优秀，或者整个管理体系非常出色等。"

"一旦我们突破了格雷厄姆的局限性，用那些可能会吓坏格雷厄姆的定量方法来寻找便宜的股票，我们就开始考虑那些更为优质的企业。顺便说一下，伯克希尔·哈撒韦数千亿美元资产的大部分来自这些更为优质的企业。最早的两三亿美元资产是我们用盖格探测器四处搜索赚来的，但大多数钱来自那些伟大的企业。"

他指出，长期来看，股票的回报率很难比发行该股票的企业的平均利润率高很多。如果某家企业 40 年来的资本回报率是 6%，你在这 40 年间持有它的股票，那么你得到的回报率不会跟 6% 有太大的差别——即使你最早购买时该股票的价格比其账面价值低很多。相反，如果一家企业在过去二三十年的资本回报率是 18%，那么即使你当时花了很高的价格去买它的股票，你最终得到的回报也将会非常可观。

所以投资窍门就在于买进那些优质企业。这也就意味着你买进了可以设想其惯性成长效应的规模优势。

4. 成长股也要看价格

成长股投资策略把上市公司的成长性放在最重要的位置，但这并不代表无论以什么价格买入高成长股都能赚钱，其中，合理的价格至关重要。

杰里米·J. 西格尔在《投资者的未来》一书中表示，股票的长期收益率并不依赖于实际的利润增长情况，而是取决于实际的利润增长与投资者预期的利润增长之间存在的差异。投资者对增长率的期望都体现在股票价格之中，因此市盈率是衡量市场预期的最好指标。

针对 2020 年 A 股市场抱团龙头核心资产的现象，景顺长城环保优势股票（代码：001975）的基金经理杨锐文在 2020 年年报中表示："历史不断在重演，当年美国'漂亮 50'演绎过相同的逻辑。我们现在翻查当年美国'漂亮 50'的名单，会发现这 50 家公司大部分今天还活着，而且依然是各自领域中世界最强公司之一。这些公司中出现'地雷'，以及停止增长的情况并不多。造成它们下跌的最大原因还是过高的估值，使得这些公司很长时间（1973 年至 1980 年）跑输市场以消化高估值。考虑到未来很长时间的流动性充裕，现在的龙头核心资产出现大幅调整的可能性并不大，更大的概率是通过长期横盘来消化估值。"

易方达的张坤、景顺长城的杨锐文、广发基金的刘格菘、泓德基金的邬传雁等都是优秀的成长风格基金经理。

案例 3.4 ————————————————————————————————

银华中小盘精选混合，近 5 年年化涨幅为 22.35%

I. 基金简介

代码：180031；成立时间：2012 年 6 月 20 日；投资范围：A 股；基金类型：偏股混合型基金，股票仓位要求为 60% ~ 95%，一般在 90% 附近；基金规模：截至 2021 年 9 月 30 日，基金规模为 48.18 亿元；业绩表现：截至 2021 年 9 月 30 日，近 5 年年化涨幅为 22.35%，最大回撤率为 -33.59%；晨星评级：三年三星，五年四星。

Ⅱ. 基金经理李晓星

李晓星，工科男，剑桥大学工程学、帝国理工大学双硕士。2006 年至 2010 年任职于 ABB 有限公司，历任运营发展部运营顾问、集团审计部高级审计师等职务；2011 年 2 月加盟银华基金，历任行业研究员、基金经理助理职务；2015 年 7 月起任银华中小盘精选混合的基金经理。

据 2021 年三季报，他共管理 8 只基金，合计管理规模为 513 亿元。

在景气度向上的行业选择优质公司

李晓星是一位"80 后"基金经理，他的投资理念是，在景气度向上的行业选择优质公司。

1. 遵循景气度趋势投资

李晓星表示，做投资要看清大的产业趋势。

他把自己的投资方法总结为景气度趋势投资，即在未来两三年景气度向上的行业中寻找业绩增速较快、估值合理且有预期差的公司。在景气度向上的行业，盈利与估值两者都处于向上趋势，但是，任何一个行业无论多么好，最终只有一小部分优质公司能在竞争中胜出。

由于景气度向上的行业往往与受到炒作的热门股有较大重合，常被市场给予较高估值。有些行业虽然景气度很高，但估值太贵，李晓星会选择放弃，转而在次优景气度行业中寻找。

他说："投资上我们要'顺大势，逆人心'，坚持做简单正确的事。当股市出现巨大波动时，我们要回归投资常识，专注做好行业的景气度研究，精选景气度向上行业里的好公司，并以合理甚至低估的价格买入。长期来看，这将是超额收益的最大来源。"

跟踪景气度的指标包括净资产收益率拐点、收入增速拐点、利润拐点等。

对于有些行业，李晓星会在景气度拐点来临之前，提前进行配置；还有些行业，他可能在景气度持续一段时间后再配置。

景气度投资的本质是相信周期，需要花大量时间进行上下游调研，访谈行业专家等，以验证行业景气度。

李晓星每天七点前到办公室。他表示，他见过的长期业绩出众的基金经理无一例外都是勤奋型：回顾每一笔交易的得失，为调研终端需求跑断了腿，在孤灯下翻看一张张报表。

2. 坚持行业均衡配置

市场风险大多无法预知，只能观察和应对。

李晓星表示，他属于均衡型的投资风格，投资业绩较少受市场风格变化的影响。

在风险控制方面，他要求所投资行业相对分散，同时持有 8 ～ 10 个子行业，在细分行业中寻找机会。

在个股集中度方面，他处于中等偏上水平。他保持投资组合相对较高的集中度，是基于对公司的深度研究。他在买进之后不会频繁交易，只有当股价上涨明显高于目标区间，或者公司基本面发生变化，或者找到性价比更优的个股时，他才会卖出。

他非常重视维持投资组合的最佳性价比。行业景气度、公司业绩增速以及估值是影响投资组合性价比的三个关键变量，它们的变化都会导致投资组合性价比发生变化。只要投资组合本身能保持不错的性价比，就不需要太关注市场本身的涨跌波动。

近几年来，消费和科技成为 A 股收益率最高的两个板块，原因在于大的时代背景，即中国拥有全球最高的工程师红利，同时又是全球最大的消费市场。但是，科技股与消费股的投资方法存在很大的区别。

消费市场的竞争格局相对稳定，具有高胜率、低赔率的特点，讲究步步为营；而科技股具有低胜率、高赔率的特点，更加考验专业投资者的眼光。在这两个领域做得最优秀的投资经理，他们的长期收益率可能差不多。

由于市场对消费股的关注度一直很高，投资消费股需要等待景气度低点或业绩出现波动时，以合理价格买入护城河宽、行业格局好的公司，赚中长期 ROE 的钱，做到不动如山。但是，消费股很少出现价格特别便宜的时候，只有在短期景气度、短期业绩或市场风格不利时，才会带来合理价格。

投资科技股则要做到其徐如林。科技股变化很快，很多子行业的龙头企业在 10 年之后可能会天翻地覆，需要不断在组合中配置确定性最大和成长性最高的品种，需要对产业链进行深入的研究。科技股的波动性大，容易暴涨暴跌，但长期走势会跟着产业趋势。如果基本面持续向上，公司股价会不断创出新高。

3. 选股主线继续围绕科技和消费

在产业方向上，李晓星把握得比较成功。

2015 年，他挖掘了新能源和 TMT 的投资机会。2016 年，他挖掘了小市值和家电板块的投资机会。2017 年，消费股表现良好，但他自己对消费股缺乏深度研究。通过引进对消费品理解很深的行业专家，他扩大了能力圈，抓到了消费品的景气周期。2019 年，他抓住了消费电子和传媒的投资机会。2020 年，他捕捉到光伏、电动车等新能源板块的投资机会。

李晓星表示，从 2017 年起，外资加速流入 A 股，A 股市场的投资理念发生了很大变化。投资者过去更加关注增长速度，而现在更关注格局的稳定与增长的质量，把更多精力放在寻找真正优质的公司上，而不仅仅关注表面数字的增长。

李晓星认为，经历新冠疫情的考验，中国在全球的竞争力越来越突显，当前在全球资产配置中仍处于低配。未来一段时间的选股主线继续围绕科技创新和消费升级，将选择两大方向子行业中景气度持续或者向上的，业绩和估值相匹配的优质公司，他看好的行业集中在电子、新能源、传媒、计算机、白酒、食品、家电、农业等领域。

在 2021 年三季报中，李晓星表示，新能源板块依然是他最看好的科技制造业。当前市场上有关新能源行业股价被"透支"的声音比较多，但他认为，近期新能源相关股价的回调更多是因为交易拥挤的问题，而不是估值被"透支"的问题，交易拥挤需要一定的时间进行调整，却不会成为影响股价中长期表现的核心因素。对一个行业来讲，景气度持续时间越长，估值也越高，所以现在新能源行业还处于一个无论是政策面还是基本面都非常良性的环境当中，还没有到一个风险区域，只是短期积累的涨幅比较大，需要时间消化一下。相比于业绩预期过高的电动车上游，李晓星更加看好中游制造业，他认为市场有点高估上游的盈利能力，而低估中游的技术进步降本能力。

案例 3.5

上投摩根新兴动力混合，近 5 年年化涨幅为 27.71%

Ⅰ.基金简介

代码：377240；成立时间为 2011 年 7 月 13 日；投资范围：A 股；基金类型：混合型基金，股票仓位要求为 60% ~ 95%；基金规模：截至 2021 年 9 月 30 日，基金规模为 72.54 亿元；业绩表现：截至 2021 年 9 月 30 日，近 5 年年化涨幅为 27.71%，最大回撤率为 -46.12%；晨星评级：三年五星，五年五星，十年五星。

Ⅱ. 基金经理杜猛

杜猛，1975 年出生，南京大学经济学硕士研究生。2002 年任天同证券研究员；2003 年至 2004 年任中原证券研究员；2004 至 2006 年任国信证券研究员；2006 年至 2007 年任中银国际证券研究员；2007 年 10 月起加入上投摩根，自 2011 年 7 月起担任上投摩根新兴动力混合的基金经理。

据 2021 年三季报，他共管理 3 只基金，合计管理规模为 172 亿元。

把握产业升级和变迁的趋势

杜猛在券商做了 7 年的卖方研究员，先后在天同证券、中原证券、国信证券、中银国际证券工作。2007 年 10 月，他由卖方转入买方，加入上投摩根基金。

2011 年 7 月 13 日，杜猛成为上投摩根新兴动力混合的基金经理。根据契约，该基金一方面将从新兴产业出发，深入挖掘新兴产业发展过程中带来的投资机会；另一方面将关注传统产业中成长公司的投资。

1. 无论市场风格如何变化，坚持主要投资新兴产业

新基金诞生于股市的冬天。在经过 2008 年全球金融危机期间的四万亿经济刺激之后，2011 年，国内通胀居高不下，货币政策收紧使得资金面相当紧张，宏观经济呈回落态势。

面对市场的单边下跌，杜猛放慢建仓节奏，2011 年三季度末、四季度末，基金股票仓位分别为 46.35%、77.77%，直至 2012 年一季度末提高到 87.41%。从此，他的股票仓位大多保持在 80% 以上。

尽管杜猛在建仓期采取了谨慎的策略，基金净值依然跟随大盘阴跌。2012 年 1 月 16 日最低跌至 0.8120 元，一度亏损近 19%。之后，他投资的股票摆脱指数向下的牵制而一路回升。

在 2011 年年报中，杜猛说："行业配置方面，我们仍然看好符合中国经济结构转型的新兴和消费行业，如医药、智能电网、节能环保、高端装备、TMT 等。这些行业在中国经济转型过程中必将涌现一批具有国际竞争力的优秀企业，目前投资正当其时。同时也看好低估值的前周期类行业，如汽车、家电、地产的估值修复行情。"

反映到持仓上，2011 年底，上投摩根新兴动力混合在电子、医药、电力设备三个板块分别超配了 17.89%、14.91%、12.40%，重仓了大华股份、东阿阿胶、国电南瑞、歌尔声学等。从 2012 年至 2020 年 3 月 10 日，杜猛重仓的 10 只股票有 7 只上涨，仅 3 只下跌。

2012 年，A 股市场地产、有色等周期性行业表现较好，而新兴产业类股票相对落后，但上投摩根新兴动力混合继续坚持新兴产业的投资方向，重点投资了 TMT、节能环保、能源机械、医药等行业的优质公司。从 2011 年 7 月 13 日基金成立至 2012 年底，上投摩根新兴动力混合的收益率达 12.4%，同期上证综指、创业板指数的跌幅分别达 19.04%、21%。

在 2012 年年报中，杜猛说："这些公司依靠自身的竞争优势，在宏观大环境并不理想的情况下获得了较快的业绩增长，股价上也有良好回报。"在 2012 年度中国证券报金牛基金的评比中，杜猛摘得首个金牛奖杯。

2. 中长期持有优质企业，分享持续增长的收益

2013 年，代表新兴产业的创业板、中小板牛市悄然启动，而传统产业占比较大的主板仍处于熊市之中，并在当年 6 月因央行收紧货币政策而出现了一轮恐慌性下跌。

杜猛从新兴产业投资方向出发，所构建的投资组合有三分之二以上在中小板、创业板。**杜猛认为，投资的关键在于认清经济结构调整的方向，把握产业升级和变迁的趋势，并从中寻找到能够创造社会价值的优秀企业。**

从基金的历年持仓变化看，杜猛在每年年中、年底的调仓换股比例通常会高于其他时期，但对于长线看好的股票，则一直保持较大比例的稳定持仓。

例如，对于安防股大华股份，杜猛进行了长期的跟踪研究。从 2019 年二季度至 2021 年三季度，上投摩根新兴动力混合有九个季度重仓该股，仅在 2020 年一季度疫情引发的急剧调整中，退出过前十大重仓股的行列。

其实，早在 2011 年至 2013 年底，大华股份就一直是上投摩根新兴动力混合的第一或第二大重仓股，并且在 2014 年一季度至 2018 年三季度的大多数时间里，也都是十大重仓股之一。2011 年，大华股份的营业收入、净利润分别为 22.05 亿元、3.76 亿元，2020 年这两个数据分别为 264.66 亿元、27.35 亿元，9 年时间营业收入增长了 12 倍，净利润增长了逾 7 倍。

新兴产业处于需求快速扩张期，机会远大于风险。以前瞻性的眼光在新兴产业中选择优质企业，并中长期持有，这是上投摩根新兴动力混合能取得超额收益的关键因素。杜猛精挑细选的不少重仓股都保持了中长期业绩的较快增长，成为支持股价持续上升的主导因素。

3.熬过后房地产周期，迎来第二个黄金时代

作为一位擅长投资成长股的基金经理，杜猛走的是大盘成长路线。

在担任基金经理之前，杜猛已在上投摩根经历了4年的规范投研锻炼，外方股东摩根资产管理自下而上选股的正统投研理念已浸入血液。即使在2013年至2015年上半年小盘股炒翻天的背景下，杜猛仍然坚持自己的风格，没有跟风炒作，而是敢于承受压力，愿意拒绝诱惑。

从上投摩根新兴动力混合基本完成建仓的2011年三季度末开始至2015年底，A股市场经历了一场类似纳斯达克在1996年至2001年所经历的风云激荡。在这个时期，市场以小为美，偏好并购重组和互联网概念，投资者对科技股充满憧憬。大量杠杆资金趁机入场吹出了绚丽的泡沫牛市，在管理层查处违规资金之后旋即破裂，引发股灾，落得一地鸡毛。在此期间，上投摩根新兴动力混合坚持投资优质企业，取得的收益率为168.71%，远高于上证综指的同期涨幅49.62%，但比创业板指数的同期涨幅242.73%也要落后不少。

2016年至2019年上半年，在前期全国性的房地产去库存和房价暴涨中，A股进入后房地产时代，"喝酒买电器的"赚得盆满钵满。贵州茅台、格力电器三年半的涨幅分别达381.35%、183.32%，跟踪中证主要消费指数的消费ETF上涨了97.72%，投资消费股实在是想不发财都难。

然而，这却是先进制造与科技类成长股基金经理不太适应的一段艰难时期。在此期间，上投摩根新兴动力的收益率为-3.75%，虽然跑赢了同期上证综指的-15.83%和-44.30%，但毕竟在长达三年半的时间里未能取得正收益。

在杜猛看来，股票投资是选择和判断的过程，而市场最大的一个偏好就是选择景气上行的行业。过去几年的白酒、金融、家电行业处在一个景气上行阶段，公司业绩不停增长。所以判断投资的方向，还是去找景气上行的行业。

2019年中开始，蛰伏已久的科技股行情悄然重启，杜猛迎来了职业生涯中的又一个黄金时代。从2019年7月1日至2021年9月30日，上投摩根新兴动力混合取得了201.73%的收益率，大幅超过创业板指数114.66%的涨幅，同期上证综指只涨了19.78%。

公开信息显示，截至2021年9月30日，上投摩根新兴动力的前十大重仓股中，大多是杜猛长期跟踪研究和持有的优质企业，包括正在从传统安防领域向视频物联网领域延伸的大华股份、新能源汽车产业链上的亿纬锂能以及从事芯片产业的韦尔股份等。

在2021年三季报中，杜猛表示，本基金基于长期成长的选股逻辑，重点投资了新兴产业中的优质公司，争取为投资者在中长期获得较好的超额收益。他说："不用过多纠结市场风格的切换或是其他，市场上行的动力来自上市公司盈利的增长，更主要的是全社会资产配置向权益市场的转移。"

案例 3.6

泓德远见回报混合，近 5 年年化涨幅为 19.92%

Ⅰ. 基金简介

代码：001500；成立时间：2015年8月24日；投资范围：A股；基金类型：混合型基金，股票仓位要求为8%～95%；基金规模：截至2021年9月30日，基金规模为46.22亿元；业绩表现：截至2021年9月30日，近5年年化涨幅为19.92%，最大回撤率为-22.41%；晨星评级：三年三星，五年四星。

Ⅱ. 基金经理邬传雁

邬传雁，曾任幸福人寿总裁助理兼投资管理中心总经理、阳光保险资产管理中心投资负责人、阳光财产保险资金运用部总经理助理；2015年8月起任泓德远见回报基金经理，任期内年化回报率为21.34%。

据2021年三季报，他共管理6只基金，合计管理规模约为320亿元。

聚焦以管理和文化为核心的无形资产

邬传雁有超过20年的股票投资经验。他认为，投资中最重要的事是控制风险。发现风险是投资的起点，而在股票投资过程中，存在两个环节的重大风险。

一是股票仓位决策的投资策略风险，主要表现为投资者无法区分实质性风险与正常波动，为了逃避波动而频繁交易，并卖出优质个股。这种风险不易被察觉，但伤害巨大。

二是股票品种的选择风险，俗称踩雷。财务造假、经营持续恶化、无法兑付债务等都会损害长期收益。

长期实践证明，投资者运用频繁选时（俗称波段操作）的投资策略时，股票仓位变动越频繁，仓位变动幅度越大，长期的投资策略风险就越大。因为波段操作频率越高，犯错的概率就越大。短期操作的部分成功案例可能会强化投资者对自身的认知，并在未来错失大的行情。

由于市场波动无可避免，面对波动的决策才是决定投资成败的关键。价值投资者应把发现投资风险和有效管理投资风险放在第一位，放弃频繁选时的投资策略，即放弃对短期股票市场走势和短期驱动因素的关注，集中精力区分股票品种长期质量的优劣，主要从上市公司长期经营管理产生的时间价值中获取投资收益。

从规避品种选择风险的角度来说，投资者应寻找长期卓越的股票，并长期坚定持有。

1. 从技术分析到彻底放弃博弈

邬传雁从 1993 年开始做股票投资，当时 A 股市场技术交易盛行，他也一直比较注重技术分析。

从 2000 年起他在保险资管领域工作了 14 年，期间受到很多风控理念的熏陶，对他的投资风格影响很大。保险和其他金融机构不一样，保险投资每年要完成一定的绝对收益考核目标，再加上排名的要求，整体容错率比较低。如果连续两年达不到考核目标，就会有很大的压力。这意味着他的投资要尽量少出错，在这个前提下，再去寻找机会。在险资管理的熏陶下，他形成了"厌恶风险"和追求"绝对收益"目标的思维模式。

2000 年至 2007 年，他做过很多波段操作，有基于宏观经济、政策导向的，也有基于重大事件、市场风向的。总体来说，当时做波段收益还算可以，个人也得到了提升。

但在 2007 年前后，他进行了反思，逐步放弃了频繁择时和博弈，把时间用在发现好股票上，深挖投资品种的风险。主要原因是虽然他的业绩不错，但身体出现了亚健康的趋势。他花了两三年时间体悟《黄帝内经》，逐渐接受了"天人合一"的生活方式和思维模式，把欲望降下去，让心态平静下来。

当他根据自然规律安排作息时，不知不觉就改变了很多习惯，不仅是生活上的，还有投资上的。就像查理·芒格所说，如果他知道自己死在哪里，就永远不去那里。这种做法属于事前风控。当他从风控的角度出发做投资，就能达到平均回撤较小、长期收益较高的目标。

比如，大家经常关注投资品种的风险，但不易察觉操作策略的风险。邬传雁过去做短线时，曾经研究了很多对市场敏感反应的操作策略，但这些都是博弈，虽然短期有效，但是效率很低，仍然没办法做到长期不出错；当他去除所有的博弈成分后，发现只有一种操作策略可以做到长期有效，那就是回到投资本源，买入一只好股票踏实持有 10 年以上，赚企业长期管理经营的钱。

这是邬传雁来泓德之前就开始做的事情，放弃博弈，形成事前风控的理念，追求绝对收益目标，并且做到长期主义和知行合一。

邬传雁自泓德远见回报混合成立起至今，一直担任该基金的基金经理。加入泓德后的 5 年，他一直在做一件事——寻找能够持有 10 年以上的公司。

当然，最开始这个目标还没有像现在这样清晰，所以在 2015 年至 2016 年，他也做过一些行业配置，比如曾经超配过医药。这是一条市场普遍看好的赛道，但公司分化很大，有些公司甚至存在爆雷的风险。

出于风控的考虑，他做了大量的负面研究，对一些不合格的股票进行清理，也加大了对优质股票的基本面研究力度，所以股票池数量大幅减少；再加上 2018 年市场大跌，他提高了股票仓位，所以持股集中度有了明显提升。

经过不断反思之后，他对自己的投资做了很多减法，比如不做波段、不追热点、不做行业配置、不做风格轮动，把时间都用来寻找能够持有 10 年以上的公司。

好股票并非一路上涨，也会有正常波动，但与容易产生实质性风险的资产相比，好资产会跟随自身投资价值长期向上的特点，获得持续的成长。因此，坚持长期拥抱好资产就是最好的策略，当选定好股票之后，投资无非一场关于耐心的比拼。

"我把 100% 的时间都用在发现好股票上，"他说，"持股仓位、持仓品种是两个重要的风险来源，只有把这两个环节的风险降低，基金净值才能呈现较低回撤的特点。"

2. 聚焦以管理和文化为核心的无形资产

邬传雁是一位高度关注企业无形资产的基金经理。他说："这是一个无形资产快速超越有形资产的时代，它将重构他对企业的估值体系。"

无形资产，指的是企业的组织构架、制度流程、研发投入、企业文化、人才培养等软实力。《没有资本的资本主义》中提出，根据估算，微软的实物资产只占它市值的 1%，显然，微软工程师的专业知识以及他使用的代码要重要得多。和微软一样，全球市值排名前 10 位的企业中有 7 家是 IT 公司，它们最重要的资产都是无形资产——包括算法、人才和品牌。

邬传雁认为，当工业经济让位于数字经济，企业文化、组织架构、IT 投入等无形资产早已超越有形资产，成为企业价值的重要来源。"这是一场重大的变革，但市场上原有的估值体系并未将研究型人才、企业文化、管理系统等无形资产考虑其中，虽然目前市场对此认识尚不充分，但实际已经发生。"

在 2021 年二季报中，他说："作为真正的投资人，他的视野决不应停留于（上市公司）某一个季度的盈利和业绩表现，他的目光应该长及下一个 10 年，那些具备价值创造能力的公司，才是他的投资目标。在中国乃至全球资本市场中，这样的公司其实并不多，但股票市场的长期上涨动能又恰恰是由少数这样的公司带来的。所以，投资倘要获得长期较好的结果，长期主义是不能动摇的原则。"

沿着这个思路走过来，这些年邬传雁做得最多的一件事情，就是不断优化投资框架，让它更加符合长期主义的视角。在投资当中，邬传雁除了关注收益本身，更关注收益的质量。一次收益的产生可能带有一定的偶然性，但长期跑赢市场的较高收益一定是高质量的，这种高质量意味着，收益的来源是清晰可解释的，且在未来可以延续。

为了获得更高质量的收益来源，邬传雁致力于更加客观充分地评价公司价值创造的能力。在这个过程中，他的投资框架也逐渐聚焦到以管理和文化为核心的无形资产中来。

这样做的原因：一是基于对当前经济转型的理解。本轮经济转型的本质是人才和知识取代技术和设备成为价值创造的主体，知识工作者成为社会劳动大军的主力，这比资本更容易流通，创造价值的能力也比资本更加没有边界。以知识型人才构筑起坚固的无形护城河的公司，在未来的发展中也更加容易突破、开拓甚至对既有的行业格局产生较大冲击。

二是基于对长期跟踪公司成功与失败案例的思考。邬传雁一直试图弄清楚为什么一些公司能够创造经久不衰的繁荣，它们为什么有别于其他具有相同机会却没有获得同样地位的公司？很显然，产品、技术和商业模式都不足以解释这一点。对公司而言，一项产品的成功可能带有较大的偶发性，每个卓越的公司在发展中都曾经历数轮产品和业务的迭代，甚至有的已经远远跑出了原有的赛道。

邬传雁相信这些不断成功的公司必定有它与众不同的基因存在，这种基因使得相对个人而言，带有较强偶然性的创新行为成为一个团队可预测、可持续的一种能力。换句话说，是经营公司的成功而非某个产品、某项技术的成功，这也是他把最多的权重赋予公司管理与文化的重要原因。观察越久，他越确信，在知识经济时代，公司从优秀走向卓越，将不再受制于资本和技术的约束，而是取决于能否营造出人才辈出的环境。这也是一家公司价值创造能力的最大体现。投资需要正视这种能力，并给予正确的估值。

投资本身亦是价值创造的过程，知识创造价值对于投资同样适用。当公司的无形资产带来越来越多令人震撼的变化时，投资者在投资中能否更新知识、打破"成见"，直面经济领域的变化，构建新的投资分析框架，亦是决定未来成败的关键。当经济领域的不确定性和复杂性在增加时，投资需要走在变化的前面，要做到这一点，真实可靠的是行胜于言的强烈信念和适应变革的意愿。

对投资而言，价值创造的能力既体现在投资者为客户不断创造满意的回报上，也体现在他能否聚焦在那些价值观、经营管理和成就将对全社会产生举足轻重贡献的公司上，唯有如此，他的投资才能进入一个不断收获正反馈的过程。

在具体选股策略上，邬传雁会把较大的考察权重放在公司的管理与文化上，而后才会考虑公司所处行业以及业务前景。卓越的管理层往往没有动机调节报表，其所管理的公司爆雷的风险较低。

在考察公司管理与文化时，邬传雁从四个维度综合考量。

一看学习能力。在一个技术爆炸的时代里，不善于学习的公司长期生存会比较艰难。要去观察企业家平时看什么书，朋友圈都是什么样的人，因为书和朋友是人们学习新知识、培养新思维的两个重要渠道。

二看企业家是否具有远大理想。优秀的企业家在面对财富的时候应该具备一种修养，应该懂得，长期思维的价值远大于博弈的价值。管理层是否能做到"人聚财散"，决定了他是否能够吸引大批优秀人才。

同时，公司要具有一种使命感，能不为短期利益做违背社会公德的事情，能积极地把蛋糕做大，而不是进行简单的零和博弈。只有这样的公司，才能走得更宽、更远。

三看公司是否有足够的积累，包括文化积累、人才积累、产品积累、客户积累等，足够的量变积累才能产生质变。

四看公司能否不断进行精细化管理，提高效率，降低成本。

落实到投资上，一方面，邬传雁会继续寻找注重建立无形资产护城河的公司，这类公司现金流丰沛，能持续有效地投入研发、数字化等，关注效率及竞争力等无形资产的构建；另一方面，他也会辩证地看待市盈率偏高的公司，如果这部分公司不能跟上时代发展的趋势，公司管理无法升级，公司文化无法跟上，那么需谨慎估值，如果这类公司不断升级投资建设无形资产护城河，那么在未来将会有很好的发展机会。

在确定公司研究范围和构建投资组合时，泓德基金制定了五不投原则，并要求基金经理严格遵守：一不投历史上存在或未来有动机违反国家产业、税收政策的公司；二不投产品对社会或人的身体长期有害的公司；三不投历史上存在或未来有动机虚构财务数据的公司；四不投对自然或人文环境不负责任造成污染的公司；五不投员工福利待遇低于行业平均水平或当地平均水平的公司。

3. 未来 30 年看人更重要

如果基金经理对股票的期望持有期是 10 年，那么他的股票池和其他人相比会有本质区别。

比如，有人谈长期投资，看股票的期望持有期为 3 ~ 5 年，这更多是在看一个业务的拐点或爆发点，价值源泉是业务增长、行业景气、盈利模式等。对于这些内容，全市场看得见的聪明人很多，赚取超额收益会很难。

但如果把持有期拉长到 10 年以上，价值源泉就不是业务层面，而是企业管理层面，包括组织构架、价值观和企业文化等，也就是人的动力。

在知识经济时代，准确来说，应该是从过去 10 年到未来 30 年，看人会越来越重要，人的价值观、思维模式以及所形成的文化决定了组织能否成功。

现在，工业化、城镇化正在向数字化转型。这背后隐含的逻辑是，有形经济在向无形经济转型。

过去市场经济结构以有形资产为主，而现在无形资产越来越重要。服务效率、组织构架、制度流程、研发投入、企业文化等，这些无形资产构成了无形经济。

这是一个无形资产快速超越有形资产的时代，它将重构我们对企业的估值逻辑。

首先，原有的估值体系没有充分考虑研究型人才、企业文化、管理系统等无形资产，这意味着无法对以无形资产为主以及注重建立无形资产护城河的好公司做出合理的价值判断，估值体系亟待重构。

同时，在这个变革中，劳动力体系的变化也影响着市场对公司的估值。从工业时代以体力为主的劳动力构架，到数字化时代以知识技能为主的劳动力体系，智慧越来越可以创造更高效的价值。这种新劳动力体系将打开企业估值的新面貌，即通过管理体系和企业文化，将劳动力创造价值和资本属性激发出来。

未来，如何激发劳动力自我驱动、自我升级，将是企业发展的重要环节；而如今，组织架构、思维模式及管理手段等无形资产，将演变成促进公司淘汰升级与更新换代的重要因素。

经济转型背后是人的转型，一般老公司转型是比较困难的，各种部门分割、互相掣肘；而最近几年新上市的公司多在一开始就接受了新理念，好公司的比例会更高。

这些新公司大多本身就有高效率的组织架构、员工自驱动的管理模式，通过IT系统实现了高效率的精细化管理，少数公司还将权力部门变成了服务部门，原先纵向的职能部门从权力者变成服务方，而将员工作为客户来对待。

那么，变革靠的是什么？是IT平台、IT技术。管理层把管理权力放下，并不是指他们不管了，而是以更高效的方式管理，比如通过大数据实现过程管理、精细化管理，随时掌握各个层级员工的绩效、满足上下游客户的需求。

2020年上半年疫情期间，邬传雁把自己所投资公司的IT系统全部调研了一遍。然后他发现，这些分布在不同行业的公司都加大了IT投入，这种投入推动了过去的权力部门变成服务部门。

这是一场重大的管理变革。研究一家公司，过去看利润，现在看投入，比如IT投入、研发投入、员工的平均收入等。

市场上流行的依然是用传统的估值体系评估市场现状，而传统的估值体系缺乏对无形资产的有效评估，真正代表未来长期趋势的好股票的无形资产被严重低估；也有一部分已经转换思维模式的投资者将意识到，真正代表未来趋势的好股票在未来二三十年估值偏高将是一种常态。

在此情况下，不同投资者对于估值和公司价值的不同认知，短期将可能给市场带来较大的波动。

4. 正处于超长期结构性牛市

2020年3月下旬，在全球新冠疫情蔓延、市场一片悲观之际，邬传雁致信投资者，表述了他对自己所持投资组合的坚定信心。

他表示，资本市场的恐慌，说到底源于一种被放大的悲观情绪，它和泡沫阶段的高亢情绪相似，是每个投资者都会遭遇的。恐慌情绪落到操作上，不论是下跌过程中的大幅减仓，还是在泡沫阶段的大规模加仓，实质都是在经历击鼓传花式的损失确认，最后的接棒者会成为损失最大的那个人。

好股票的价值难以估量，那种在最低点买进、在最高点卖出的想法，根本无法实现。频繁交易的结果往往只是损失了长期收益，而无法规避真正的风险。所以，在很多时候，情绪管理能力成为决定投资结果的一个重要因素。在恐慌之中不受干扰，不被传染，背后的力量是对自己所持有的资产怀有坚定的信心。

邬传雁分析，经历了过去几年的去杠杆、强监管，上市公司的信息披露更加全面，A 股市场在低泡沫的情况下走向成熟，国家和企业负债率同比降低，风险应对能力变得更强。在疫情当中，从中央到地方，管理效率大幅提升，全社会都在释放管理效率改进所带来的红利。

通过草根层面的调研，他感受到中国企业正在传承与进化，优秀的企业管理者会将利益、金钱和权力当作工具而不是目标，他们的目标是完成更加宏大的事业，这也成为企业经营管理效率上台阶的主要动力。

令人振奋的是，技术进步的广度和深度正在加速发展，正在成为经济增长的主动力。多重加速的技术进步通过对传统产业的大幅度增效率、降成本式改造，将在一个时间跨度内推动经济增长质量持续大幅度上升。

最近二三十年，很多新技术呈现爆发式增长，人类的思维模式经历了计算机思维、互联网思维、云计算思维的迭代。其中，以华为、亚马逊为代表的公司把对内服务的软件硬件体系租借给有需要的企业，开启了云计算思维，这种思维的主要特征在于，每个企业和个人都能根据自身的能力形成长板互补，从而发挥最大的效率。

云计算思维最大的贡献在于让企业意识到人才的重要性。过去人们认为资源和生产流程就是生产力，而现在人的智慧也是生产力，人文管理、企业文化等对原有产业进行赋能，将成为股票市场时间价值的来源。

邬传雁认为，投资中的时间价值越来越重要且越来越难找，找到好的品种并长期持有，将成为未来投资的主要办法。但在这个过程中市场可能有比较大的波动，波动的来源就是投资者的预期差。未来 A 股将呈现超长期结构性牛市，或者是牛熊相伴而行。

案例 3.7 ——————————————————————————————————————

泓德泓华混合，成立以来年化涨幅为 25.78%

Ⅰ. 基金简介

代码：002846；成立时间：2016 年 12 月 1 日；投资范围：A 股；基金类型：偏股混合型基金，股票仓位要求为 0 ~ 95%；基金规模：截至 2021 年 9 月 30 日，基金规模为 8.65 亿元；业绩表现：自成立以来至 2021 年 9 月 30 日，年化涨幅为 25.78%，最大回撤率为 -22.58%。

Ⅱ. 基金经理秦毅

秦毅，曾任阳光资产管理公司研究部行业研究员；2015 年 3 月加入泓德基金，任特定客户资产投资部投资经理，2017 年 6 月起任泓德泓业基金经理，现任研究部总监。

据 2021 年三季报，他共管理 7 只基金，合计管理规模为 308 亿元。

用深度研究提高投资胜率

秦毅毕业于北京大学，物理学博士出身的他，因为在校期间选修了林毅夫老师的《中国经济专题》而对经济学产生了浓厚兴趣，进而改变了自己的人生轨道。

随后，他陆续通过 CFA 考试并在 2012 年毕业后进入证券行业，先后在阳光资产管理公司、泓德基金从事行业研究、专户投资和公募基金管理。"我很幸运的是，从入行至今，一路走来，总是能从能力很强的前辈身上学到很多东西，不断提高个人的能力，从而把握住公司快速发展的机会。"他说。

秦毅从 2015 年 6 月开始管理专户，旋即遇到杠杆牛市泡沫破灭，接着又遇到 2016 年 1 月的熔断，2017 年他开始管理公募半年之后便迎来了 2018 年的熊市。秦毅不仅在市场的大起大落中取得了出色的业绩，而且构建了比较完整的投资体系。

1. 从三个层面做深度研究

在选股时，秦毅依托公司整个投研团队，使用一套完整的基本面分析框架，包括行业分析、公司分析和估值分析：行业分析包括市场规模和空间、市场增长驱动力、行业景气周期、行业产业链、商业模式、竞争要素、竞争格局、供需关系等的分析；公司分析包括管理层、竞争优势、成长空间、财务状况等的分析；估值分析包括绝对估值分析和相对估值分析。

在众多的因素中，他重点关注的有四点。

一是行业空间是否足够大，因为只有大行业才能诞生大公司。

二是公司能否构筑较高的竞争壁垒。竞争壁垒比商业模式更重要，哪怕是一般的商业模式，只要能构筑高壁垒，也可以成长为好公司。

比如制造业，它的门槛不高、竞争激烈，每年产品价格都会下降，只能以量补价，或者不断开发新产品，是一个非常辛苦的行业。但即使这样，这个行业依然诞生了很强大的公司，因为它们构筑起很高的竞争壁垒。

三是管理层。除了商业模式极好的行业，如白酒、免税、机场等，其他大多数公司的管理层能决定公司未来的天花板。

四是估值。行业空间、竞争壁垒、管理层决定了这家公司是否优秀，而估值则决定了投资的时间点。秦毅对估值的容忍度较高，好公司即使估值偏高一点也可以接受，但他不会去投资有明显估值泡沫的好公司。

2. 对于公司的估值和相对比较

第一方面看绝对估值。

秦毅通过基本面框架分析，建立公司的财务模型和预测体系，并使用自由现金流贴现进行估值。

他采用一个比较高的贴现率，做公司自由现金流贴现，贴现结果往往比市值偏低一些。但是在2018年下半年和2019年上半年，他计算出来的很多公司的绝对估值要高于当时的市值。

做绝对估值的局限性是，只能对公司现有比较确定的业务进行估值。但在具体投资过程中，他发现，近几年一些很优秀的公司在不断开发新产品和新业务，发展速度大幅超出市场预期。

正是因为绝对估值模型存在这种不确定性，他对优秀公司的估值容忍度就会比较高。

第二方面看估值的相对比较。

秦毅会对持仓中的公司进行反复对比，包括同一行业的不同公司和不同行业的公司。在对比的过程中，他在不断加深对公司的认识和对估值的理解的同时，还会根据当前时间点的风险收益比调整排序。

调整排序的过程，实际上就是在保证组合资产配置不变的前提下，通过公司基本面和估值的相对比较，对持仓的个股完成调整的过程。行业比较和公司比较是一件非常重要的事情。

3. 动态优化风险收益比

在日常投资的过程中，秦毅主要做两件事：一是按照一定标准选出符合要求的个股，构建投资组合；二是进行日常的投资组合管理，不断优化组合风险收益比。

优化组合风险收益比的方法主要有 4 种。

（1）个股的评分和排序。 秦毅会站在当前时间点对个股进行综合评分，从行业、公司、估值三个层面，综合考虑行业空间、商业模式、竞争壁垒、管理层、竞争优势、公司估值等因子，打出一个分数，然后按照分数从高到低排序，赋予这些公司不同权重，从而形成投资组合。

在形成投资组合后，他会定期对组合进行检查和梳理，看排序是否需要调整。

大多数情况下，投资组合的排序不需要调整，某些特殊时间点除外。比如，2020 年 6 月底，医药与食品饮料的估值已经涨到历史性高位，而金融、地产、化工等顺周期股的估值很低，这时候减仓医药和消费，加仓顺周期，组合风险收益比就会得到优化；又如，秦毅在 2020 年国内疫情刚刚发生时减持了航空、机场、食品饮料等与内需相关的行业，2 月底海外疫情暴发后进一步减持机场、航空，相应加仓了内需相关行业，如食品饮料、医药等行业。

这几次调整看起来是自上而下的过程，但其实是自下而上个股性价比的动态对比、重新排序。

（2）行业分散。 秦毅会有意识地检查行业分布情况，尽量避免某一个大类行业持仓超过 20%。分散是免费的午餐，只要做了行业分散，组合的风险收益比一定会得到优化。

（3）仓位管理。 秦毅只在一轮牛熊的过程中才进行一次大的仓位管理。例如，在 2018 年下半年熊市底部区域，他把仓位加到一个很高的水平，如果不发生特别大的风险性事件，他将在下一轮牛市出现明显泡沫时，再制定减仓规划并执行。

（4）做一些看起来简单，但只要做了就能获得确定性收益的事情。 比如，定增、大宗交易替换等，或者在可转债的价格合适且转股溢价率很低甚至为零时，他会购买可转债，获得比购买股票更优的风险收益比；再如，按照基金合同要求，组合里必须有 5% 的现金或者现金等价物，对于这 5% 的资产，他会买 1 年内到期的利率债，获取远高于活期存款的收益率。

4. 光伏行业的集中度提高和一体化趋势

从 2018 年四季度起，秦毅就一直持有某光伏龙头企业，完美分享了这只 10 倍光伏股，是他把深度研究成果转化为基金业绩的典型案例之一。

由于存在较高的发电成本，历史上，光伏装机主要由补贴政策驱动，政策决定需求周期。整个光伏行业在历史上共经历了 3 次大的周期，都是由于补贴政策调整引发的行业洗牌。

第一轮大调整发生在 2009 年前后，受金融危机影响，各国财政收紧，代表国家西班牙大幅削减补贴政策，使得需求端增速大幅下降，叠加硅料产能增长，引发光伏行业第一轮严重产能过剩，多晶硅价格暴跌。

第二轮是在 2012 年前后，欧洲对中国光伏企业提出"双反"调查，廉价的光伏产品无法进入欧洲市场，叠加欧洲补贴政策退坡，高成本抑制了市场需求，导致众多光伏企业宣告破产。

第三轮是自 2018 年起，中国补贴政策退坡，起步较早的欧洲光伏市场已平价上网，2020 年是中国实行光伏补贴的最后一年，2021 年以后中国也实现了平价上网。

一旦进入光伏平价上网时代，需求趋于稳定，行业大洗牌可能就很难再发生。

同时，光伏的市场集中度将进一步提高。光伏产业的产品偏同质化，最后拼的是价格。在市场集中度提升过程中，公司的成本管控能力成为关键因素。在 2020 年疫情冲击中，集中度的提升已经呈加速趋势。

此外，还有一个值得注意的点，光伏行业已经出现了一体化趋势。

2020 年三季度，组件的上游都在涨价，而组件价格却已在前两个季度在订单中锁定，导致组件难以盈利，只有既做硅片/电池片又做组件的公司仍能盈利。这意味着，未来单一的硅片厂或组件厂将陷入困境，因为如果只做单一环节，在产业链的话语权会大幅度削弱。

对于未来的光伏行业来说，一家公司需要经营产业链中两个甚至两个以上的环节才能生存下来。

光伏行业是否还存在较大的技术迭代风险？秦毅认为，对于科技含量不是很高的制造业来说，从 10 年的维度看，主要有供给、需求和技术 3 个变量。

光伏行业的需求变量过去 10 年波动较大，未来会趋于趋定，而供给和技术这两个变量的风险依然存在，但可以通过跟踪研究予以控制和管理。

目前，硅片和组件环节的变量较小，而电池片的技术变量相对大一些。现在主要是 PERC 电池，未来技术路线仍存在一定的不确定性。

5. 看好未来 2 ~ 3 年的市场

在 2021 年三季报中，秦毅表示，从长期维度来看市场，行情的驱动因素主要有基本面、估值和流动性。

基本面是决定市场走势最重要的一点。近 10 年来，中国经济结构转型成效显著，在光伏、新能源车、移动互联网等诸多领域诞生了一大批在国内乃至全球都具有竞争力的优秀公司。预计在强有力的基本面支持下，中长期牛市行情将得以持续。

从估值角度而言，市场估值整体合理偏低，但其中存在明显的结构性分化。经历近期的调整之后，高估值板块风险也已有所释放。

在流动性方面，2020 年在疫情的冲击下，我国流动性的释放整体保持了克制，并在四季度之后随着经济状况逐渐恢复，流动性进行了边际收紧。预计未来长期整体流动性大体保持较为宽松的状态，会有阶段性的收紧和放松。

综上，在基本面强劲、估值整体合理和流动性中长期较为宽松的背景下，预计市场还会处于 2019 年 1 月开启的这轮行情的中部位置。虽然经历了较大的震荡，但未来 2 ~ 3 年行情大概率还会延续下去。

回顾历史，只要坚持投资优秀的公司，将会获得较好的长期回报，这一投资方法的胜率也较高。因此，尽管市场风格多变，但秦毅仍会坚持以公司的长期价值为出发点，重点研究并筛选具备核心竞争优势、优秀管理层以及合理估值的高成长公司。在中短期市场结构性行情演绎的背景下，秦毅会重点把握结构性、自下而上的投资机会，对投资组合进行跟踪管理，不断优化组合的风险收益比。

案例 3.8

景顺长城环保优势股票，近 5 年年化涨幅为 25.9%

Ⅰ. 基金简介

代码：001975；成立时间：2012 年 12 月 18 日；投资范围：A 股；基金类型：股票型基金，股票仓位要求为 80% ~ 95%；基金规模：截至 2021 年 9 月 30 日，基金规模为 84.61 亿元；业绩表现：截至 2021 年 9 月 30 日，近 5 年年化涨幅为 25.9%，最大回撤率为 -31.65%；晨星评级：三年四星，五年五星。

Ⅱ. 基金经理杨锐文

杨锐文，2008 年 8 月至 2010 年 11 月担任上海常春藤衍生投资公司高级分析师；2010 年 11 月加入景顺长城；2014 年 10 月起任景顺长城优选混合的基金经理；2016 年 3 月 15 日起担任景顺长城环保优势股票的基金经理。

据 2021 年三季报，他共管理 8 只基金，合计管理规模为 422 亿元。

投资新兴产业的早中期成长股

杨锐文是一名理工学教育背景出身的基金经理，他的投资职业生涯开始于 2008 年。和公募基金经理普遍从证券投资研究员入行不同，杨锐文步入投资职业生涯的第一站，是在上海常春藤衍生投资公司做高级分析师，研究原油、黄金等国际大宗商品的行情走势。2008 年恰遇金融危机，衍生品市场大幅震荡，这让杨锐文在职业生涯开端就培养了很好的宏观视野。

2010 年 11 月，杨锐文离开常春藤衍生投资公司，加入景顺长城基金担任研究员。

基于理工学的背景，杨锐文被公司安排研究电力设备、新能源、环保公用事业等多个板块，2012 年、2013 年又陆续开始跟踪家电、传媒、大消费等行业，并于 2013 年开始辅助明星基金经理王鹏辉。2013 年，王鹏辉的代表作景顺长城内需增长混合（代码：260104）在 TMT 和家电行业收获颇丰，年度基金净值涨幅超 70%，居全市场主动偏股型基金前 5 位。

因此，在当时的景顺长城基金内部，杨锐文一度被公认为研究水准最优秀的研究员之一，不仅研究领域广泛，兼具新兴成长和价值蓝筹，而且非常注重产业链上下游的呼应式调研，为基金经理发掘了不少牛股。

这样一段兼容并包的研究员经历，至今仍影响着杨锐文的投资风格：行业配置相对分散，同时又十分灵活。多年的研究员经历所带来的最大财富，是他对成长股风格的长期坚守，以及基于产业链和公司质地，而非基于风格和趋势的投研框架。

1. 在盐碱地里种庄稼

2014 年 10 月，在从事研究工作长达 6 年之后，杨锐文正式升任基金经理，从陈嘉平手里先后接棒管理景顺长城优选混合（代码：260101）和景顺长城成长之星股票（代码：000418）两只基金。

杨锐文开启基金经理生涯适逢 2014 年至 2015 年的"杠杆牛市"①，成长股领跑全市场，中小票"鸡犬升天"，乃至市场上出现了不少趋势增强风格的成长股基金经理。

"但我的方法论讲究的是持续的优胜，对公司质地有要求，所以确实有可能在成长股行情下也会发生阶段性失灵。"杨锐文曾在路演中讲道。

的确，在快速的单边上涨行情中，杨锐文的阶段性业绩表现并不算突出。以景顺长城优选混合为例，截至 2015 年 6 月 5 日创业板牛市结束，该基金年内收益为 95%，同期创业板指年内涨幅 164%，中证 500 年内涨幅 110%，近 300 只主动权益类基金年内收益超 100%。

但杨锐文的优势在于，他能在顺风顺水的时候跟上市场步伐，也能在逆水行舟的时候给投资者带来良好的投资体验。

2015 年以后，A 股进入了漫长的成长股熊市，2016 年的震荡下行，2017 年的蓝筹行情，2018 年的恐慌下跌……杨锐文不止一次在媒体采访中调侃自己是"在盐碱地里种庄稼"。

2016 年至 2018 年科技股陷入"盐碱地"，众多科技行业基金经理表现平平，而杨锐文通过对成长股公司质地的坚守收获了不错的成绩。以成立于 2016 年 3 月的景顺长城环保优势股票（代码：001975）为例，这是杨锐文第一只真正意义上的新发基金（前三只均是从其他基金经理手里接任）。该基金除了在 2018 年净值下跌 21% 外，在 2016 年、2017 年的年度收益分别为 19%、33%。

与大多数基金经理喜欢买行业龙头不同，杨锐文对早中期成长股情有独钟。什么是早中期成长股？他说："早中期成长股一般处于未成熟的阶段，就如朝气蓬勃的青少年，市场对其的认知是相对朦胧的，也会有各式各样的偏见。一般情况下，早中期成长股很难有强大的护城河。在这个阶段，其实更多要看其商业模式与管理层，这个阶段的管理层的作用是异常重要的。"

2. 为何偏好早中期成长股？

杨锐文为何偏好投资早中期成长股？这和他的经历密切相关。他在 2008 年入行，见证了 2008 年至 2014 年一批地产和家电领域的经典成长股进入长达 8 年的

---

① 杠杆牛市是指增加杠杆所带来的增量和资金推动的牛市，简单地说，就是通过融资、配套资金或借钱来筹集资金进入股市，从而导致牛市上升。

杀估值过程。很多人都说，希望赚取利润增长的钱。但是，要赚取利润增长的钱，前提是估值不能下移。实际上，确保估值不下移很难。

回顾地产股的走势，自 2008 年以来，中国地产行业一直保持稳健增长，房价也持续上涨，典型的量价提升。可是，龙头万科过去 13 年的利润增长超过 7.5 倍，而股价与 2007 年高点相比涨幅却很小。不仅仅是地产股，保险股也是如此，龙头中国平安过去 13 年的利润增长达到 8.5 倍，而股价还在 2007 年高点附近。不能说这两家企业不优秀，它们一直保持超出行业平均水平的增长。这说明想赚取利润增长的钱并不容易，不能出现估值下行是大前提。

杨锐文之所以选择早中期成长股投资，是希望规避潜在的估值下行风险，能够真正充分分享企业盈利增长带来的收益。这也是杨锐文一直坚持投资成长股的初衷。

杨锐文说："我并不认为只要利润有增长就是成长股。成长股之所以叫成长股，是因为它处于未成熟的阶段，如同朝气蓬勃的青少年一般，所处的阶段或行业应该有巨大的成长空间。依据经验，如果成长股踏入成熟阶段，则很有可能发生杀估值的过程，这个过程甚至有可能是永久性的。"

然而，在早中期是不能确保估值不下行的，因此还要确定其符合产业趋势的发展，能充分分享时代的红利。所以说，选对行业很重要。杨锐文一直偏好代表未来的新兴成长行业，哪怕它的估值稍微贵一点。最重要的原因就是新兴行业需求增长快，大家看到的都是机会，还没有到显现风险的成熟阶段，在这个伴随时代趋势发展的过程中，能大概率保证估值不下行。

在西方成熟市场，过去 13 年的美股牛市其实就是成长股牛市，并没有大小盘之分，中小盘的成长表现相较于大盘毫不逊色，但是，价值股远远跑输于成长股。

经济增长有三大要素，即劳动力、资本投入以及全要素生产率。在 2008 年之后，美国在劳动力和资本投入上都遇到了明显的瓶颈，所有的长期经济增长都依赖于全要素生产率的提升。从美股过去十几年的表现来看，代表劳动力与资本投入的传统经济股票从此熄火，代表全要素生产率的各种科技股进入了轰轰烈烈的大牛市。

过去十几年的美股是这样，A 股也会是这样。只有拥抱时代，拥抱未来，投资者才能赚取利润增长的钱。

杨锐文认为，寻找和发现早中期成长股的机会，这是难而正确的事情。虽然这个过程中不可避免会出现偶然失误，但只要一直坚持，就能不断深化产业资源，并构建独特的壁垒，从而突显竞争力。

3. 给企业生命力定价

什么才是企业竞争力的本源？

可能对于业内很多成长股基金经理来说，ROE是衡量企业盈利能力的重要指标。但杨锐文认为，ROE是靠人创造的，企业竞争力的本源是透过数据去挖掘创造业绩的人，包括公司团队、企业文化、管理层与组织架构等多方面。

他说："由于成长型企业处于未成熟的阶段，很难在早中期就形成明显的护城河，传统的价值投资方式并不完全适用于成长股投资。传统价值投资更多需要审视过去和理解现在，而成长股投资更需要洞察未来。"然而，预见未来是极其困难的，传统的分析方法和估值方式也不一定完全适用，那么，如何给成长型企业估值呢？他更倾向于基于传统估值方式对企业生命力定价，"我认为具备强大生命力的企业更有可能在未来的竞争中取胜"。

企业生命力的定价基础包括以下4个方面。

（1）对企业的管理能力。投资者不仅需要了解最高管理层对企业的专注程度以及中长期战略愿景，还要关注中层管理人员的能力，因为中层管理人员的能力反映了企业的执行力，更能充分反映企业的真实管理水平。董事长和总经理对自己的企业的评价是普遍乐观的，甚至是高估的，这和父母容易高估自己的小孩一样。因此，需要关注他人对企业中层管理人员的能力评价，具体可以通过上下游、客户以及不同员工实现360度环绕式了解。把这些工作都做完之后，基金经理将会非常了解企业的细节。上市公司可能也不只是把你视为一次性的投资者，而是把你当作成长期的合作伙伴，从而实现产业资源网络的构建。

（2）企业文化。企业文化决定了企业发展的高度和空间，优秀的企业文化一定会体现强大的员工凝聚力和强大的团队战斗力。

（3）企业的自我进化能力。企业快速发展必然会带来各种新的问题和挑战，优秀的企业能持续对组织架构和人员结构进行优化以应对挑战。很多上市公司都是老板带着几个小兄弟一起干起来的，但随着企业的不断发展，管理和人员结构的瓶颈越发明显。如果企业无法实现自我进化，那么，上市之后很快会遇到明显的增长瓶颈。过去的高增长可以掩盖很多问题，但是，一旦增长失速，各种问题都会暴露出来。

（4）企业是否拥有流畅的决策体系和合理的价值分配体系。决策体系决定了企业对市场变化的响应速度，价值分配体系决定了员工的稳定性和积极性。

如果一家企业在以上 4 个方面都做得很出色，可以判断该企业拥有强大的生命力，也可对企业的生命峰值和生命周期做出乐观的假设。杨锐文深知企业和行业的发展不可能一帆风顺，因此，他会时刻保持对企业的动态观测和调整，希望抓住主要矛盾，做有价值的坚守。

研究是一场探寻真相的旅行，评估企业的生命力需要长时间的观察，时间才是检验企业生命力的利器。然而，市场波动很大，个股的股价波动则更大，市场不可能同时给予投资者充裕的研究时间和完美的价格。因此，一旦出现合适的价格，投资者就有可能早期介入并伴随企业的发展。

大部分投资者都讲求资金使用效率，希望在股价大涨之时介入。然而，股价大涨的时间通常是短暂的，投资者很难有充分研究的时间。杨锐文通过潜心研究，建立了产业资源，随着这个行业和企业做大做强，他在这个领域就能形成强大的竞争优势。

如果大部分人都去追捧龙头核心资产，资本市场就失去了应有的资源配置功能。杨锐文认为，不能因为投资早中期成长股很难，就不去投资，大量的中小企业中蕴含着各种金矿，等待大家挖掘。这个投资过程很可能是痛苦的，甚至会面对各种耻笑与质疑。但是，伴随企业成长到繁花似锦的那一天是很美好的体验。

除了评估企业的生命力之外，他对企业的选择也有自己的原则。他对持仓的企业有两个基本要求：第一，这家企业必须能做出好的产品，企业连产品都做不好，是不会有长远发展的；第二，这家企业必须可跟踪、可验证，如果企业不可跟踪、不可验证，就无法准确评估企业的生命力和真实性，更不用谈投资逻辑。

杨锐文非常注重产业链调研，他会通过产业链上下游、竞争对手的状态和外界对这家企业的评价来判断企业的投资价值。他认为，这就是投资的复利效应，产业链上下游企业的互相验证可以帮助自己更深入、更快速地认识一家企业。

案例 3.9 ————————————————————————————————

景顺长城沪港深领先科技，成立以来年化涨幅为 19.4%

Ⅰ. 基金简介

代码：004476；成立时间：2017 年 7 月 7 日；投资范围：A 股，港股通；基金类型：股票型基金，股票仓位为 80%～95%；基金规模：截至 2021 年 9 月 30 日，基金规模为 84.61 亿元；业绩表现：截至 2021 年 9 月 30 日，近 5 年年化涨幅为

19.4%，最大回撤率为 -28.6%；晨星评级：三年四星。

Ⅱ. 基金经理詹成

詹成，2007 年 10 月至 2011 年 1 月担任英国诺基亚研发中心研究员；2011 年 7 月加入景顺长城，先后担任研究员、投资经理等职务；2015 年 12 月担任景顺长城品质的基金经理；2017 年 7 月起担任景顺长城沪港深领先科技的基金经理。

据 2021 年三季报，他共管理 7 只基金，合计管理资产规模约为 136 亿元。

以确定的产业趋势应对万变的市场

在专职股票投研的马拉松长跑中，景顺长城基金经理詹成至今已跑了逾 10 年。

詹成是爱丁堡大学通信电子工程博士，在读书期间就对股票市场产生了浓厚的兴趣，开始买卖自己感兴趣的股票。

Intel、微软能做大的原因是什么？ AMD、Netscape 为什么会衰落？苹果的几轮发展周期又是如何产生的？对新事物的好奇心、敏锐度，以及乐于思考的习惯，驱动他早在学生时代就开始观察和研究不同公司的发展。

2007 年 10 月至 2011 年 1 月，詹成在英国诺基亚公司研发中心担任研究员。2011 年景顺长城基金扩大研究团队，此前就与公司有过业务交流的他选择加盟，先后从事电子通信、房地产、医药等行业的研究，2015 年 12 月起担任基金经理。

对于自己的投资理念，詹成将其总结为"**以确定的产业趋势应对万变的市场**"。

他聚焦于消费升级和科技创新两大产业趋势，希望寻找成长性高、确定性好的公司，并通过均衡配置控制基金净值的波动，以提升投资者的持有体验。

1. 研究覆盖多个行业，均衡配置减少波动

詹成毕业后任职于正值巅峰时期的诺基亚公司，如果转行股票投资后继续深耕 TMT，他将会拥有一份几近完美但发展路径略显狭窄的科技股基金经理成长履历。

景顺长城基金的投研引入了外方股东景顺集团的模式，要求研究员轮岗，在做基金经理前覆盖多个商业模式不同的行业。

于是，2011 年詹成进入景顺长城后，公司先是安排他继续研究电子通信等科技行业，后来又安排他研究偏周期的房地产、偏消费的医药，为詹成打开了广阔的视野。随后，他又被公司派往景顺亚太区香港总部学习研究港股。

詹成说："由于研究过的行业相对较多，我能在多个不同的行业找到机会。

我在担任基金经理后，构建的投资组合不会集中于某个行业，无论是行业还是个股的集中度都不会很高。"

他表示，这么多年来，尽管有业绩考核压力，但他从来没有重仓某个行业或个股，而是始终通过均衡配置、谨小慎微地投资，积小胜为大胜。他希望减小基金净值的波动幅度，依靠复利的力量持续为持有人创造超额回报。

回看 A 股市场公募基金的长期回报率，复合年化 15% 属于比较好的成绩，年化 20% 的基金会跻身顶级行列。2019 年至 2020 年，公募基金的收益率很高，会让人产生幻觉，以为未来持续会有这样高的收益率，其实这是不太可能的。长期平均复合年化收益率 15% ～ 20% 是詹成的奋斗目标。

2. 以确定的产业趋势应对万变的市场

据詹成介绍，景顺长城对成长型投资风格的定位是寻找上市公司从小变大过程中带来的收益，因为只有这种收益可持续性最强，而且可以通过公司内部的投研平台，把获取这类收益的方法传承下去。

成长型公司的投资有很多相通性，那么，如何寻找成长型公司？如何提高投资成长型公司的胜率？这些问题都可以通过学习和研究打下基础。

"如果回顾过去一二十年中国商业的发展历程，会发现顺应产业发展趋势的公司的成长速度一定比其他公司更快，成长的确定性也一定更高。"

因此，詹成将自己的投资理念总结为"以确定的产业趋势应对万变的市场"。从产业变化趋势的角度着手，确定性比较高，因为这是从国家资源禀赋、人口结构、竞争优势出发做的分析。

二级市场短期涨跌更多是投资者情绪的反映，而基金经理做投资时需要有一个锚，不能跟着市场漂。

A 股市场的价值投资开始于 2003 年，当时表现最好的是钢铁、煤炭、电力、汽车与银行，即"五朵金花"，其时代背景是中国加入世贸，融入全球贸易体系，对重化工业产品的需求增加。

而在 2012 年至 2013 年之后，人们开始关注消费升级和科技创新。随着人均 GDP 突破 5000 美元，人们在满足了基本的衣食住行后开始增加教育、娱乐、医疗的支出；同时，智能手机成为与人们密不可分的生活工具，互联网和移动互联网渗透加速。智能手机从 2012 年起的渗透率不断提升，这个过程中市场涨涨跌跌，但产业趋势非常确定，不会因为市场波动而发生大的变化。

詹成指出，经济结构的上述变化反映在 A 股市场上，就是消费升级和科技创新大幅跑赢指数。因此，以长时间维度的眼光做投资，就应选择顺应未来中国产业发展趋势的行业布局，紧抓这些行业构建组合。

2019 年起，光伏股成为主赛道。以能源结构的占比看，光伏未来空间还很大，渗透率会持续提高，是他长期看好的行业。在投资过程中，主要的问题是如何选择子行业。

光伏产业链分为光学玻璃、胶膜、硅料、硅片等子行业。其中，玻璃和胶膜子行业的技术变化相对较小，龙头企业主要依靠规模优势和成本控制来维护自身优势；而硅料、硅片行业的技术进步快，资本消耗大，后期投产的产能在成本与效率方面更有优势，因此需要不断用高资本支出来维护自己的行业头部地位。

詹成更偏向于光伏细分产业中资本支出需求相对较小的子行业。他说："我的核心出发点是把握中国未来 3 ~ 5 年核心产业的发展趋势和变化。虽然大家常说股票投资是投资预期差，交易的是树上的花和心里的花的变化，但拉长时间看，A 股的基本面非常强，清晰地反映了中国经济结构的发展方向和趋势。"

3. 遵循三项原则选股

在选择具体公司时，詹成主要遵循以下三项原则。

一看公司的商业模式能不能给股东带来真金白银的稳定收益，而不是预测它的股价能不能涨。

詹成认为，投资需要回到商业的本质，从商业模式出发。那么，选择公司时就不能简单地看一家公司的收入、利润增速是否超预期等，而是要更加关注产品形态、客户群体、竞争对手等背后要素，并结合资产负债表、利润表、现金流量表去理解它的利润来源。

二看公司的可跟踪性、可预测性。

对于成长型公司，一定要做到可跟踪和可验证。股票投资不能只是听上市公司怎么讲，或者只看财务报表的数据。

詹成说："我曾遇到过这样的公司，无论是与公司管理层交流，还是研究财务报表，都非常完美，但在调查它的下游客户后，我无法从产业的角度进行验证。对于这类公司，我会选择不碰。我投资的公司都必须是从产业上下游角度获得验证的公司，我会反复做产业链的验证与对比，在获得大量信息后做一项类似于拼图的工作。"

例如，他在投资芯片设计公司时，他会找上游公司的专家交流，验证芯片设计公司的投产情况，同时找下游的手机厂商，验证它们设计的芯片是否在手机中得到应用，以及具体的应用规模等。

有家电商公司，詹成从其上市起就进行了研究和跟踪，后来这家公司开始做品类扩张，詹成通过产业调研判断这有可能是新的成长点，于是开始投资，虽然公司股价上涨了，但詹成在后续跟踪中发现，该公司对供应商的品质管控有所欠缺。鉴于这种情况，他做了相应的调仓。

对于投资组合中的重仓股，他跟踪的频率比较高，基本是按月度进行跟踪。

三看管理团队的素质。

很多行业中的不同公司起步时都差不多，产品形态、客户群体大同小异，但经过 5 ~ 10 年的发展，慢慢呈现天壤之别，这与管理层的能力、管理方式、公司架构、分配机制等因素密不可分。

仍以消费电子行业为例，在 2012 年至 2013 年，智能手机行业快速成长，投资各家消费电子公司的回报似乎都差不多，因为当时它们股价的上涨主要反映了"行业的 β"，即行业的整体波动水平。而如今，这些公司已经拉开了较大差距。

4. 偏好 ROE 较高且稳定的公司

投资的核心出发点是找到赚钱的生意。在科技板块，詹成主要集中在消费电子、光伏、新能源汽车、计算机信息化、传媒等行业；在消费板块，则集中在白酒、医药、教育等行业。

他认为，以长期眼光投资一家公司，回报率与 ROE 比较接近。购买一家 PE 为 100 倍、ROE 超过 30% 的公司，如果 10 年后卖出时 PE 变为 50 倍，那么，每年分摊的估值损失为 5%。

在 ROE 够高的前提下，估值能慢慢消化。另外，估值要结合公司质地、商业模式等因素综合来看，并不是 30% 的成长就只能给 30 倍的估值，10% 的成长就只能给 10 倍的估值，不能机械地定义。他确定的买点一般在历史估值的中位数附近。

ROE 能够有效反映股东权益的收益水平。按照这个指标梳理对比各个行业可以发现，大量高 ROE 的公司集中在消费和医药行业。而科技企业的 ROE 波动相对较大，这与科技周期有关，但也可以找到不错的公司。

对于 ROE 不稳定的公司，詹成参与得相对少一些。ROE 较高且稳定的公司以偏消费为主。如果用杜邦分析法（杜邦三因素模型为：净资产收益率＝销售净利率×总资产周转率×权益乘数）拆解 ROE 构成，符合要求的公司以消费、医药以及部分科技公司居多。

案例 3.10————————————————————————————————

广发创新升级混合，近 5 年年化涨幅为 29.01%

Ⅰ．基金简介

代码：002939；成立时间：2016 年 8 月 24 日；投资范围：A 股；基金类型：混合型基金，股票投资比例为 0 ~ 95%；基金规模：截至 2021 年 9 月 30 日，基金规模为 121.88 亿元；业绩表现：截至 2021 年 9 月 30 日，近 5 年年化涨幅为 29.01%，最大回撤率为 -39.43%；晨星评级：三年五星，五年五星。

Ⅱ．基金经理刘格菘

刘格菘，经济学博士，毕业于中国人民银行研究生部，曾任中国人民银行主任科员、中邮创业基金管理有限公司行业研究员、基金经理助理；2013 年 8 月 23 日至 2014 年 9 月 1 日任中邮核心成长的基金经理；2014 年 9 月加入融通基金管理有限公司；2017 年 2 月加入广发基金，2017 年 7 月 5 日起担任广发创新升级的基金经理，现任公司副总经理。

据 2021 年三季报，他共管理 6 只基金，合计管理规模约为 777 亿元。

从自下而上选股到捕捉产业趋势的转变

2021 年 8 月 26 日，由刘格菘担任基金经理的广发行业严选三年持有期混合（代码：012967）成立，首募规模达 148.7 亿元，在同期发行的众多基金中遥遥领先。该基金在 8 月 23 日发行的第一天，就大卖逾 110 亿元。因限额 150 亿元，对 8 月 24 日的有效认购进行"末日比例确认"，申请确认比例为 53.89%。

这是刘格菘职业生涯的巅峰时刻。在广发行业严选三年持有期混合发行前后，他成为业界茶余饭后的头条谈资。

从持仓来看，有些顶流基金经理主要投资消费股、创新医药股、互联网平台，但刘格菘重点投资的行业包括科技、先进制造、生物医药、周期成长等。

七八月份，消费股、创新医药股、互联网平台等纷纷大幅调整，部分顶流基金经理所管理的代表基金在 2021 年前 9 个月的最大回撤率超过 30%，涨幅为 -9% 左右。与此形成对比的是，受益于光伏、动力电池等依然火热的赛道，刘格菘所管理的基金在 2021 年前 9 个月的最大回撤率为 27% 左右，仍有 5% ～ 13% 的正收益。

刘格菘的好运气会持续下去吗？抢购广发行业严选三年持有期混合的近 25 万持有人已投下肯定票，但也有不少市场人士存有疑虑。毕竟，科技、制造等板块具有周期性更强、波动幅度更大的特点。

好业绩，有多少来自好运气，又有多少来自基金经理的能力，这个问题值得思考和持续观察。

近几年，刘格菘在跟踪高景气行业、捕捉热门赛道方面，展示出特有的敏锐、果断和灵活。2019 年，他重仓半导体、光伏、生物医药等行业，所管理的广发双擎升级混合（代码：005911）、广发创新升级混合（代码：002939）、广发多元新兴股票（代码：003745）全年收益率超过 100%，包揽全市场前 3 名，在当时的基金史上可谓前无古人。

2020 年 1 月，广发基金给刘格菘发行成立了第二只新基金——广发科技先锋混合（代码：008903）。该基金首募限额 80 亿元，在 1 月 17 日一天就获得 921 亿元的认购，认购申请确认比例为 8.68%。此时与 2018 年 10 月，公司给他发行第一只新基金——广发双擎升级混合时已判若云泥。广发双擎升级混合在 2018 年国庆节前的 9 月 25 日发行，持续至 10 月 26 日，仅获得 2318 户认购，首募规模 2.48 亿元。

上一年的业绩冠军，往往在第二年表现平淡。但是，刘格菘打破了这个魔咒。2020 年，半导体、光伏、医疗继续保持高景气度，他通过重点配置这些行业，取得了百分之六七十的收益率，大幅超越市场平均水平。即使是 2020 年 1 月 22 日成立的次新基金广发科技先锋，也通过快速建仓，在年内取得了 53.91% 的收益率，与同期他管理的其他老基金并无明显差别。

刘格菘的投资风格曾经让人一度以为他是一位科技股选手。但是，他本人表示，前两年科技行业的高景气度是他选择重仓该板块的主要原因，实际上他的投资并不限于特定行业或赛道。2021 年，刘格菘加大了对光伏、液晶面板、化工、军工等高景气度行业的配置，向制造业转移。

作为成长风格基金经理，刘格菘拥有完整的投资框架。但与市场主流自下而上选股，分享公司中长期业绩成长不同，他从涵盖宏观、中观、微观的研究模型出发，分别对应制造、消费、科技三个大类板块，以行业景气度为核心，构建行业比较框架，选择高景气度行业以获取业绩增长与估值提升带来的爆发性收益，规避前景不明朗的行业估值收缩的风险。

近两三年来，市场风格对于景气度的偏好逐步提升，完美契合了刘格菘的投资风格，使其成为时势造英雄的一个经典案例。

在接受媒体采访时，刘格菘表示，估值变化与宏观产业趋势密切相关，最好的组合不是赚公司成长的钱，而是赚产业趋势的钱，在产业趋势快速兑现的时候，龙头公司的业绩和估值都会双升，带来"戴维斯双击"。

刘格菘认为，主动管理的 α 有两种：一种是行业中性，依靠精选个股战胜指数，跑赢基准，建立 α；另一种是做行业配置的 α，非行业中性，靠对产业链的深入调研，找到需求扩张的行业，只要你对产业趋势判断正确，选出来的公司业绩符合你的预期，理论上这种 α 是可以赚到的，它跟管理规模没有太直接的关系，做行业配置规模的上限也可以高一点。

在全市场上千位公募基金经理中，采用非行业中性，追逐行业景气者众多，但能在中长期获得超额收益者较少，这主要是因为这类投资策略的可解释、可复制、可持续的难度很高。如果没有完整的底层研究框架、深入的行业跟踪，以及敏锐的市场嗅觉和出色的交易能力，那么，行业轮动风格的基金就比较容易异化为押注式的赌博。

在 2015 年如火如荼的移动互联网行情中，易方达新兴成长混合（代码：000404）、富国低碳环保混合（代码：100056）分别以 171.78%、163.06% 的收益率取得全市场冠、亚军，宋昆、魏伟成为炙手可热的明星基金经理。令人痛惜的是，他们的好运气都未能持续。2019 年初，宋昆在公司内部转岗，而魏伟则于 2021 年 2 月黯然离职。

从 2014 年 12 月至 2017 年 2 月，刘格菘在融通基金担任基金经理，他管理的融通领先成长混合（代码：161610）在 2015 年上半年以 110.57% 的收益率居全市场第 9 名，2015 年下半年出现较大回撤，全年以 71.02% 的收益率居于全市场第 60 名。2016 年，该基金的收益率为 -28.92%，排名滑落到后 1/4。

2015 年 11 月初，笔者曾专访刘格菘。在谈及投资策略时，他表示，要围绕经济转型的大背景，寻找中长期成长性趋势确定性较强的行业，自下而上精选个股，伴随公司成长并获得长期回报。

从事后多年的现实情况来看，与相对比较稳定的消费行业不同，对于变化很快的新兴产业而言，要前瞻性地自下而上找到好公司，挑战极大。虽然新兴行业远景明确，但行业格局易变，自下而上选股所依据的未来现金流折现的分析方法，会受到行业竞争恶化、技术路线改变、国家政策调整等诸多因素的影响。他在 2015 年至 2016 年重仓的互联网主题公司，后来几乎没有一家能够成功穿越牛熊。

面对挫折，刘格菘进行了深刻的反思，跳出了自下而上选股的固有思维模式，改进和升级了投资体系，改为从供需格局入手把握产业趋势，从未来几年可能表现最好的产业方向中找出 4 ~ 5 个行业来重点配置，力争获取行业配置的 α。

从 2017 年中以来的实践看，这个全新的投资框架经历了市场近 4 年来的大涨大跌，取得了出色的业绩，他所管理的基金的持有人合计 400 多万户。

据招商证券研究员任瞳、姚紫薇的研究报告，过去几年，刘格菘能够做到独立研究，长期持股。圣邦股份、康泰生物、健帆生物、亿纬锂能、京东方 A、三安光电的重仓期数均超过两年。

刘格菘从 2018 年三季度开始重仓圣邦股份，经历了当年四季度 28 个百分点大幅下跌的考验，不仅没有动摇，而且能逆市加仓逾三成，近三年来一直重仓持有。期间，该股持续上涨，至今涨幅约 9 倍。

刘格菘从 2018 年四季度至 2021 年二季度一直重仓康泰生物，连续重仓 11 个季度，累计涨幅约 2 倍。期间，该股于 2020 年 8 月触达上市以来的高点后回落。

在接受《中国基金报》记者采访时，刘格菘表示，他不是从主观层面去判断哪些赛道或者行业有机会，而是将所有的行业放到统一的框架中进行客观比较。现在很多人讲景气度投资，其实景气度变化的前瞻指标就是供需格局的变化，如果能更早地从微观数据挖掘到产业格局的变化，就可以更好地把握景气度变化。

他说："我把供需格局画成一个坐标轴，把每个细分行业放到框架中，看供给和需求格局处于什么位置，在定性层面对公司所处阶段有个大致的判断。同时，我们会跟踪这些细分行业的变化，一旦某些行业的供需格局发生变化，我们就要去分析产业链上下游、行业所处阶段等，找出有 α 的公司。"

他表示，从研究到决策，再到结果输出，需要基金经理在综合分析的基础上做出判断和抉择，存在艺术的成分，这个过程类似于"黑匣子"[①]。影响这个"黑

---

① "黑匣子"是电子飞行数据记录仪的俗称，在现实生活中常用来比喻外界不了解的事物。证券投资既是一门科学，又是一门艺术，如果说属于科学的部分可以描述、计算和解释，那么属于艺术的部分则难以解释和言传，有点类似"黑匣子"。

匣子"的因素有很多，比如宏观因素中的政治因素、行业因素、企业自身因素，也包括微观交易结构因素。在某一个阶段，可能一个因素或两个因素起主要作用。我们可以明显地看到在不同阶段，市场的关注点是不一样的，这正是投资的魅力所在。所谓的投资框架，就是透过"黑匣子"认识市场的过程。

回望近百年来的证券投资历史，自1934年格雷厄姆的《证券分析》出版以来，证券分析就已由以技术分析为主的玄学，逐渐演变为以内在价值分析和未来现金流折算为主的科学。在以巴菲特和芒格为代表的投资大师的实践下，无论低估值策略，还是成长策略，这种以自下而上为主的投资方法都曾取得巨大成功。

但是，近几年来，无论是中国还是美国，以科技股为代表的新兴产业成为经济发展的主要推动力。由于新兴产业变化很快，相对于传统价值投资框架下自下而上的深度研究，主要从中观出发的产业趋势投资显得效率更高，策略容量更大，呈现快速崛起之势，投资中艺术的成分明显上升。

相信科学，还是更相信艺术，已不仅是一个见仁见智的哲学之问，而且与持有人未来的收益率密切相关。

在被媒体问及喜欢哪些书时，刘格菘说："我喜欢的书挺多的，推荐安·兰德写的《源泉》。主人公是一位非常有个性、非常有思想的建筑师，他设计的建筑跟周围的城市、环境融为一体，非常实用。当时，世界上很多主流建筑是罗马风格，华而不实的东西比较多，但是这位建筑师勇于坚持自我，最后终于被世界认可。这本书的励志之点就在于让我们看到，有时候坚持自己认为正确的东西，到最后也会被大家认可。"

案例 3.11————

<h3 style="text-align:center">易方达蓝筹精选混合，成立以来年化涨幅为 36.22%</h3>

Ⅰ. 基金简介

代码：005827；成立时间：2018年9月5日；投资范围：A股，港股通股票；基金规模：截至2021年9月30日，基金规模为698.47亿元；业绩表现：自成立以来至2021年9月30日，年化涨幅为36.22%，最大回撤率为-31.88%；晨星评级：三年四星。

自2021年2月18日起，该基金把每天单个基金账户的申购上限由不超过5000元调整为不超过2000元。

Ⅱ. 基金经理张坤

张坤，2008 年 7 月加入易方达基金，曾任研究部行业研究员、基金投资部基金经理助理；2012 年 9 月 28 日起担任易方达中小盘（2021 年 9 月 10 日起转型为易方达优质精选）基金经理；2018 年 9 月起任易方达蓝筹精选混合的基金经理。

据 2021 年三季报，他共管理 4 只基金，合计管理规模为 1057 亿元。

评价一个投资人至少需要 10 年的维度

张坤是国内首位合计管理权益资产规模突破 1000 亿元的公募基金经理。

张坤倾向于从供给端的角度分析，主要选择商业模式优秀、行业格局稳定、企业竞争突出的公司，相对淡化需求端的周期性变化的影响。他通常对重资产行业和周期行业持谨慎态度。在 2020 年下半年，即使是热门行业新能源股，他也选择不参与。他认为自由现金流和长期竞争格局非常重要，无法判断新能源公司这两方面的远期前景。

张坤表示，投资是在纷繁的因素中找到少数重要且自己能把握的因素，利用大数定律，不断积累收益。诸如宏观经济、市场走势、市场风格、行业轮动，这些因素显然是重要的，但他认为把握这些因素的变化并不在自己的能力圈内。

他说："我们认为自己具有的能力是，通过深入的研究，寻找少数我们能理解的优秀公司，如果这些公司具有好的商业模式、显著的竞争力和议价能力、广阔的行业空间以及对股东友好的资本再分配能力，使我们能够大概率判断 5 ~ 10 年后公司产生的自由现金流将显著超越目前的水平，作为股东自然能分享到公司成长的收益。"

收益的分布不是均匀的，"市场先生"的短期情绪也不稳定，对于某家公司，在一个阶段表现冷漠，在另一个阶段可能又富有热情。然而长期来看，"市场先生"能基本准确地反映一家企业的价值。不论宏观环境如何变化，优质企业通常具备良好的应对能力。以新冠疫情为例，不少优质企业都应对得当，通过提升市场占有率对冲疫情对行业的负面冲击。

对于诸如新冠疫情等重大事件的影响，张坤具有深刻的洞察力。在 2020 年 3 月底发布的 2019 年年报中，他说："从 DCF 估值来看，只要公司不因为疫情破产，疫情对公司的影响就仅限于一年的自由现金流，是非常有限的。这样的短期利空为长期投资者提供了很好的介入机会。我们认为，优秀的公司不会因为疫情改变其发展路径，仍将一轮一轮创出股价的新高。"

站在更长远的视角来看，中国经济的逐步减速很难避免，这对于股票市场的投资者来说却未必是坏消息，反而很可能是好消息。从海外经验来看，行业增速放缓后，行业格局的稳固性会更强，企业家和投资者的预期会更加理性，在资本开支和竞争方面会更加谨慎，行业的竞争格局逐步得到改善，公司的利润率和周转率得到提升，从而提升公司的净资产回报率和自有现金流。

公司的生意模式、护城河和行业前景共同决定了公司的定价能力，而定价能力是投资获得高回报的最持久的决定性因素之一。在较短的时间内，股票通常由其他因素驱动，比如宏观经济或突发新闻，这使得投资有定价能力的高质量公司在短期来看通常显得乏味，因此，投资这些高质量公司伴随的低风险只能在较长的时期才能被观察到。

张坤说："我们着眼于企业内在价值和长期表现优中选优，力求组合中企业内在价值的总和长期来看近似于一条逐步增长的曲线。那样的话，相当于企业的价值每天都以很小的幅度提升。但实际上，股价的波动幅度远超于此，原因在于：第一，不同投资者会对企业价值积累的速度甚至方向产生分歧。比如企业遇到经营困难时，有的投资者认为这是短期困难，能够克服；而有的投资者认为，这是长期衰落的开始。第二，不同投资者的机会成本不同，因此对未来收益率的要求不同。当预期20%收益率的投资者认为股价太高、收益率不够时，预期10%收益率的投资者或许认为股价仍然是有吸引力的。第三，情绪会放大影响。市场的魅力在于，一旦价格远离了企业的内在价值，迟早会激发出负反馈机制，产生对冲的买卖力量，把价格重新拉回企业的内在价值线，甚至经常会阶段性拉过头，股价就在周而复始中波动运行。"

判断周期性的顶部和底部几乎是不可能的，而相对可行的是，不断审视组合中的企业长期创造自由现金流的能力有没有受损。如果没有，只要内在价值能够稳步提升，股价运行中枢提升就是迟早的事情。如果不了解这条内在价值提升曲线的形状和斜率，就很容易用股价曲线来替代内在价值曲线作为指示指标。而股价的波动是剧烈的，有时一天都能达到20%，如果心中没有企业内在价值的"锚"，投资就很容易陷入追涨杀跌中。

长期来看，股票市场的较大波动在未来仍会不断出现，而且事先难以预测。但只要企业的内在价值提升，这样的波动就终归是波动，不会造成本金的永久性损失。基金经理唯有通过不断地研究和积累，不断提高判断企业长期创造自由现金流能力的准确率。

张坤说："基金经理的职业与医生或许有些方面相似，都是理论和实战缺一不可，需要不断积累同时知识复用性很高的职业，需要通过每天不断地阅读、思考、决策、纠错来完善自己的知识体系，提升自己决策的准确性。由于从入行到成熟需要漫长的成长期，以及市场存在短期的随机性，我认为评价一个投资人至少需要 10 年的维度，才能平滑掉风格、周期、运气等方面的影响。相比国际上那些有 30 年甚至 50 年记录的杰出投资人来说，我还需要更多的学习和积累。遗憾的是，这个过程并没有任何捷径，无法一蹴而就，认知水平是由过往所有的思考、实践和经验积累决定的。"

案例 3.12

睿远成长价值混合 A，成立以来年化涨幅为 31.17%

Ⅰ.基金简介

代码：007119；成立时间：2019 年 3 月 26 日；投资范围：A 股，港股通标的股票；基金规模：截至 2021 年 9 月 30 日，基金规模为 305.01 亿元；业绩表现：截至 2021 年 9 月 30 日，近 5 年年化涨幅为 31.17%，最大回撤率为 -20.84%。

睿远成长价值在 2019 年 3 月 21 日开始首发募集，单日认购金额达到 710.81 亿元，按 50 亿元的募集上限比例配售，获配比例为 7.03%。目前，该基金每天单个基金账户的申购上限为 1000 元。

Ⅱ.基金经理傅鹏博

傅鹏博，1962 年出生，经济学硕士。1986 年 9 月至 1992 年 12 月，在上海财经大学经济管理系担任讲师；1992 年 12 月至 1996 年 7 月，在万国证券投资银行部任部门经理；1996 年 7 月至 1998 年 2 月，在申银万国证券企业融资部任部门经理；1998 年 2 月至 2001 年 2 月，在东方证券资产管理部任部门负责人；2001 年 2 月至 2005 年 2 月，在东方证券研究所任首席策略师；2005 年 2 月至 2006 年 12 月，在汇添富基金投资研究部任首席策略师；2008 年 7 月至 2018 年 6 月，在兴全基金任总经理助理、副总经理等职；2009 年 1 月至 2018 年 3 月，任兴全社会责任基金经理，期间取得出色的长期业绩，基金份额持有人曾超过百万人；2018 年 10 月至 2019 年 1 月，在睿远基金任董事长；2019 年 1 月至今，任睿远基金副总经理；同时 2019 年 3 月起，任睿远成长价值混合 A 基金经理。

用做实业的眼光去挑选公司

傅鹏博，人称傅老师，当年基金大佬陈光明在东方证券资产管理部实习和工作时，傅鹏博正是部门领导，他是基金业资历非常深厚的一员猛将。

傅鹏博一直喜欢用做实业的眼光去做研究和投资，站在公司发展的角度去看公司是否健康发展、公司价值是否不断增加。他曾表示，自己更愿意在好的行业中选择管理层优秀、商业模式可预见、估值合理的公司。

用产业的眼光挑选公司，造成损失的概率小。另外，根据变化不断调整也很重要。市场本身是变化的，公司管理层也无法百分之百地把握公司发展。投资是一个动态的过程，不能太机械，不能认为某个办法、看法一定正确，要不断调整，但投资也不必标新立异。

在傅鹏博看来，同一个行业中，公司之间的发展差异会很明显。好公司具有持续创造价值的能力，优秀的管理层的潜在价值往往会超出想象；反之，管理能力较弱的公司则有可能隐藏着一些看不见的风险。

以亚马逊为例，在其发展之初，市场上也出现了很多相同类型的公司，但后续发展相差甚远。在 A 股市场上也是如此，过去两三年里，相同行业的公司，有的股价翻了一番，有的不涨不跌，有的甚至退出了市场。不同的发展结果，公司背后的管理层往往起着决定性作用。

傅鹏博认为，在公司发展过程中，管理层、机制、文化很重要，特别是同质性很强的行业中的公司，好公司会走得更远。即便处于传统行业，踏踏实实经营的公司也可以走出来，成长为好公司。

对于投资而言，在景气度差的行业中，选择好公司的难度会提升，但并非没有机会。不景气的行业往往会出现集中度提升的情形，在行业集中度提升的过程中，一家公司如果拥有好的管理层和足够低的价格，同样值得投资。

一般而言，在这一过程中可能会发生激烈竞争，二三流的公司会被淘汰，竞争力强的公司市场份额和利润率会同步上升。如果进行投资，一开始肯定不是好时机，因为在这一阶段估值不断下调，公司业绩反复低于预期；等到股价跌无可跌，业绩指标开始反转时，才是买入良机。

傅鹏博重视研究，A 股市场上的大多数行业和公司他都研究或者涉猎过，对于近些年来出现的一些新商业模式，以及赴港股、美股上市的一些公司他也研究或体验过。

在管理研究团队时，他要求研究员不仅要把自己负责的行业做好，还要关注其他行业，鼓励他们打破行业之间的边界和壁垒，打开眼界，增加理解力，并且落实到工作流程中。

傅鹏博认为，做投资应该目光长远，就像下围棋，不能只是想着一小片区域，要想到后面五步、七步，甚至更远，这样才能进步更快。

在进行投资决策时，他会想象如果自己经营这家公司会怎样做，并不断进行跟踪观察。如果公司的做法与他的想法一致，他就会比较放心；如果不一致，他就会思考背后的原因——是自己对行业的理解不够，对公司的发展预期太理想化，还是企业的经营思路出现了问题。好公司应该知行合一，发展途径和设想可验证。

在构建投资组合时，对于看得透、吃得准的公司，他会大量买入，不少长期持有的标的在他的基金组合中的占比都超过 5%，甚至达到 8%。对于一些没有分析得特别透的公司，虽然他也可能买入，但持仓比例通常较低，且会持续观察。他的组合强调攻守兼备，灵活把握市场行情变化，善于通过波段操作增加收益。

他关心公司财务报表的变化，经常找机会去现场考察，但很少跟公司高管一对一交流，而是在旁边听。对照财务报表，看看他们讲的和做的是否一致，看看商业规划和执行是否知行合一。他看明白了就多买，看不明白就不买。

他每天会把投资组合清单打印出来，逐一分析跟踪，研究公司报表、公告甚至股民点评，对不理解的问题一定会追问到底。第二天，哪只股票仓位不动，哪只股票进行增减仓操作，他都会标好记号。

他认为市场在不断变化，如果在认知范围之内做选择，获胜的概率会较高。因此，要不断延长自己的认知半径，对新鲜事物保持好奇心，做到想清楚、看明白、看长远。

总结过往投资经验，傅鹏博有以下三点心得。

第一，投资是对未来的判断，拥有看得更远的能力，判断的准确度就越高，机会也就越多。如果能用做实业的眼光和发展思维去挑选公司，造成损失的概率也会相应降低。

第二，投资需要根据市场变化不断调整。因为市场是在不断变化的，不能认为某个办法或观点始终正确。当然，投资也没有必要去标新立异。

第三，学会取舍，放弃不能把握的，只在自己的认知圈和能力圈内选择。认知范围越广、信息点越多，判断的准确率就会越高。要保持不断学习的精神，只有认知范围足够大，选择范围才会扩展，从而大概率获得成功。

在 2021 年三季报中，傅鹏博说："从个股来看，管理层是否锐意进取，所处行业是否符合国家支持的产业发展方向，是我们考量的核心因素。如果将投资时间维度延长，能源结构变化中相关的投资机会，先进制造业中专精特新公司的投资机会，都需要加强研究和聚焦。"

案例 3.13

睿远均衡价值三年持有混合 A，成立以来年化涨幅为 34.09%

Ⅰ. 基金简介

代码：008969；成立时间：2020 年 2 月 21 日；投资范围：A 股，港股通标的股票；基金规模：截至 2021 年 9 月 30 日，基金规模为 142.67 亿元；业绩表现：自成立以来至 2021 年 9 月 30 日，年化涨幅为 34.09%，最大回撤率为 -13.56%。

睿远均衡价值三年持有混合 A 在 2020 年 2 月 18 日开始首发募集，单日认购金额达到 1224 亿元，按 60 亿元的募集上限比例配售，获配比例为 4.9%。这一资金认购规模超越了 2007 年上证指数逼近 6124 点时，上投摩根发行 QDII 产品所创下的纪录。

基金经理赵枫认购该基金 2999.9 万份，创下公募基金业有史以来基金经理的最高认购纪录。目前，该基金每天单个基金账户的申购上限为 1000 元。

Ⅱ. 基金经理赵枫

赵枫，毕业于中国人民大学、哥伦比亚大学，硕士研究生学历。历任上海中技投资顾问公司研究员，鹏华基金研究员、基金经理助理，融通基金基金经理；2005 年参与筹建交银施罗德基金公司，并任基金经理、投资副总监、专户投资总监等职；2014 年，参与筹建兴聚投资管理公司，并任副总经理，投资经理；2019 年 11 月加入睿远基金。

企业家精神是企业竞争的最终驱动力

赵枫认为，价值投资回报的来源是企业自由现金流量，评估企业本质上是评估企业持续创造自由现金流的能力。自由现金流回报率是长期回报率的决定性因素。

所谓自由现金流，是指在不影响企业持续发展的前提下，可供分配给股东的最大现金总额，即企业通过持续经营活动创造的财富。自由现金流是比财务利润真实得多的盈利指标。通俗来讲，你需要从利润中去掉维持利润要投入的额外资金，剩下的部分才是自由现金流。

企业价值是未来现金流的贴现，包含投资者对未来的预测。然而任何预测都可能存在偏差甚至错误，因此我们需要在付出的价格和预测的价值之间留一定的安全边际，以尽量减小认知不足带来的风险和损失。

自由现金流充沛的企业，其中一部分可能是没有内生增长的企业，虽然没有定价能力，也没有再投资的空间，但还是可以通过分红、回购股份等方式回馈股东；另一部分可能是具有内生增长能力的企业，可以通过提价、再投资等方式，持续创造良好的自由现金流。

长期看，企业只有内生增长，才会增加股东价值。高增长的行业未必有好企业，发展平缓的行业未必没有好企业，核心还是要看企业持续创造自由现金流的能力。对于企业而言，如果有较大的增长空间，投资资本回报率足够高，不分红、再投资是合理的选择；如果缺乏机会，那么派息或回购是更好的选择。

自由现金流来源于企业竞争优势，显著的竞争优势会带来持续的自由现金流。企业的竞争优势主要体现在对下游的定价能力和对上游的议价能力。

现金流波动很多是由企业的竞争优势不明显带来的。比如，一家企业第一年拥有充沛的自由现金流，赚钱效应让很多其他企业纷纷进入这个行业，导致行业竞争加剧，如果这家企业自身没有竞争优势，自由现金流很快就会枯竭。

企业建立竞争优势是一个复杂、长期的过程，包含战略选择、企业治理、机制文化，以及宏观、行业等多重综合因素，要看企业的战略选择和商业模式能否建立起竞争壁垒，还要看企业维持竞争壁垒需要的投入以及迭代的稳定性。

通过深度研究，可以观察企业是否建立起竞争优势，其竞争壁垒是否足够高或者护城河是否足够宽广，是否足以抵挡竞争者的进入，以及企业是否在不断加固自己的竞争壁垒，来保持竞争优势。

那么，该如何评价企业的竞争优势呢？至少可以观察这三个维度：一是企业战略，企业的战略选择和商业模式决定了企业的盈利能力；二是经营管理，企业的经营能力决定了企业的竞争优势；三是创新能力，企业的创新能力决定了企业的增长空间和持续时间。

企业能否建立竞争优势，与本身的商业模式和行业的竞争格局有关。不同商业模式差别较大，投资者应尽量选择具有良好商业模式的企业去投资。一般而言，行业竞争格局比较好的时候，龙头企业的竞争壁垒已经建立，自身议价能力较强，往往具有比较好的自由现金流回报。

不同的企业，其经营模式存在较大区别，有的比较容易赚钱，有的比较难赚钱，主要原因是经营模式不同。经营模式的好坏，在很大程度上决定了企业获取自由现金流能力的高低，以及持续时间的长短。不同企业的经营模式差异明显，通过跨行业比较，可以选择经营模式最好或相对较好的的企业。

优秀的企业之所以优秀，是因为它具备足够宽和足够深的护城河，使得其经营的业务可以长期获得超过行业平均水平的回报。但是，大部分护城河不是永久的，需要企业持续投入，不断加强其竞争优势。无论是品牌、技术、渠道、成本还是网络效应等竞争优势，在较长的周期内都可能发生改变，这是长期投资所面临的真正风险。

客观来说，企业之间的竞争本质上是企业家之间的竞争，维持企业竞争优势的最终驱动力是优秀的企业家精神，包括企业家对其产品和服务品质无止境的追求，对市场和竞争变化的敏锐和远见，对提升竞争力长期不懈的投入，对机会来临时勇于下注的决心和勇气，对企业价值观、文化和组织建设的理解和坚持等。

真正优秀的企业家是稀缺资源，是社会和民族宝贵的财富之一。从这个角度看，投资回报其实是资产管理机构支持优秀企业和企业家成长，为社会贡献价值的结果。我们主要的工作其实就是寻找、辨别并不断跟踪这些优秀的企业和企业家，争取能够与这些优秀的企业和企业家同行。

对价值投资者而言，确定性和回报率是两个同等重要的因素。真实回报率是预期回报率和确定性水平的乘积，而研究的目的是提高确定性、寻找更高回报率的投资标的。因此，研究的专业化非常重要，需要有深厚行业背景的专业人士，以及拥有共同理念的研究团队。

长期投资是价值投资的必然选择，基于现金流回报的价值投资应关注企业创造长期现金流的能力，因此要求投资者基于较长的时间维度去分析判断企业的竞争力。

复利或者长期的再投资回报率是惊人的，价值投资回报率可以通过长期复利回报放大。企业投资回报不会平均分布在几年，常常会在一个阶段集中体现，因此需要等待，也需要动态调整，不能单纯以时间长短来定义。

虽然长期投资和集中投资是价值投资的两个必然选择，但投资者在构建投资组合时，会集中于具有最优指标组合的公司，也会保持适度分散投资。一方面，研究会有失误的情况；另一方面，市场波动、风格轮动等无法预判，适度分散投资可以平抑波动，提升投资体验。

投资团队拥有一致的理念非常重要。如果团队同时存在几种投资理念，由于不同理念对应的判断标准不一样，那么研究团队很难有统一的研究标准，这样既无法支持投资决策，也很难形成投资研究一体化。如果团队统一投资理念，成员可以在共同的理念下去做研究，在共同的话语体系下去交流，这样才能发挥团队的力量，才能获得长期回报。

3.3　平衡风格基金

在相同的市场阶段，不同风格股票的股价表现不尽相同：在市场处于价值风格时，投资者喜欢价值股，价值策略会获得更好表现；在市场处于成长风格时，投资者更喜欢成长股，成长策略占优。

平衡风格基金兼顾价值和成长，既可以运用在组合配置环节，通过价值股和成长股的组合搭配实现，也可以运用在选股环节，通过寻找持续增长且估值合理或低估的股票实现，即合理价格成长策略（growth at reasonable price，GARP）。

合理价格成长策略需要计算股票的 PEG 比率，即市盈率 / 利润增长率。PEG 比率越低，股票价格相对于其利润增长率就越有吸引力。依照彼得·林奇的标准，PEG 比率一般需要小于 1。他认为，投资者真正要找的是公司收益增长率相当于市盈率 2 倍或者更高的股票。

平衡风格基金力求在价值和成长之间保持平衡，以减小基金净值的波动，穿越不同市场风格的循环变化，改善持有人的投资体验。

富达基金前明星基金经理彼得·林奇擅长多种投资策略，是平衡风格基金经理的典型代表之一。

彼得·林奇出生于 1944 年 1 月 19 日。1969 年，他受雇于富达基金成为股票分析师，1977 年 5 月起担任麦哲伦基金的基金经理。

富达麦哲伦基金成立于 1963 年，曾受益于 20 世纪 60 年代的牛市，但也在 1973 年至 1974 年的股市大跌中受到重创。1966 年，该基金的资产规模为 2000 万美元，到了 1976 年，规模已以缩减到只有 600 万美元。按 0.6% 的管理费率计，每年的管理费收入只有 3.6 万美元。为了产生规模效应，富达基金把麦哲伦基金与公司另一只基金合并，合并后的规模为 1800 万美元。由于找不到基金销售人员，基金合并后实行封闭管理（注：停止申购，但可以赎回），直至 1981 年才重新开放申购。

彼得·林奇在接任基金经理后，迅速调整投资组合，取得了出色的业绩。1977 年，麦哲伦基金净值增长了 20%，而道琼斯指数下跌了 17.6%。他投资的股票有 5 类，包括小盘和中盘成长型公司、发展前景正在改善的公司、股价过低的周期型公司、股息收益率较高且不断提高分红的公司，以及其他所有真实资产价值被市场忽视或者低估的公司。

他说："大家都普遍认为麦哲伦基金的成功归因于大部分投资成长股，但我其实从未将一半以上的资金投资于成长股。"

从 1977 年至 1981 年，彼得·林奇连续 4 年战胜市场。1978 年，他持有的前十大重仓股的市盈率在 4 ～ 6 倍。"当一个好公司的股票市盈率只有 3 ～ 6 倍时，投资者几乎不可能会亏损。"

1982 年，在股市底部，彼得·林奇重仓买进克莱斯勒、福特等汽车股，取得巨大成功。1983 年，麦哲伦基金的规模先后突破 1 亿美元、10 亿美元，到年底达到 16 亿美元，成为全美第二大基金（注：第一名为先锋导航旗下由约翰·聂夫管理的温莎基金）。

从 1982 年到 1988 年，彼得·林奇通过重仓持有克莱斯勒、福特、沃尔沃三家汽车股，使得基金业绩出类拔萃。虽然汽车股根本不属于成长股，不会出现在成长股基金的组合中，但涨幅比任何成长股都大。

1987 年，麦哲伦基金又经历了股市大崩盘。在市场企稳后，以汽车股为代表的周期股在反弹行情中表现最好。基于对低于市场乐观预期的盈利分析,彼得·林奇卖出汽车股,重仓买进成长股。

1988 年至 1990 年,他继续每年战胜市场,退休时基金规模达到 140 亿美元。

在彼得·林奇的投资生涯中,他也买过很多让他赔钱的股票,在发现公司基本面恶化后,他都会忍痛割肉,绝不会抱着不放。他还说:"我持有的高科技公司股票自始至终都是赔钱的,对此我一点也不感到意外。"

从 1977 年至 1990 年,彼得·林奇掌管麦哲伦基金整整 13 年,平均年回报率为 29.2%。

在彼得·林奇的妻子和三个女儿为他庆祝 46 岁生日时,他突然想起来,他的父亲在 46 岁时就已离开人世,并意识到自己应该多花一些时间陪伴孩子成长。1990 年中,他决定辞去基金经理的职务。

在决定辞职后,彼得·林奇受到无数邀请,甚至有人建议由他出面组建一只封闭式的林奇基金,在纽交所上市。那些准备参与组建基金的发起人说,只需要他在几个大城市做一次时间短暂的路演,发售数十亿美元的基金份额绝对不成问题。

发行成立一只规模为 20 亿美元的林奇基金,并在纽交所挂牌,预计每年能稳赚 0.75% 的管理费,相当于 1500 万美元。尽管这个主意非常棒,但是,他拒绝了这样的诱惑。

退休后,彼得·林奇主要从事慈善事业,并写出了《彼得·林奇的成功投资》《战胜华尔街》《彼得·林奇教你理财》三部畅销书。

兴全基金的乔迁、景顺长城的余广、泓德基金的王克玉等都是国内有代表性的平衡风格基金经理。

案例 3.14

兴全商业模式优选混合,近 5 年年化涨幅为 19.26%

Ⅰ. 基金简介

代码:163415;成立时间:2012 年 12 月 18 日;投资范围:A 股;基金类型:混合型基金,股票仓位要求为 60% ~ 95%;基金规模:截至 2021 年 9 月 30 日,基金规模为 154.68 亿元;业绩表现:截至 2021 年 9 月 30 日,近 5 年年化涨幅为 19.39%,最大回撤率为 -20.55%;晨星评级:三年四星,五年四星。

Ⅱ.基金经理乔迁

乔迁，2008 年 7 月加入兴全基金；2008 年 7 月至 2015 年 5 月任研究员；2015 年 5 月起兼任基金经理助理；2017 年 7 月至 2020 年 7 月担任兴全趋势的基金经理；2018 年 5 月至 2021 年 7 月任兴全有机增长混合的基金经理；现管理兴全模式优选混合和兴全新视野定开混合 2 只基金，在管基金规模为 343 亿元。

以选股为矛，以均衡为盾

乔迁，不仅颜值高，而且业绩好！

乔迁是近年来基金圈口碑较好的一位新生代女性基金经理，她管理的兴全商业模式优选混合是全市场 FOF 重仓最多的基金之一。

1.师承谢治宇和董承非

乔迁，毕业于上海交通大学会计专业，2008 年大学毕业前在兴证全球基金实习，毕业后留在公司做了 7 年左右的研究员，主要覆盖的是消费品、周期品、制造业等行业，以消费品为主。这些经历构建了乔迁最初的能力圈和行业偏好。

2015 年至 2017 年，乔迁担任兴全合润的基金经理助理，在谢治宇的影响下开始拓展行业覆盖边界，并建立自己的核心标的池。

2017 年 7 月，乔迁开始正式任职基金经理，和董承非一起管理兴全趋势投资混合，逐渐注重组合管理中的平衡感和性价比问题。

因此，在乔迁身上，不仅有财务出身所赋予的冷静，而且有兴全长期投研文化的沉淀和传承。

"我们公司比较强调自他驱动，强调自己通过学习、反思去沉淀。在研究员阶段，公司并不会让你马上产出成果，马上去推股票，而是让你先把好的公司找出来，然后去看长期问题。基金经理们对我的研究成果的依赖也并不是特别强，更多时候是我向他们学一些思考问题的方法。这个过程给了我充分的时间，去思考一些可能在短期没有产出的事情，然后慢慢地有一些自己的总结和反思，慢慢地产出一些成果。"

"领导对我有很大影响。比如，他告诉我，第一要选一个大方向大概率正确的公司，第二要选公司管理层。优秀的管理层和公司可以帮你明确行业的核心关注点。"

乔迁不止一次提及公司投研文化及领导、同事对自己的影响。

2. 追求确定性和性价比

乔迁身上还有女性基金经理独特的细致，以及对确定性的追求。

一方面，她善于定价，会通过现金流定性，进而描述企业长期的盈利曲线和发展路径；另一方面，她非常注重性价比，她认为任何股票的框架都是在长期维度里先往下看风险，再往上看收益空间，要追求以合适的价格买入有合适回报率的股票。

此外，乔迁的组合管理也体现了她操作上的细致和对确定性的追求。

乔迁对公司的定价分为以下几步。

第一步是分析现金流定性。她一直非常注重现金流这个指标，因为通过现金流可以判断公司的商业模式，以及它能给股东带来的回报。从长远来看，这是公司价值的本质。

乔迁个人的习惯是把公司放在 5 年的维度里去推演它的现金流状况、商业模式的本质，从而对它的长期盈利曲线和发展路径进行描述。

但是现金流是不能用来定量的，或者说定性重于定量，因为 DCF 这个参数太过于敏感，波动太大。所以，在实际操作中，她会去参考股息率指标，明确现在的分红需要多少现金流，未来需要多少资金投入才能维持现金流，才能保证盈利增长同时能给股东分红。

第二步是估值。这一步需要结合不同资产、不同发展阶段、不同盈利增速，用 PE、PS 等方式，做出一定时期内的区间定价。

到了这个时候，乔迁找到了资产价格的锚，下一步需要比较现在的市场交易价格和锚之间的差距，进而选出性价比高的标的，以合适的价格买入有合适回报率的股票。

管理层是决定公司未来长期发展的核心因素。乔迁表示，优秀的管理层可以在重要的时间点做出超预期的动作，改变公司原来的经营预期曲线；平庸的管理层即使可以让公司在某一阶段业绩爆发，但长远来看是不可持续的。

有两类比较好的管理层：一类是本身专业能力非常强，而且有战略高度，看得足够远；另一类是专业能力不够强，但是讲究管理方法，能够通过组织架构和激励机制稳住人才。

乔迁在跟踪公司的时候非常看重管理层的潜质。比如，她会关注在过去重要的时间节点管理层有没有显出战略能力，最后实现了多少绩效目标，实现的节奏是超预期还是符合预期，等等。

3. 股票交易中的变与不变

作为一位偏左侧选手，在事件发生时，需要判断该事件的影响是阶段性的，还是长期性的。假如事件的影响是阶段性的，那么它跌离长期估值的锚越远越应买入，只不过买在比预期偏左一点的位置；但假如爆发的事件改变了她对公司长期发展曲线的判断，尤其是方向性改变或者长期斜率改变，她会重新描述该曲线，重新评估它的价值，然后做出动作。

另外，乔迁很少会做止损这个动作，因为复利的损失是很可怕的，只要她判断能熬出来就不会轻易止损，只要它有收益空间的存在就可以越跌越买，除非有特殊事件改变了她对公司长期发展方向的判断。

乔迁认为，要预测短期的变化，往往容易看错，因为有很多变故难以预测，如新冠疫情的暴发、重大自然灾害的发生等。如果把眼光放长远，犯错的概率反而越低，因为真正优质的公司能够在挫折与磨难中变得更加强大，短期的突发因素并不会改变长期发展趋势。

改变上市公司长期发展方向的因素一般指什么？主要是对股东的信赖度，比如她对股权结构、激励机制、管理体系等产生重大的不信任。这在她的整个投资框架里非常重要。

4. 组合管理中的平衡感和性价比

谈及从研究员到基金经理，工作有什么差别时，乔迁说，研究员是打基础的阶段，应能选出好的标的；而在基金经理的工作中，组合管理的权重会逐渐增加，特别是在管理的资金量越来越大的时候。

比如，她在做研究员的时候会很纠结建议买入和建议卖出的时间点。但是在做基金经理的时候，卖出一只股票的同时会再买入一只股票，这时候就要比较股票的性价比，考虑投资组合的平衡感，用一只股票的优势去弥补另一只股票的劣势。基金经理更多需要做的，是提高组合性价比。

每一只股票都有它的优势和劣势，在组合中承担着不同的角色。投资组合的平衡感包括两个层面。

一是久期的平衡感。既可以通过中长期品种的选取和合理的定价来分享企业的成长，同时也可以通过改变中短期品种或权重来提升组合收益率。

但有时候，中长期品种也可以承担短期增强收益的角色。乔迁非常喜欢通过中长期品种来实现中短期收益，所以投资组合里中长期品种的比重其实越来越大，纯粹中短期品种越来越少。

比如，一只在3年维度内前景看好的股票，她本来只准备配置5个点，但是该股票在某个阶段表现出中短期的弹性，例如周期性的经营改善、因热点事件而受追捧等，她就可以阶段性地把它的权重提到7个点，其中的2个点就承担中短期增强收益的角色。

二是波动和收益率的平衡感，或者说是基本面的平衡感。不同的股票有不同的角色定位，这些股票之间形成基本面的互补，达到一定的收益率和波动率，也是一种平衡。

比如，在宏观层面，公司会受到宏观经济的影响，顺周期的股票和逆周期的股票可以用来做组合，以实现一种平衡。

再如，投资组合里有一些股票成长性很普通，但是分红收益率非常高，这类股票承担的是类债券的功能。

乔迁认为，保持投资组合的均衡并不是最主要的工作，最主要的工作仍然是自下而上选股，这才是投资组合获得长期收益的本质来源。

乔迁和很多基金经理不一样的地方在于，在她的框架里，她投资的可能不是大家优中选优的最优公司，而是她认为性价比最高的公司。

这样的公司不一定是A等公司，B等以上即可，但它需要在自己的细分行业中有足够的竞争力，或者说具备慢慢提升市占率的潜力；它的价格不能太贵，用溢价去买一个好公司的股票是没有意义的，因为大家最终看的仍然是收益率。

从底层思维来说，乔迁喜欢想清楚再做，没想清楚的钱她不会去赚。她对确定性的要求比较高，这保证了她长期不会犯大错。

从操作层面来看，乔迁觉得自己是比较细致、冷静的，她知道自己每一步在干什么，知道自己的风控节点在哪里，知道如果现在亏了，等两三年之后会怎么样，所以她不会在配置投资组合时左右摇摆。

案例3.15

景顺长城核心竞争力混合，近5年年化涨幅为19.57%

Ⅰ.基金简介

代码：260116；成立时间：2011年11月20日；投资范围：A股；基金类型：

混合型基金，股票仓位要求为 60%～95%；基金规模：截至 2021 年 9 月 30 日，基金规模为 17.46 亿元；业绩表现：截至 2021 年 9 月 30 日，近 5 年年化涨幅为 19.57%，最大回撤率为 -33.78%；晨星评级：三年三星，五年四星。

Ⅱ. 基金经理余广

余广，银行和金融工商管理硕士，注册会计师；曾任蛇口中华会计师事务所审计项目经理，杭州中融投资管理有限公司财务顾问项目经理，世纪证券综合研究所研究员，中银国际（中国）证券风险管理部高级经理；2005 年 1 月加入景顺长城，担任投资部研究员；2010 年 5 月至 2015 年 3 月任景顺长城能源基建混合（代码：260112）的基金经理；2011 年 12 月起担任景顺长城核心竞争力混合的基金经理。

据 2021 年三季报，他共管理 4 只基金，在管基金规模合计 180 亿元。

拥抱波动，专注企业的长期价值

自下而上选股的基金经理有很多，但十年如一日恪守以基金面精选个股，不参与风格轮动、不轻易择时调仓的基金经理却十分难得。

近十几年来，从研究员到基金经理，再到景顺长城基金的股票投资总监，余广的"选股经"经受住了 A 股的牛熊考验。纵览基金季报，"均衡配置""自下而上精选个股"是他使用频率最高的两个词。

1. 打破"冠军魔咒"的股基冠军

余广入行很早，从 2005 年 1 月加入景顺长城基金，迄今已经 15 年有余，目前是公司的股票投资总监。

前 5 年，余广在研究员岗位上苦修内功，研究领域覆盖银行、机械、家电、汽车、钢铁、建材、纺织服装、农林牧渔等众多行业，这给余广的投资生涯打下了坚实的基础。

在第 6 个年头，2010 年 5 月，余广走上基金经理岗位，接棒管理了第一只基金——景顺长城能源基建混合（代码：260112）。这是一只周期类行业主题基金，但 2010 年正值欧洲债务危机肆虐，市场悲观情绪持续发酵，上证综指在二季度重挫逾 20%，黑色金属、采掘等能源基建类的周期性行业更是跌幅居前。可以说，无论是宏观经济还是二级市场，外部环境对能源基建类基金的运作并不友好。

但余广颇有些初生牛犊不怕虎的勇气和果敢。他认为，市场在大幅下跌后已经进入底部区域，国家宏观紧缩政策有望松动，与经济增长密切相关的能源基建行业，尤其是其中的龙头公司将受益。因此，余广在上任后进行了大幅度调仓：股票仓位从一季度末的 78.5% 不断加仓至年末的 89%，并大笔买入冀东水泥、海螺水泥、潍柴动力等多只与基建相关的行业龙头。

如余广所料，2010 年 7 月至 11 月，在信贷放量和美联储宽松货币政策的刺激下，市场迎来了一轮波澜壮阔的周期股行情。截至 2010 年末，景顺长城能源基建混合自余广接手以来的净值涨幅达到了 28.47%，同期沪深 300 指数涨幅为 9.75%。

凭借 2010 年一鸣惊人的业绩，2011 年 12 月，余广一鼓作气，发行了自己的第一只新基金——景顺长城核心竞争力混合（代码：260116）。

余广的果敢在新基金建仓时再次得到了体现。

2012 年初，A 股强势反弹，景顺长城核心竞争力混合 A 趁势迅速完成建仓，此后即使市场回调也一直维持高仓位运作，其重仓股索菲亚、洪涛股份、金螳螂、科大讯飞等均为基金净值贡献了不少收益。

景顺长城核心竞争力混合 A 在成立的第一个完整年度，就拿下了 2012 年度股票型基金冠军，净值涨幅 31.79%，同期沪深 300 指数涨幅 7.55%。这是余广担任基金经理的第 3 年。

截至 2021 年 12 月 20 日，余广已经管理景顺长城核心竞争力混合 A 10 个完整年度，稳定的业绩成功打破了基金市场的"冠军魔咒"，而且在大盘行情明显的年度表现尤为突出。

2. 风格均衡稳定，精选个股赚取超额收益

多年跑赢市场绝非运气使然，余广的超额收益源于哪里？

超额收益源于择时吗？

"以我的经验来看，择时对组合的收益贡献不稳定，择时做对的概率大概 50%，时对时错。我们做过一些绩效归因分析，这么多年来，我在交易层面，基本上是负贡献。"余广表示。

季报数据显示，景顺长城核心竞争力混合 A 自成立以来长期以高仓位运作，股票仓位在多数时间维持在 90% 上下，仅在 2015 年、2018 年市场发生极端情况下才出现大幅度降低。

兴业证券的研报也显示，景顺长城核心竞争力混合 A 在择时上的收益贡献并不突出。

超额收益源于行业配置和风格轮动吗？

Wind 统计显示，景顺长城核心竞争力混合 A 的行业配置相对稳定，且配置比例也相对均衡，单个行业一般不超过20%。此外，该基金很少跟随市场风格轮动，能在市场风格变化中保持基本稳定和独立，价值、成长风格均衡。

对此，余广总结道："我的投资风格是自下而上选股，买入并持有，注重选股，而不是择时，形成的行业配置也只是选股的一个结果。"

的确，从景顺长城核心竞争力混合 A 的历史持仓来看，余广确实在个股选择方面表现优异，自早期就挖掘了不少有潜力的白马股并长期持有，很多重仓股收益颇丰。

余广之所以会成长为一名以自下而上精选个股著称的基金经理，与他的工作经历有很大关系。

余广是一位审计出身的基金经理，在加入景顺长城基金之前，他曾在蛇口中华会计师事务所做了长达 7 年的审计工作，负责多家上市公司的审计。这让他在工作最初非常注重财报分析，对股票基本面有着近乎严苛的要求，具体包括以下几方面。

一要高 ROE（return on equity，净资产收益率），并通过分析明确高 ROE 的原因，从而理解公司的业务模式，并且展望未来 ROE 的变化。这是余广筛选个股的核心指标，他认为高 ROE 意味着这家公司做得比同业好，有竞争优势，可以给股东赚钱，ROE 高才值得投资。

二要盈利稳定，否则会加大盈利预测难度。因此，余广会适当规避一些偏周期性的行业以及议价能力有问题的公司。

三要现金流强劲。一是经营性现金流，没有经营性现金流配合的盈利增长可能会有水分；二是自由现金流，公司在扩张阶段自由现金流为负数可以理解，但如果长年累月现金流都是负数，就意味着这家公司没有分红能力，而且会经常和股东要钱做融资、配股，这种类型的公司对于股东来讲并不是一个很好的选择。

四要资产负债表健康，资产负债表反映了一家公司的经营结果。如果一家公司的杠杆率、负债率很高，它的抗风险能力就会存在问题，一旦出现恶劣情况很容易倒闭。

"因此，我选的很多公司都是行业里面格局相对稳定、盈利增长较稳定的公司，而盈利爆发性增长或处于快速成长阶段的公司，在我的投资组合里其实不是特别多。"他说。

案例 3.16————

泓德优选成长混合，近 5 年年化涨幅为 16.37%

Ⅰ.基金简介

代码：001256；成立时间：2015 年 5 月 21 日；投资范围：A 股；基金类型：混合型基金，股票仓位要求为 60%～95%；基金规模：截至 2021 年 9 月 30 日，基金规模为 46.45 亿元；业绩表现：截至 2021 年 9 月 30 日，近 5 年年化涨幅为16.37%，最大回撤率为 -19.69%；晨星评级：三年三星，五年三星。

Ⅱ.基金经理王克玉

王克玉，上海交通大学硕士，历任元大京华证券上海代表处研究员、天相投资顾问公司分析师、国都证券分析师；2006 年 7 月加入长盛基金管理有限公司，曾任高级行业研究员、权益投资部副总监；自 2010 年 7 月 13 日至 2013 年 1 月 5日任同益基金的基金经理；自 2012 年 3 月 27 日至 2015 年 5 月 14 日任长盛电子信息产业的基金经理；自 2015 年 10 月 9 日起任泓德优选成长混合的基金经理。

据 2021 年三季报，他共管理 5 只基金，合计管理规模约为 168 亿元。

立足有比较优势的产业

王克玉是国内较早一批研究 TMT 出身的基金经理。

他在 2006 年入职"老十家"之一的长盛基金，其管理的长盛电子信息产业混合（代码：080012）在 2013 年逆市斩获 74.35% 的年度回报，一举摘得 2013 年主动股票型基金亚军。

但在 2015 年，已经在市场积累了一定名气的王克玉却选择离开工作了 9 年的长盛基金，加盟刚刚成立的泓德基金。

与此同时，他也迈出了自己在 TMT 领域的舒适圈，将研究和投资范围拓展到医药、消费等领域。

在股市浸泡的时间越长，他越来越强烈地感受到，随着宏观经济由增量时代转入存量竞争，已很难从市场波动中赚取投资收益，而优秀企业的竞争力在不断增强，能带来持续和稳健的收益。

王克玉表示，基金行业非常开放，大家经常在一起交流对市场和投资的想法，他觉得自己的从业过程是不断跟前辈学习的过程，不同的基金经理在对公司、对市场的理解上各有各的特点。

王克玉认为，对自己影响比较大的书有两本，一本是《投资最重要的事》，它强调从市场周期角度认识投资，是比较艺术化的认识；再到后来做投资的时间长了，他也需要加深对资管机构和基金经理的认识，这方面写得比较好的书是《对冲基金风云录》，它比较生动地刻画了基金经理的生活。

1. 低风险偏好的成长股选手

和很多成长股基金经理不一样，王克玉表示，在成长股选手中，他的风险偏好比较低，注重在有安全边际的时候去做投资。这也是王克玉未将自己局限在老本行 TMT 的重要原因。

王克玉最早是在 2003 年开始做 TMT 产业研究，但在当时这还是个小行业，在 2010 年之后这个行业快速发展，这时公司希望对未来的新兴产业进行重点投资，所以发行了一只行业主题基金由他管理。受益于新兴产业的转型发展，这只基金在 2013 年取得了比较好的业绩。

但投资 TMT 产业的人都知道，它的波动性是非常大的。比较典型的是从 2016 年到 2018 年，这 3 年在 A 股市场做 TMT 投资的难度很大。

"从行业特点去看，以科技为代表的新兴产业经营波动天然就比其他行业要大，而二级市场又是价格接受者，定价的波动也很大。一家公司的盈利和市盈率都呈现高波动的特点，叠加在一起，股价的波动就特别大。"王克玉说。

长期的高波动会影响持有人的体验，而他和大多数投资者一样，是一个风险极度厌恶者，他所追求的并非高波动的收益特征，而是希望自己所管理的组合能够呈现比较稳定的中长期超额收益特征，能够给持有人带去比较稳健的盈利体验。

对风险的厌恶让王克玉在投资过程中非常注重和不确定性的对抗。所以在 2015 年之后，他努力拓展对其他行业的研究，现在他的投资组合中有相对比较多的医药、消费股。这是基金经理面对产品管理的选择。

2019 年中之后，TMT 产业再次迎来了行情爆发，很多公司的业绩非常优秀。他这一年多也在 TMT 产业有一些投资，比如投资半导体，但是没有赚到特别多的钱，这与他产业跟踪有所疏忽有关。

经过多年的投资实践，王克玉对产业发展形成了一定的认识。

比如半导体行业，投入很大、经营风险很高，所以在过去的产业环境中比较难发展起来，哪怕是在中国半导体产业发展最好的上海，2001 年、2002 年，很多人从海外回到上海创业，但到了 2010 年，大量公司出现经营困难。2010 年之后，随着终端制造能力的提升，再加上中国投融资体系发生了很大的变化，把运转有效的 PE 模式从美国复制到了中国，大量资金扶持了半导体产业的发展。当 2018 年以后外部环境出现变化时，长期投入开始显现效果。

客观来说，这是一个比较残酷的行业，不仅利润增长的波动较大，投资者估值定价的波动也非常大，前几年经历过的行业大波动或许会再次出现，行业景气度上升未必能一直持续下去。

和企业应对危机一样，投资本身也是长期和不确定性对抗的一个过程，所以投资研究工作必须是长期持续的。投资者需要深刻把握不同产业所处的阶段、不同企业所具备的发展特征，在清晰理解上述因素之后买入并长期持有，等待这些企业的成长与价值释放，这是对抗不确定性的唯一方法。

在王克玉的投资框架里，做投资要遵循三项原则，即好赛道、好公司、安全边际。具体来说，寻找优势产业和有竞争力的公司，在对公司进行深入研究之后形成一个初步的估值，然后以合理的价格买入，以获得安全边际保护。这就要求他具备在多个行业中追求超额收益的能力，而他表示，自己会在未来不断拓展能力圈，去实现这样的目标。

2. 立足有比较优势的产业

如何拓展行业边界？

一是明确投资环境，比如投研队伍中有很多同事相对比较熟悉对消费、医药领域的投资；二是要求基金经理不断学习掌握这个领域的投资方法，需要对具体公司的经营思路有清晰的认识，做出符合产业发展趋势的判断。

比如，消费行业是有长期投资机会的，一是因为需求的稳定性最强，随着社会的不断发展，消费需求也会持续增长，这和其他行业有明显不同；二是可以通过提升渠道管理效率，叠加产品升级，实现稳健的增长，比较典型的有乳品行业。

王克玉认为，产业的发展建立在不同阶段存在相对竞争优势的基础上，所以在不同的发展阶段，会看到不同行业表现出明显的差异。

他的投资主要沿着有比较优势的产业方向展开，包括高端制造、医药医疗、社会大数据管理、信息服务等。

对于优势产业，要从两个维度去理解。

一是纵向维度。在经济发展的不同阶段，优势产业的变化是比较大的。2010年之前，资本市场占比最高的是金融和地产；2010年之后，随着中国经济转型，无论是在资本市场中的市值占比，还是对经济生活的重大影响，消费、医药、互联网等公司的比重在快速上升。

二是横向维度。比较典型的是最近几年中国的高端制造业发展得非常好，这和制造业升级有非常大的关系。

在高端制造领域，2010年以来，随着中国经济的转型升级，中国发展最好且最有优势的产业都集中在高端制造业，包括电动汽车、消费电子和装备工业等。特别是在中美贸易冲突的情况下，产业链齐全叠加高效的管理，在综合成本方面表现出非常明显的优势。

在医药医疗领域，最近几年出现的一个重要变化是中国企业进入显著的创新周期。2015年之前，医药医疗还是中国相对落后的领域，但最近5年，中国企业有了很多创新产品的申报和上市，主要原因还是2015年之后全球研发资源流向中国，这使得中国企业有了非常强的团队优势，再加上中国的社会形态和对医药医疗的需求都非常明确，随着供给的丰富，在医药医疗行业有了相对明确的投资机会。

一家企业能在一个行业当中形成优势、竞争力，需要具备很多因素。技术工艺、管理效率、成本控制、客户拓展、经销商渠道的建立等，都是成为优势企业非常重要的条件。他在挑选企业时，当然会希望企业所有维度都超过行业平均水平。

但是，企业各维度仅超过行业平均水平还远远不够，还要在某一方面有特别明显的优势。比较典型的是工程装备行业，企业形成竞争力的关键在于工艺的成功，因为工艺的成功意味着产品可靠性比同行高很多，而客户考察的关键除了成本价格还有产品可靠性。

因此，一方面，企业需要长期的技术、研发投入；另一方面，对于企业家来说，还需要积极有效地利用外部技术资源的支持。最近10年，国内大型装备做得比较好的企业，无一例外从日本、德国等国家引进了一些工程制造工艺。此外，国内很多企业家本身就是技术专业出身，这也是带动中国企业在近十几年时间里工艺水平迅速提升的重要因素。

3. 等待市场波动带来的买入机会

王克玉担任基金经理 11 年来，在如何看待市场以及如果看待投资公司方面有很深刻的思考和心得体会。

在对市场的认识方面，他逐渐认识和接受了市场波动。市场波动具有一定的随机性，比较典型的是在 2012 年，他长期关注的很多公司非常有吸引力，但投了之后各方面表现都不好，压力很大。2018 年再次出现这样的情况，但是谁也没想到 2020 年疫情之下的资本市场却是这样的表现。面对这样的市场环境，投资者很难特别准确地做出判断，但也不必过度纠结，市场低估或高估都正常，千万不要以市场处于均衡状态的思路去指导投资，而是要把精力和时间放在公司价值的研究上。

在对投资公司和标的的认识方面，回过头看，很多公司的发展远远超过当时的预期，这和经济发展转型有密切的关系。对王克玉来说，这几年看到以前关注的公司发展得这么好，更坚定了自己的选择，要不断回顾、跟踪自己投过的公司，研究所投资公司在经营方面取得的进步，以改善和提高投资业绩。

他认为，投资主要有两个过程。

第一，对公司所在的行业发展状况、公司经营能力有充分的认识和分析。

横向比较公司在行业中的经营管理水平，并且和过去的经营业绩做比较，对产业链进行深入调研，从而对公司经营管理水平有一个全面的认知。公司应有相对合理的机制和经营决策体系，应有积极进取的经营文化，应能在相对激烈的市场竞争中不断积累自己的优势，提高经营业绩。基于这些分析，投资者就能对公司的市值范围做出判断。

第二，等待市场波动带来的买入机会。

A 股市场本身波动很大，那么什么时候才是投资买入的好时机？可以分两种情况来看，第一种情况是市场整体都在下跌，比如经过 2018 年之后，一批优秀公司的估值就会非常有吸引力；第二种情况是这个公司或者所处的行业遇到了一些短期问题，但长远来看，公司的安全边际非常高，比较典型的是 2018 年至 2019年上半年的医药行业。

但是，金融市场是一个充满正反馈的生态，投资者身处其中容易趋同交易，市场的波动往往超出投资者的预期。在这种情况下，投资者应区分清楚企业的投资价值和市场波动。回顾自己的投资历程，王克玉发现，长期表现优异的公司最主要的推动力还是这家公司本身的经营和发展在不断超出预期。

对于基金经理来说，密切关注所投资的公司，是工作过程中很重要的环节，只有这样才能不断更新对公司的认识。可以说，预判很重要，保持紧密跟踪更重要。

3.4 中观配置风格基金

中观配置风格，主要从行业中观层面出发，着眼于宏观经济变化对行业中观层面的影响、产业结构的变化、行业格局的变化等，这是一种融合自上而下做宏观配置和自下而上选股的投资方法。

工银瑞信的袁芳、农银汇理的张峰、中欧基金的周蔚文、万家基金的莫海波等都是具有代表性的中观配置风格的基金经理。

案例 3.17————————————————————————————————

工银瑞信文体产业股票，近 5 年年化涨幅为 26.78%

Ⅰ.基金简介

代码：001714；成立时间：2015 年 12 月 30 日；投资范围：A 股；基金类型：股票型基金，股票仓位要求为 80% ~ 95%；基金规模：截至 2021 年 9 月 30 日，基金规模为 139.13 亿元；业绩表现：截至 2021 年 9 月 30 日，近 5 年年化涨幅为 26.78%，最大回撤率为 -20.43%；晨星评级：三年五星，五年五星。

Ⅱ.基金经理袁芳

袁芳，曾在嘉实基金担任股票交易员；2011 年加入工银瑞信；2015 年 12 月起任工银瑞信文体产业股票的基金经理。

据 2021 年三季报，她共管理 5 只基金，合计管理规模为 385 亿元。

通过组合再平衡获取稳健增长

自担任基金经理以来，袁芳已有多次直面市场大幅暴跌的经历。

2016 年 1 月，袁芳担任工银瑞信文体产业股票基金经理后的第 3 个交易日，就遇到 A 股历史上空前的熔断行情。幸运的是，这是一只虚仓以待的新基金，可以耐心等待暴跌之后买到便宜的优质筹码。2016 年，工银瑞信文体产业股票的收益率达 15.72%，最大回撤率仅为 -6.96%。

2018 年，股市再度变脸。受中美贸易战冲击，沪深两市单边下跌，上证综指、创业板指数跌幅分别达 25.59%、28.65%，而工银瑞信文体产业股票的跌幅为 10.16%，最大回撤率为 -20.43%，抗击熊市的实力令人瞩目。

2021 年春节长假结束、市场重新开市后，基金抱团股暴跌，工银股票瑞信文体产业股票在前 9 个月的涨幅为 10.81%，最大回撤率为 -17.95%。

在熊市中亏损较少，在牛市中赚得较多，让工银瑞信文体产业股票的中长期业绩表现出类拔萃。

1. 从持有人需求出发，形成适合自己的投资方法

袁芳曾在嘉实基金担任交易员，2011 年加入工银瑞信，从研究员一步步成长为基金经理。

女性基金经理细致、敏感的本性让她在投资中保持着一颗柔软的心，对于投资者的需求和期待，她有着深刻的观察、思考和尊重。

袁芳说："首先，我会思考投资者对这个组合的预期回报是怎样的。这个预期回报不仅仅是指数字上绝对收益的概念，一个普通的散户客户或者机构客户比较关注以下三点：第一，他希望你在赚钱的基础上尽可能多赚，也就是希望在绝对收益的基础上尽可能地争取更多的相对收益。第二，客户对风险的承受能力还是有限的，你的回撤要相对可控，不能波动太大。因为在发生巨大波动和回撤的时候，人的情绪很难自控，容易发生恐慌。波动太大的话，即使某一个时间段的基金业绩可能会很好，但是客户很难抓到这个波段，所以一个组合的平稳运行非常重要。第三，所有的投资都有久期考核，投资者把钱放在你的基金里面不可能 10 年都不看，大家每年还是要看一下业绩回报情况。"

从持有人的需求出发，袁芳形成了自己的投资目标：不但要追求超额收益，而且要尽量让投资者在股市的惊涛骇浪中不必过分担惊受怕。毕竟，管理基金如同开车，持有人是乘客，基金经理开车需要尽量平稳，尤其在崎岖的山路上更应将安全放在第一位，而不能开过山车或玩蹦极，把乘客的安全当儿戏。

袁芳表示，可以通过科学的组合管理和选股的系统方法论，尽可能满足客户的需求，她的上中下三层方法论便由此产生。

"我一般会保持关注 100 多只长期有竞争力的公司股票，把这些股票放在核心股票池里，每年我可能会选出 40 多只股票，从性价比的角度进行排序，按照风险回报率对不同的股票赋予不同的权重，从而形成初步的投资组合。接下来，我会从自上而下的宏观层面以及行业比较的中观层面，对组合进行再平衡，对权重进行重新调配，并阶段性地根据个股、行业以及宏观环境的变化进行有机调整。"

袁芳的投资方法应用到实战中，效果优异，获得了投资者特别是专业机构的高度认可。工银瑞信文体产业股票的持有人结构显示，机构占比较高。

2. 管理基金如烹小鲜，食材与烹调都重要

袁芳长期关注的 100 多家优质公司，来自工银瑞信整个投研团队的研究和筛选。她表示，公司整个投研体系非常完善，会把研究人员分成很多中观行业的研究小组，投资与研究能够无缝对接和结合。

袁芳的持仓没有集中在文娱、消费领域。公开信息显示，她的持股集中度不高，在 40% 左右，构成投资组合的 40 多只股票的行业配置也相对均衡。

这是因为袁芳用投资组合中 80% 的股票来追求 α 收益，用 20% 的股票来跟踪 β。她从来没有指望这类 β 去赚很多钱，但 β 对她来讲又特别重要，能保证她对市场的敏感度，让她不断地保持警醒，思路有可能偏离市场，或者市场中有些因素没有关注到，然后倒逼自己去研究那些没有配置的因素。

因此，袁芳并不是完全通过自下而上选股来构建投资组合，而是结合中观与宏观自上而下进行动态调整。她说："组合再平衡的目的是让组合能够表现出稳健的、回撤相对可控的增长。如果仅仅从个股层面去选择，没有办法完全屏蔽公司经营周期的波动，几乎不可能让基金业绩排名每年都保持在同类基金的前 1/2。如果要实现这个排名目标，需要实现自上而下配置的再平衡。"

袁芳具有出类拔萃的控制回撤的能力，但换手率会高于一些纯粹的自下而上选股的产品。

选股是一门科学，而构建投资组合则更像一门艺术。

袁芳说："我觉得做投资和做研究相差很远。研究只是一个基础，相当于一种佐料；投资是最后做菜，涉及怎么配材和如何掌握火候的问题。大师们烹调出来的菜各有特色，因为在这个配材和烹饪的过程中，融入了自己的逻辑。"

据天风证券分析师吴先兴的研究，袁芳具有显著的选股能力，在通信、计算机和传媒等行业内通过选股效应带来的超额收益较多，在食品饮料、家电行业的配置具有明显的正向效应。基金风格偏向成长，均衡分布在大、中、小盘内，基金持股集中度较低。换手率与同类基金相比稍高，不过自 2018 年以来基金换手率有逐渐下降趋势。

袁芳自己也买基金，主要是进行定投。她对资本市场比较乐观，认为基金有 5～10 年的黄金发展期，但做波段挺难，有闲钱就做基金定投，回过头来看收益比较好。她说："手上有闲钱的时候会持续买入，即使市场出现比较大的波动也很少卖出。当然这里有一个底层逻辑，我确实比较看好中国未来几年的经济转型，能向正确的轨道走。基于这种大的、长期的信心和逻辑，我选择定投。"

案例 3.18 ————————————————————————————————————

农银汇理行业领先混合，近 5 年年化涨幅为 17.86%

Ⅰ. 基金简介

代码：000127；成立时间：2013 年 6 月 25 日；投资范围：A 股；基金类型：混合型基金，股票仓位要求不低于 60%；基金规模：截至 2021 年 9 月 30 日，基金规模为 12.61 亿元；业绩表现：截至 2021 年 9 月 30 日，近 5 年年化涨幅为 17.86%，最大回撤率为 -25.5%；晨星评级：三年三星，五年三星。

Ⅱ. 基金经理张峰

张峰，2009 年 10 月 20 日起加入南方基金，历任研究员、投资经理助理；2015 年 9 月起任农银汇理行业领先混合的基金经理。

据 2021 年三季报，他共管理 6 只基金，合计管理规模为 165 亿元。

看风格很重要，落脚点是中观行业配置

张峰，农银汇理基金投资副总监，在 2015 年加入农银汇理前，他曾在南方基金做过专户投资，训练出自下而上选股投资方法论，树立了获取绝对收益的投资理念。2015 年 9 月 17 日，张峰正式担任农银汇理行业领先混合的基金经理，自此确立**通过宏观策略判断风格，从中观层面选择景气行业，在个股层面偏重行业龙头**的投资框架。

"这是我到农银汇理基金后，自己总结出来的投资体系。"张峰说。

对于自己的业绩和投资方法，张峰自评："构建的组合不会集中配置于一两个行业，整体对风险的预判比较偏前。由于市场行情往往在最后一段涨得最快，

这会造成产品短期业绩不冒尖，但中长期业绩优势明显。"不过，张峰也认为，这是一种比较辛苦的投资方式，花费的精力更多，是为了满足更长远的期待，也许并不适合追求短期高收益率的投资者。

2016 年 11 月，笔者第一次见到张峰时，他的同事曾以"清华学霸，曾获得亚洲物理奥赛的金牌"来介绍他，当时的张峰还略显腼腆；多年之后再次见面，经历了更多市场跌宕的历练，张峰变得更加从容与自信。

张峰认为，做投资，判断风格很重要，但最终的落脚点是中观行业配置。

要依据宏观策略判断市场大类风格，做出风格判断之后再遴选行业，遴选相关行业之后，再通过行业分析回溯、交叉验证对市场风格的判断是否正确。

张峰主要结合宏观经济、无风险利率和风险偏好 3 个因素来判断市场风格。经济上行，无风险利率一般会上行，市场偏价值风格；经济下行，流动性放松，无风险利率会下行。这时候如果市场风险偏好中等，风格会偏成长；如果市场风险偏好极度高企，则风格会偏主题。

市场风险偏好是一个短周期变量、突发性变量，其影响因素每年或每个阶段都不一样，更多来自某项政策或突发事件出现后对市场的影响，这种突发事件很难重复，也很难真正预判。

如何度量市场风险偏好水平，并没有明确的指标，债券的信用利差可以适度反映市场风险偏好，但也不完全准确。

在对市场风格做出定义后，应比较行业景气度的强弱。观察景气度的指标，要看收入与利润的绝对增速，以及环比是否能保持加速，其中收入更重要。

为了控制产品波动率，张峰对构建的投资组合设置了一些严格限制。例如，对主流一级行业或者大行业中单个二级行业的配置比例上限是 30%，1 个组合一般至少要配置 5 个行业。

如果市场表现为成长风格，张峰会全部配置成长型行业；如果市场表现为价值风格，除了配置主流的价值型行业外，他也会保留一个成长型行业，不太可能构建一个纯价值型组合。

股市行情大致可分为成长投资、价值投资和主题投资。张峰不主动参与主题投资，当市场进入主题投资阶段时，他的产品会损失一些收益，但中长期来看，可减少组合的波动。未来，他将更加聚焦在商业模式更稳定的行业布局。

在不同的市场风格下，对于估值的考量有重要区别。

首先，从市场风格层面来看，在成长风格下，估值的影响不会很大，越贵的股票往往涨得越快；在价值风格下，估值会更重要。2019 年至 2021 年，市场呈现极致的成长风格，对于估值的容忍度需要提高，否则很难赚钱。

其次，重视估值，但并不是静态看估值的高或低，而是要看现在的估值能否长期维持，以实现组合波动的可控性。

案例 3.19————————————————————————————————

中欧新蓝筹混合 A，近 5 年年化涨幅为 17.19%

Ⅰ.基金简介

代码：166002；成立时间：2008 年 7 月 25 日；投资范围：A 股；基金类型：混合型基金，股票仓位要求为 40% ~ 80%；基金规模：截至 2021 年 9 月 30 日，基金规模为 138.86 亿元；业绩表现：截至 2021 年 9 月 30 日，近 5 年年化涨幅为 17.19%，最大回撤率为 -24.82%；晨星评级：三年四星，五年四星。

Ⅱ.基金经理周蔚文

周蔚文，南开大学数学系本科，北京大学管理科学与工程专业硕士。1999 年入职光大证券研究所任研究员；2000 年加入富国基金，历任研究员、高级研究员、富国天合稳健优选基金经理（自 2006 年 11 月起至 2011 年 1 月）；2011 年 1 月加入中欧基金，任公司研究部总监、投资总监；2012 年 5 月 28 日起担任副总经理；2014 年，因投研事业部改革架构调整，他改任事业部负责人；2020 年，中欧基金升级投研体系，着力打造中央研究平台的模式，周蔚文再度主持公司权益投资体系的管理工作；2011 年 5 月 23 日，担任中欧新蓝筹混合 A 的基金经理。

据 2021 年三季报，他共管理 5 只基金，合计管理规模为 450 亿元。

精选景气行业，比拼研究深度

周蔚文不仅重视中观行业分析，通过行业精选提高标的选择的成功概率，而且在深度研究的基础上敢于左侧买入、逆势加仓。

"比较较真儿，比较独立，有一点韧性。"周蔚文如此描述自己的性格。

他认为，从知识层面来讲，基金经理需要是一个会不断学习的人，因为买股票是买未来；同时，基金经理也要有独立的判断能力，因为股票市场很多时候是反人性的，面对纷繁复杂的信息，大家都说好的时候可能就是临近拐点的时候。

1. 精选行业，先胜而后求战

周蔚文有22年的证券从业经历，在2006年担任基金经理前，周蔚文有8年卖方和买方行业研究经验，深入研究过七八个行业，实地调研过几百家上市公司，因此能力圈较广，擅长金融、消费、医药、农业等多个板块的投资。

刚做基金经理时，周蔚文对宏观把握不住，对周期把握不准，对行业之间的比较分析也做不到融会贯通，因此，他一直在加强对宏观方面的学习。2009年至2010年，是周蔚文投资风格形成的关键时期，到2010年底，量变引发质变，他对行业发展趋势的把握已能做到融会贯通。

当时，他提前发现了好几个预期增长比较好的行业，三五年后，他的预测得到了验证。他觉得自己有了较强的从更广的层面前瞻性选择行业的能力。用他自己的话说是"有一天突然开窍了，认识到投资最关键的是要抓行业，摸清楚行业规律"。

投资就是一个选择好行业、好公司、好价格的过程，其中关键是选出好行业，只有当行业利润高速增长时，公司利润增长才是大概率事件。

因此，周蔚文非常重视中观分析。他在挑选个股之前，首先会在宏观分析的基础上，自上而下精选未来2～3年的景气行业，主要包括三大类型：由导入期进入成长期的新兴行业，拥有向上新变量的稳定型行业，位于底部逆转期的周期性行业。

其中，对于新兴行业，主要考察产品性价比、渗透率以及上下游产业链配套等因素；对于稳定型行业，主要考虑行业的利润增长速度能否长期保持相对稳定，并且关注短期向上的变量；对于周期性行业，主要考虑行业集中度（集中度高的行业中，龙头企业更容易脱颖而出）、行业盈利水平（关注历史周期的长度、成本的变化）、行业产能供应（寻找过去1～2年无新产能供应的行业）等。

例如，2019年，中欧新蓝筹混合A主要重仓了医药生物、食品饮料、农林牧渔、通信等行业。上半年，周蔚文认为，市场只看到了经济下行、中美贸易谈判困难等消极因素，没有充分重视国家重视民营企业的信号，没重视政府逆周期调节能力，因此他重仓了养殖、非银、白酒、医药等行业；下半年，周蔚文认为，虽然整个市场估值比历史均值要低，但权重股多为传统产业，低估值有一定的合理性，且白酒、医药、金融的核心资产已经创出历史新高，当前股市估值是基本合理的，未来主要机会集中于更有前景的行业与个股。因此，他开始降低养殖类投资比例，增加了 5G、风电等产业链，以及有色、金融两个行业的投资比例。

全年来看，中欧新蓝筹混合 A 2019 年基金净值增长 59.13%，在全市场灵活配置型基金中排到前 10% 分位。

2. 审时度势，偏左侧买入"三好"公司

选择好行业后，通过公告或行业资料等公开信息很容易得知哪家公司是行业龙头。但周蔚文认为，如果要判断龙头企业未来能否持续领跑，则需要考虑行业的经营规律，评估龙头企业原有的竞争力在市场变化的情况下是否还能跟上时代的步伐。因此，好公司需要动态地来判断。

在买入时点方面，周蔚文表示，他买股票偏好偏左侧买入，买入的时候已经对公司未来几年的发展做了比较深入的研究，一般不会随着市场的表现而不断地调整自己的节奏。

如果买入之后和预期不一致，则要看这个"不一致"对公司的长期发展来说是否是致命的。如果是致命的，他会果断减仓、卖出；如果只是一些次要因素和预期不一致，导致业绩增长略微推迟，或者增长率略微下降一些，他还会继续持有；如果这个时候股价出现明显下跌，他还会加仓。

3. 机构间竞争，比拼研究深度

在富国基金担任基金经理前，周蔚文扎扎实实地做了 6 年研究员，实地调研过几百家公司，几乎每周都在出差调研。他研究时间最长的是电子元器件，几乎把行业内所有上市公司乃至未上市公司都跑了一遍，重点公司跑得更多。

回顾自己在富国基金工作的经历，周蔚文说："我升职比较慢，跟我同期的同事很多都做基金经理了，我还在埋头做研究。这跟我个人的性格有关，我天性比较本分，做研究也比较老实，虽然没有专业学过会计，却喜欢细抠每一个科目，会无一遗漏地研究公司的产品、动态、历史公开信息。"

对一些利润率很高的公司，他通常会持怀疑态度，要花很多时间一项一项仔细研究，真正明确高利润的真实来源，他才会相信。正如段永平所说，要坚持投资的本分，对于看不懂的股票，即使涨了很多，不买也不会很难受。在他的观念中，如果自己看不懂，就不应该赚那个钱。

他说："每个人只熟悉一小块领域，你觉得某些方面做得很牛的人，他不是全才、天才，只是在他的那个小领域做得很优秀。他对其他领域发表的一些见解可能没什么价值，不用太在意。对我们来讲，要投资很多领域，平时要扩大知识面，了解更多行业的经营规律。"

基金经理应该了解社会、学习行业知识。做投资是投未来，DCF（discounted cashflow，现金流折现）模型是未来现金流的贴现，所以要了解未来社会将会怎么样、各行各业会怎么样。

周蔚文表示，他一般是感觉缺什么就补什么。2020 年新冠疫情暴发，为了提高理解力，他看了美国免疫学的教材 *How the Immune System Works*，后来又看了细胞治疗方面的书。他觉得如果不懂一点专业方面的知识，很难理解医药行业的规律。

他表示，现在是机构之间的竞争，比的是学习能力，比谁看得更远、更深入、更细致。他刚开始管基金的时候，投资医药股还不需要这些知识，就可以获得明显的超额收益。现在很多创新医药公司、创新医疗器械公司，上市时没有利润，要判断它 5 年甚至 10 年之后的发展，就需要对相关知识有更多的了解和积累，这是竞争的需要，也是投资的需要。

案例 3.20

万家和谐增长混合，近 5 年年化回报为 23.76%

Ⅰ. 基金简介

代码：519181；成立时间：2006 年 11 月 30 日；投资范围：A 股；基金类型：混合型，股票仓位要求为 30% ~ 95%；基金规模：截至 2021 年 9 月 30 日，基金规模为 15.22 亿元；业绩表现：截至 2021 年 9 月 30 日，近 5 年年化回报为 23.76%，最大回撤率为 -33.35%；晨星评级：三年三星，五年四星，十年四星。

Ⅱ. 基金经理莫海波

莫海波，MBA，2010 年 3 月至 2011 年 2 月在财富证券担任分析师、投资经理助理；2011 年 2 月至 2015 年 3 月在中银国际证券担任环保行业研究员、策略分析师、投资经理；2015 年 3 月进入万家基金，2015 年 5 月起任万家和谐增长混合的基金经理。

据 2021 年三季报，他共管理 6 只基金，合计管理规模为 83 亿元。

左侧交易，自上而下择时选行业

莫海波的投资风格为自上而下，在过去的几个关键时间点，他在宏观研判和行业选择上都显示出较好的判断力。

例如，在大起大落的 2015 年，当年 5 月，莫海波凭借多年宏观策略的研究背景，及时洞察中小创的估值泡沫和市场资金的杠杆风险，因而提前调仓至低估值蓝筹股，一度让他投资的基金的排名相对靠后。

但莫海波仍然坚持自己的观点，在 7 月初反弹到 8 月的第二次大幅下跌之间，他继续大幅减持中小创股票，并将产品仓位保持在较低水平。

对于一位年轻的基金经理来说，逆市大幅度调仓需要很大的勇气，但这种勇气却让他为持有人最大限度地规避了风险，保存了牛市收益。以万家和谐增长混合为例，该基金自莫海波 2015 年 5 月 6 日接任基金经理至当年底取得 2.10% 的收益率，同期沪深 300 涨幅为 -18.84%。

2016 年，基于 1 月份、2 月份信贷数据放量以及两会期间政府稳增长意图明显，尤其是以 PPP（public-private partnership，政府和社会资本合作）为代表的地方政府平台项目加速推广落实，莫海波判断，基建会成为贯穿全年的投资主题。于是，他从 2016 年一季度就开始买入基建行业，而且越跌越买，后来许多基建公司股票涨了 1 ~ 2 倍。

再如，2019 年三季度，A 股成长风格行情方兴未艾。莫海波上半年的持仓以地产、新能源为主，但当他判断出拐点，便果断地将地产持仓转移到半导体、消费电子行业。到了四季度，新能源板块、半导体和消费电子板块成为市场上表现强劲的龙头板块。

2020 年上半年，A 股宽幅震荡，在市场风格方面，成长优于价值蓝筹，但偏左侧交易和逆向投资的莫海波却减持了消费电子和半导体，并基于对成长消费和价值蓝筹之间的估值差问题，逆向增投了低估值的地产板块。

在投资方法方面，首先，他会以一年的时间维度，在年底对市场做出判断，当他觉得市场风险较大时，就会进行仓位调整。他主要根据宏观、政策、资金、情绪这 4 个维度来监测市场信号，当市场信号和他的研究判断高度一致时，他就会大幅调仓。

例如，在 2015 年的 5 月、8 月以及年末，市场波动较大，他的仓位调整就相对频繁；2016年股市熔断后，他判断市场整体在较低位置，于是便保持了较高的仓位运作。

行业选择是他的第二个维度。每年，他会选择1～2个主流行业进行重配，这些行业中有周期行业，有成长行业。例如，2016年他重配了基建、PPP这些周期行业；2017年重配了新能源汽车；2018年先后重配了地产、军工；2019年回归到成长行业，主要关注新能源汽车、半导体还有电子；2020年上半年重点配置了成长股，下半年又切换到低估值品种。

他重仓配置的行业，一定要符合4个标准。

第一是这个行业经过长时间、大幅度下跌，他会在下跌的过程中去买。

第二是行业的估值，不论是纵向、横向还是和海外相比，都要处于历史底部区间。

第三是行业里面的机构投资者较少。

第四是行业基本面正在发生变化。因为过去长时间、大幅度下跌一定是行业基本面出现了问题，如果市场中出现了已被证实有效的变化，他会在开始修复时就去重点关注。

投资最终要落实在具体个股上。在以前的A股市场，整个行业表现往往是同涨同跌的，个股之间只是涨多涨少的差异。但现在，个股分化非常厉害，在同一个行业里面，可能有些涨50%，有些跌20%。

所以，莫海波现在的基本原则就是选择各行各业的龙头进行配置。对于龙头公司的定义，他侧重于考察市占率、市值，以及公司本身的管理能力。在操作层面，他个人偏好左侧交易、左侧买入、左侧卖出。

大家都觉得左侧交易的风险很大，但其实上述4个标准都对应风险控制。比如，如果某只股票长时间、大幅度下跌，就意味着风险已经大规模释放，除非再发生大的系统性风险，它才会有可能继续下探；同时，行业里面机构较少，也就意味着没有杀跌的动能。

当然，他也不能保证每次都买在最低点，但如果满足了这些条件，其实风险相对会比较低，只是什么时候涨的问题。事实验证，他买入的个股，有可能会在一两个季度之后才会迎来行情启动，但一旦被市场挖掘，这些个股的上涨就会非常流畅。

与此同时，他也会左侧卖出，他每次买入的时候会设定一个目标估值或者目标价格。市场有泡沫化的进程节奏，不排除它有继续涨的可能，但这部分涨幅他不去纠结。

比如，在 2016 年，他从一季度开始买入基建行业。当时他重仓的一个基建类公司股价已经跌了两三年，后来许多基建公司股票涨了 1 ~ 2 倍。2016 年 11 月份，市场最亢奋的时候，他大部分仓位及时止盈。

在 2021 年三季报中，莫海波表示，在行业配置方面，他看好农业、军工及地产行业。

莫海波看好农业的主要逻辑：一是种子行业周期景气。种业具有粮价后周期属性，目前粮食价格高位，有望支撑 2022 年种子销售量价齐升，同时 2021 年全国玉米制种明显减产，有望进一步支撑种子价格上行；二是种子行业政策红利持续强化，从中央经济工作会议的"解决好耕地和种子问题"，到中央一号文件的"打好种业翻身仗"，到中央全面深化改革委员会第二十次会议通过的《种业振兴行动方案》，再到全国人民代表大会常务委员会第三十二次会议通过的《全国人民代表大会常务委员会关于修改〈中华人民共和国种子法〉的决定》，种业政策密集出台，行业知识产权保护有望明显强化，具备原研实力的少数种业龙头份额有望明显提升。

莫海波看好军工的逻辑：一是看好未来军工行业的投资机会，现阶段行业仍处于"十四五"需求分解的早期，随着整体军工产业链上的企业扩产逐步落地，激励机制逐步到位，市场对"十四五"行业需求落地的持续性信心不断强化，军工板块将处于估值加速修复通道，相关重点企业有望实现业绩逐季兑现和估值修复；二是往中长期看，随着 2027 和 2035 这两个重要时间节点的临近，实现建军百年目标和建设一流军队的目标不变，在研武器装备继续升级、资产证券化率继续提升的趋势仍将持续。

莫海波看好地产板块的逻辑：一是地产调控政策边际放松的概率增大；二是开发商拿地利润率过低的问题在修复；三是从中长期角度来看，地产行业龙头财务风险低，未来具备稳健增长的特点，估值明显低估；四是高股息率和长线资金的关注。

3.5　行业主题基金

彼得·林奇在《战胜华尔街》中介绍说，美国的行业基金大概在 20 世纪 50 年代开始出现。如果投资者非常看好某个行业，例如石油，却没有时间研究石油行业里面哪家公司最值得投资，那么投资石油天然气行业基金是一个简单易行的办法。

他表示，适合投资行业基金的投资者，是那些特别了解某一种商品或某一个行业的人，比如珠宝商、建筑商、保险精算师、加油站老板、医生或科学研究人员等。他们能够及时掌握行业内的最新信息，比如贵金属价格、木材价格、石油价格、保险费率、政府对一种新药的审批结果或者生物科技企业即将开发出哪些市场前景良好的产品等。如果能够在合适的时机投资合适的行业，投资者就能在短时间内大赚一笔。

主动型行业基金的基金经理一般出身于行业研究员，他们一般从事行业研究三五年或者更长时间，主要覆盖一个或两三个行业。研究不同行业的基金经理会在特定行业形成自己的核心能力圈，他们在具体管理和运作基金时，会表现出比较明显的行业主题特征。

消费、医药、科技和周期等行业牛股迭出，但波动特征差异巨大。其中，消费、医药行业的周期性偏弱，波动相对平缓，而科技、周期行业的波动较大。

3.5.1　消费行业基金

消费行业基金把消费行业作为主要投资对象。在申万一级行业中，食品饮料、家用电器、汽车、商业贸易、休闲服务、纺织服装、轻工制造和农林牧渔 8 个行业都属于消费板块，持有这些行业的占比达到 50% 或以上的基金，都可以称为消费行业基金。

消费行业不仅周期性相对较弱，波动相对其他行业较小，而且是大牛股层出不穷的温床。巴菲特、彼得·林奇都对消费股青睐有加，从中挖掘出很多长牛股，通过长期持有，获得巨大收益。

景顺长城的刘彦春、银华基金的焦巍等都是具有代表性的消费行业基金经理。

案例3.21————————————————————————

景顺长城新兴成长混合，近5年年化涨幅为30.06%

Ⅰ.基金简介

代码：260108；成立时间：2006年6月28日；投资范围：A股，股票投资比例不低于资产净值的65%，其中，投资成长股的比例高于非现金资产的80%；基金规模：截至2021年9月30日，基金规模为542.7亿元；业绩表现：截至2021年9月30日，近5年年化涨幅为30.06%，最大回撤率为−32.26%；晨星评级：三年三星，五年四星，十年三星。

Ⅱ.基金经理刘彦春

刘彦春，1976年生，北京大学管理学硕士；2002年7月至2006年1月先后任汉唐证券研究员、香港中信投资研究有限公司研究员；2006年1月加入博时基金，先后任研究员、基金经理助理、基金经理；2015年4月起担任景顺长城新兴成长混合的基金经理。

据2021年三季报，他共管理6只基金，在管基金规模合计1029亿元。

股价最终会回归其内在价值

刘彦春是一位成长风格的基金经理，偏好自下而上选股，喜欢行业空间大、具有核心竞争力的公司。只要公司的业务模式、发展前景、财报质量符合他的要求，他就会考虑配置。

在刘彦春近19年来的证券研究与投资生涯中，他的投资风格发生过一次重大变化：从2008年7月至2014年6月，在担任博时新兴成长混合（代码：050009）、博时第三产业混合（代码：050008）基金经理期间，他的投资风格具有明显的自上而下特征，通过宏观分析进行行业配置；在2015年4月加盟景顺长城后，他的投资风格逐渐转变为以下而上为主。

刘彦春更多基于绝对估值考虑构建投资组合，会从绝对收益的角度看待每一笔投资，从3年期的角度考虑可能的投资回报，对于短期内的股价回撤并不在意。

他说：“所处行业空间够大，企业具备独特竞争力且竞争力持续强化，市占率有提升空间，竞争对手普遍弱势，如果满足这些条件，企业往往具有较好的价值创造能力。”

他尽可能聚焦于具备高投入产出、高成长潜力的公司。他表示，公司首先得创造价值，同样的投入，需要有尽可能高的回报，而靠资源堆砌出来的成长没有价值。同时，行业要有足够的发展空间，而且行业需要有市场化退出机制，做到竞争有序。如果能碰到这样的行业和公司，大概率可以见证一家公司健康成长。如果能以一个合适的价格买入该公司的股票，大概率可以获得较高的复利。

他说："竞争格局是我们考虑比较多的因素，当公司竞争壁垒被突破、经营效率下降，我们会考虑卖出甚至清仓。此外，如果股票估值过高，也会考虑降低配置。不过，对于发展空间广阔、成长路径清晰的个股，我们在估值上会给予很高的容忍度。"

对于投资方向，他不限定自己的投资范围，无论是新兴产业还是所谓的夕阳产业，只要他认为这个公司可以持续给股东创造价值，而且估值合理，他都会买入并长期持有。

对于实地调研，刘彦春表示，在调研过程中要避免对公司指手画脚，要多听多想、客观中立。可以通过多了解公司如何应对不断变化的外部环境，来判断公司的经营效率。当然，也要运用常识和逻辑，主动识别风险。

虽然以自下而上选股见长，但他并不排斥从宏观角度进行研究分析。在他看来，行业因素与宏观因素都是研究微观的辅助，宏观研究可以帮助投资者理解微观企业。

在2021年三季报中，刘彦春说："市场风格正在发生变化，而这仅仅是个开始。边际景气定价在今年发挥到极致，但股价最终还是会回归其内在价值。短期内看似剧烈的经营波动，从长期来看对股票定价影响极小。错误总会被纠正，就像疫情终会过去。那些受损于成本上涨、需求下滑、政策扰动的行业和个股，现在大概率是布局良机。"

案例 3.22————

银华富裕主题混合，近5年年化涨幅为30.98%

I. 基金简介

代码：180012；成立时间：2006年11月16日；投资范围：A股；基金类型：偏股混合型基金，股票仓位在90%左右；基金规模：截至2021年9月30日，基金规模为244.23亿元；业绩表现：截至2021年9月30日，近5年年化涨幅为

30.98%，最大回撤率为 −30.22%；晨星评级：三年三星，五年五星，十年五星。

Ⅱ. 基金经理焦巍

焦巍，上海社科院世界经济所博士，德国波恩大学访问学者，宏观策略分析师。1994 年 9 月至 1998 年 9 月任中国银行海南分行国际结算部科员，曾任湘财证券海口营业部咨询师；1998 年 9 月至 2001 年 6 月任湘财荷银基金（现泰达宏利基金）研究部银行及房地产行业研究员；2003 年 1 月至 2006 年 6 月任汉唐证券资金管理中心高级交易员；2009 年加入平安大华基金，历任平安大华宏观策略分析师、投资研究部投资总监、基金经理；2015 年 3 月 28 日起担任大成景阳领先混合、大成灵活配置混合等基金经理；2018 年 10 月加入银华基金，2018 年 11 月起担任银华泰利灵活配置混合基金经理；2018 年 12 月起任银华富裕主题混合的基金经理。

据 2021 年三季报，他共管理 4 只基金，合计管理规模为 314 亿元。

坚持投资优质公司，主要机会在于等待危机

从 1998 年 9 月入职湘财荷银基金（现泰达宏利基金）至今，焦巍的证券从业经历已有 23 年。

20 多年来，他从事过银行、房地产的行业研究，以及宏观策略分析，担任过研究总监、基金经理，先后辗转湘财荷银、汉唐证券、平安大华、大成、信达澳银、平安信托 6 家公司。2018 年 10 月，他入职银华基金，自 12 月起担任银华富裕主题混合的基金经理。

焦巍对自己管理的产品很有信心，他在接受媒体采访时公开表示："我的个人资产基本全在自己的基金里。"

他说："正确的投资应该有两个维度，一是投资对象，即与伟大的公司长期共行；二是投资者本身，即在对自己的不足和能力圈有充分认识的基础上，不断学习，让自己配得上投资对象。在这一点上，我觉得真正好的投资应该和好的婚姻一样，原则是简单持久，即首先找个好人，然后努力做个好人。"

1. 挖牛股，让自己配得上好公司

对于自己的投资理念，焦巍在 2020 年 4 月发表的《关于伟大投资的一点思考》中进行了详细阐述。他认为，优秀的投资意味着发掘到了牛股。但所谓牛股，不同投资人各有看法。

他说："我觉得每年稳定贡献 15% 收益的就是少有的牛股。凡是牛股，无一不是在某一时段内爆发式或稳定上涨，之后在相当一段时间内形成稳定市值并取得一定行业地位。"

那些靠风口、财技或者相关重组并购等方式短期快速上涨，而后"一地鸡毛"的个股，不在伟大的投资之列。历史上曾经出现的牛股均有其独特基因，而这些基因，正是产生"伟大的公司"的土壤。"伟大的公司"通常包括如下几种。

一是高频次消费特别是高价位消费的公司。与此相关的这类公司均有 10 年 10 倍以上的业绩。从它们的特征来看，主要基因是高频次消费，同时均是垄断性品牌。从这些公司身上，投资者看到了垄断性消费品牌的特征，它们都是慢牛，年增长率都很缓慢，但假以时日，投资于此类个股的投资人财富增长是惊人的。此类公司的风险在于品牌"黑天鹅"①，比如食品安全，其优点是适合大规模资金进行中长期战略投资。

二是细分领域的垄断巨头，如工程机械领域的一些公司。这些短期爆发力很强的个股，其行业特征非常明显：在当时的全新细分领域，行业高速发展，格局为双寡头垄断，下游非常分散并且支付能力较强。这样的双寡头格局，是商业领域中较为稳定的均衡方式。对于任何一个双寡头行业来讲，无论是其上游，还是下游用户，都需要一个"备胎"。伟大的公司一定源于伟大的格局。

三是抓住技术创新蓝海的领袖。比如，某些互联网公司，它们的发展得益于抓住了中国新世纪的移动互联浪潮，同时有自己强大的执行力，有自己独特的细分领域，因此能适应千变万化的市场，淘汰之前市场上的寡头而成为新的寡头。

四是具有规模效应的商业连锁。商业连锁是看似普通的商业模式，其要义在于对于成熟的样板化商业操作规程进行大规模低成本复制，甚至是无成本、负成本复制。

另外，拥有独特的资源优势或者政府壁垒垄断的公司虽然也有可能成为牛股，却难以成为"伟大的公司"。

焦巍表示，好公司一定会有好的盈利能力，而体现盈利能力最简单的指标就是 ROE。伟大的投资一定能增加社会的公共利益，带来帕累托改进。他一直坚定地认为，要把资金投给促进社会进步的优秀公司，从而努力为持有人创造长期可

---

① 黑天鹅，指难以预测且不寻常的事件，通常会引起市场连锁负面反应甚至颠覆。

持续的回报。

他在接受媒体采访时说："我现在看历史书比较多，透过历史，你会发现人性是善变的，有时可以把一个人捧到天上，有时又能把一个人踩到脚底。市场对一家公司又何尝不是如此？因此，在投资中要摒弃那些躁动的情绪，长远地看待公司和市场。""投资到最后就是一种时间的变现，作为一个投资者，要努力在应对变老的过程中保持智慧，因而读书就变得非常重要。"

2. 忆往昔，也曾追逐风口

焦巍刚开始担任基金经理时，他的投资风格与现在有较大不同。在 2012 年 10 月 19 日至 2014 年 9 月 2 日管理平安行业先锋混合（代码：700001）期间，他倾向于自上而下分析，也曾经追逐过多个风口。

按照平安行业先锋混合的设计风格，基金经理需要在经济周期的不同阶段加强在行业方面的配置。2012 年四季度，焦巍的持股以银行股和央企蓝筹为主，具有典型的价值或周期性投资的特征。

2013 年，以银行地产为代表的传统产业股票行情昙花一现，以创业板为代表的中小盘股持续走强。出于对市场风格将从价值向成长转化的判断，焦巍在年初进行了较大幅度的行业配置转换，将主要配置从金融行业转向医药、军工和环保及 TMT 行业。

2014 年上半年，市场继续呈现价值股与成长股结构分化的走势，而成长股本身的波动加大。面对变化，焦巍加大了对医药、信息服务、高端制造的配置，体现出对新兴产业长期投资机会的重视。在 2014 年二季报中，他说："如果从长期角度来看，人口结构变换和人口素质提升带来的产业机会将确定性地穿越宏观周期的波动，我们在此过程中坚定看好医疗服务、信息化、互联网教育、智能化制造等产业的长期投资机会。"

在离开平安基金后，焦巍加入大成基金，从 2015 年 3 月 28 日至 2015 年 9 月 30 日，他担任大成景阳领先混合（代码：519019）和大成灵活配置混合（代码：000587）的基金经理，把新兴产业作为配置重点，包括长期看好的信息服务、医疗服务、社会服务等产业。

在焦巍的投资职业生涯中，他的投资风格经历了从自上而下到自下而上的显著转变，已由一位勤奋的追风者变成优质成长股的中长期投资者。他不再像过去那样通过分析宏观经济数据、行业景气变化等因素，把重点放在行业配置和市场风格捕捉方面，而是把重点放在对优质公司的深度研究和中长期持有上，以获得高质量公司快速成长所带来的收益。

3. 看今朝，专注喝酒和吃药

加盟银华的一年多以来，焦巍专注于消费、健康等板块的投资，对科创题材和其他赛道则保持乌龟般的反应速度。

他引用投资家芒格的话来告诫自己，投资不能反复无常，"养成这个习惯，你们将会永远扮演寓言里那只兔子的角色，只不过跑得比你们快的不再是一只优秀的乌龟，而是一群又一群平庸的乌龟。"

复利投资的核心在于赚钱不怕慢，少做折返跑。他表示，消费、医药等行业的变化曲线相对比较平缓，很少出现非 0 则 1 的是非选择，更多需要关注的是从 1 到 100 的过程。这些标的依托中国强大的人口基数，马太效应更加明显，ROE 的水平提升更加容易。它们虽然在上涨时失之性感，但在下跌时也不会惊心动魄。

2019 年三季度科技股兴起之后，消费股的地位是否会被科技股取代呢？焦巍当时表示，如果能跳出单季度的波动，消费股的长期赛道无疑仍然是最优品种之一，美股中的可口可乐和星巴克完全可以媲美 FAANG[①] 的涨幅，而且波动更小，更容易找出不轻易被技术替代的标的。因此他不会因博弈的需要降低消费的基础仓位，只会拓宽视野去寻找新的可持续成长的消费赛道和龙头公司。

焦巍将科技股行情定义为 70% 由情绪驱动，30% 由事件驱动。由于事件驱动的时间跨度足够大，可能诞生 ROE 持续提高的公司。

科技的发展将带来巨大的变革和投资机会，会诞生新的蓝筹和牛股，但其过程则会变得复杂和残酷。正如电子类公司所映射的，这个行业由于技术变化的不断更新，尚未形成明确的格局和头部公司。焦巍表示，对于科技股的投资，他坚持保持自己的学习能力，对能带来格局变化的公司保持敏感，但对具体投资将非常谨慎。本着做减法的原则，投资组合的配置不会超过 5 个百分点和两家公司的水平。

关于医药股是否被市场过度定价，透支了未来的增长，他说："我们也经常

---

① FAANG 是美国市场上五大最受欢迎和表现最佳的科技股的首字母缩写，即社交网络巨头 Facebook（NASDAQ：FB）、苹果（NASDAQ：AAPL）、在线零售巨头亚马逊（NASDAQ：AMZN）、流媒体视频服务巨头奈飞（NASDAQ：NFLX）和谷歌母公司 Alphabet（NASDAQ：GOOG；NASDAQ：GOOGL）。

对医药优质公司市盈率抱以疑问，但我们更加倾向于芒格而非巴菲特的投资方式，即伴随好公司共同成长，在其基本面变化之前，慎重因为估值因素而交易。我们长期看好创新药的赛道，参照海外市场的估值体系，因此对估值的容忍度相对更高。"

在 2021 年二季报中，焦巍表示，其实对于管理人来说，上涨比下跌更难应付。下跌可以死扛，同时利用下跌检验投资组合的反脆弱能力，审视弱点所在。但上涨时会面临组合相对涨不动的抉择，或者涨多了存在所谓性价比品种的诱惑。大部分人的本能是兑现利润，卖出高估值公司，买入相对便宜品种或者降仓位。相应地，流传甚广的俗语是"会买的是徒弟，会卖的是师傅"。看错需要卖，估值过高需要卖，有相对收益和更好的强势品种需要卖，等等。但所谓多高算高、多好算更好，管理人没有能力对此做出量化的定论。投资的本质就是从生意的角度进行比较的过程，包括资产配置比较、行业比较、公司比较等。通过比较筛选的优秀公司，尽管估值高、涨幅大也不应卖出的原因在于，卓越公司往往会更卓越，投资者不应因为卓越的价格高低而追随平庸。

他说："拉长维度看，估值很可能只是结果而不是原因。那么，是不是再好的公司也有涨幅顶和估值顶呢？我们目前还不知道答案。管理人更倾向于认为，相对于平庸的人类和公司，优质公司的生命是可以无限延续的。总有极少数公司可以穿越时空，创造价值，长成参天大树。在这样的公司面前，当下的估值只是小草。"

2021 年三季度，银华富裕主题混合（代码：180012）的净值经历了较大回撤。在三季报中，焦巍说："过去的 2021 年三季度是本基金管理人历史上仅次于 2016 年熔断后最为焦虑的时间段。而比起当年熔断的泥沙俱下，三季度的极端分化和市场噪音更是让基金管理人在某些时刻对自己的选股逻辑产生了怀疑：是否以 ROE 选股的好公司好商业模式逻辑被破坏了？时间的朋友是否要让位于政策的朋友？商业模式是否要被所谓的德国式道路颠覆？消费医药真的要为制造业让位吗？"

焦巍表示，所有投资策略都是有弱点的。任何一种操作模式和投资思维都会面临阶段性的功效放大或者失灵。不必在其功效放大时盲目自信，也完全没有必要在其阶段性失灵时如丧考妣、失去信心。

焦巍说："我们以 ROE 模式选择优秀商业模式公司的投资逻辑，在现阶段很可能是不适用的。这有疫情带来的报表基数原因，有市场向政策免疫行业拥挤的原因，也有技术变迁带来边际爆发成长的新投资方向的原因。在比较过去的这段时间和历史上一些时段之后，我们发现只有两次石油危机时期比较相像。而当时的市场经历了极端性的消费和医药的不振，同时伴之采掘公用事业的景气，最后以新的技术带动市场走出危机而告终。在此期间，市场以小盘股风格为主，小盘股整体表现要好于大盘股。在分析了过去几个时期的投资结构后，我们决定以更加坦然的心态对待投资标的的起伏，就像在认清生活的残酷真相后仍能积极热爱生活一样。"

3.5.2　科技主题基金

从 2019 年开始，科技股行情在 A 股爆发，先后经历了 5G、消费电子、新能源汽车、芯片等板块的大幅上涨。

科技股行情的产生，主要得益于中国科技产业快速崛起的宏观时代背景：一方面，经过此前 6 年的发展，智能手机在中国普及，国内科技企业已经嵌入全球产业链，积累起较强的实力；另一方面，在中美贸易战背景下，美国打压中国高科技企业的力度不断增加，倒逼中国企业加快补短板，构建更加完整的产业链，提高自主可控的能力。

在波澜壮阔的科技股行情中，很多科技主题基金业绩表现出色，涌现一批以科技股投资而名震江湖的基金经理，包括广发基金的刘格松、富国基金的李元博、上投摩根的李德辉、博时基金的肖瑞谨等。

虽然他们的主要投资方向都是科技股，但每位基金经理又各具特色。

案例 3.23——

富国创新科技混合 A，近 5 年年化涨幅为 19.81%

Ⅰ.基金简介

代码：002692；成立时间：2016 年 6 月 16 日；投资范围：主投 A 股；基金类型：混合型基金，股票仓位要求 60% ~ 95%；基金规模：截至 2021 年 9 月 30 日，基金规模为 52.18 亿元；业绩表现：截至 2021 年 9 月 30 日，近 5 年年化涨幅为 19.81%，最大回撤率为 -35.23%；晨星评级：三年三星。

Ⅱ. 基金经理李元博

李元博，硕士学位，曾任湘财证券、天治基金、汇丰晋信的研究员；2014 年 6 月至 2015 年 7 月担任汇丰晋信科技先锋的基金经理；2015 年 11 月起任富国高新技术产业混合的基金经理。

据 2021 年三季报，他共管理 6 只基金，合计管理规模为 242 亿元。

从追踪景气度到价值趋势的进化

在 2019 年开启的一轮成长股行情中，一批优秀的成长风格基金经理崭露头角，富国基金的李元博便是其中的佼佼者。

李元博是 TMT 行业研究员出身，加入证券基金行业前曾任职于芯片巨头英特尔，是一位兼具实业、卖方、买方三方视角的基金经理。更难得的是，他还是一位投资理念不断进化以适应市场环境的基金经理，他不仅在近年来逐步构建了价值趋势的投资框架，而且实现了从 TMT 到广义成长股的破圈。

以动制静，在不断权衡性价比的过程中力争规避风险并积极捕捉投资机会，是李元博显著的投资风格。在性价比的导向下，他习惯于衡量个股的胜率和赔率。

李元博刚开始做投资时，偏短期的业绩趋势，但对公司的持续性思考不够，所以在 2016 年到 2018 年吃过一些亏，每次遇到问题就打补丁。

比如，能取得超额收益的公司大多有盈利高增长的特点，但在 2018 年，高增长但是现金流不好的公司都跌得非常厉害。所以，他又在自己的框架里面引入了财务指标，规避自由现金流较差、负债比较多的公司。

2018 年之后，他才慢慢形成了价值趋势的框架。在价值趋势投资里，价值在前趋势在后，意味着他对公司的盈利状况、财务指标、业绩增速仍然有很高的要求；趋势和景气度相关，但这个景气度不仅是指行业景气度，还包括公司业绩的连续上涨。

另外，做价值趋势投资还和资金体量有关。比如，大体量的基金更适合价值投资，而小体量的基金可以通过趋势投资做一些灵活操作。当然，随着他管理基金规模越来越大，未来可能会偏重价值投资。

李元博最初的能力圈集中在 TMT，后来慢慢拓展到医疗行业的器械和服务、周期行业的化工等。从结果来看，富国高新技术产业混合（代码：100060）的持仓确实有行业之间的轮动，这个轮动更多是自下而上衡量性价比的结果。

比如，在 2020 年一季度，半导体的性价比比较低，因为当时美国正在对中国实行芯片、设备等方面的出口管制，再加上当时芯片的估值较贵、市值较高，他减持了组合里的半导体，买入了性价比较高的被动元器件；二季度时广告行业逐渐走出疫情阴影，刊例价从底部开始回升，他测算盈利后发现它对应的估值很便宜，就加仓了广告。

再如，考虑到性价比的原因，他在富国创新趋势股票（代码：009863）2020 年三季度建仓时买了很多顺周期股票，后来进行组合再平衡，又买入了科技、医药、消费，因为顺周期的性价比没那么高了。

很多公司在底部的时候，市场对它们的盈利前景都极度悲观，如果通过自下而上研究发现一个 50% 左右的预期差异，会是很好的投资机会。

李元博认为，简单来说，投资看的是胜率与赔率的乘积。胜率就是赢的概率，赔率就是赢了你能赚多少。但在性价比的导向下，他对确定性的要求不会过高，因为确定性越强的公司溢价就越高，赔率就不合适，他更喜欢相对确定性。

他会为公司业务设定一个 2 ～ 5 年的远期目标，然后去测算它未来的估值以及当下的性价比。他会尽可能看得远一些，比如 5 年，但能看得远的公司并不多，所以大多数情况下看到 2 年即可。

至于怎么做估值，李元博很少用现金流贴现，因为用现金流贴现筛选的公司在预期时间点并没有达到天花板，再加上市场份额扩张、行业空间变化等，估值差异会比较大。他对大多数公司用 PE 来估值，对一些半导体制造公司用 PB 来估值，对一些软件公司用 PS 来估值，等等，估值方法各种各样。

对于非头部公司，李元博会参考历史估值确定一个估值区间，达到上限就考虑卖掉；对于头部公司，他参考更多的是市值，比如一个公司能在 5 年后达到多大的市值、预期涨幅有多高、有没有性价比等。

对于价值和成长，李元博觉得讨论价值的定义是什么更重要。他的理解是，价值不是低估值，而是这家公司的成长性能带来比较好的回报，投资价值就是投资成长，只不过，他对成长速度的要求高一点，越快越好，最好能每年翻一番甚至翻两番。

在 2021 年三季报中，李元博表示，从中观维度来看，我国经济面临的下行压力变大。随着海外疫情复苏、产业链恢复，我国出口增速持续下滑。大众消费受到经济下滑压力的影响，需求持续走弱。投资端已经下滑有段时间，看不到大幅提升的迹象。中游制造业普遍面临成本上涨的压力，利润率下行压力较大。2021年下半年以及进入 2022 年，市场的盈利能力大概率持续下滑。

面临上述较大的经济增长压力，政策边际变化已经出现。比如，针对小微企业的贷款、支持房地产合理的消费需求、地方政府债发行的提速等，宽信用的动力较强，货币政策方面仍然维稳。2021 年四季度的宏观组合可能是预期的宽信用和利率提升，2022 年可能见到社融的回升和利率下降。

考虑到上述可能的宏观组合，以及盈利下行的风险，李元博认为，接下来应当关注逆经济周期的行业。如果从盈利的角度看，高端消费、医药、半导体、新能源、通信、传媒均有逆周期的属性，银行地产具备拐点的特征，再考虑性价比和投资范围的约束，对上述行业进行选择性投资。

案例 3.24

上投摩根科技前沿灵活配置混合 A，近 5 年年化涨幅为 27.61%

Ⅰ.基金简介

代码：001538；成立时间：2015 年 7 月 9 日；投资范围：A 股；基金类型：混合型基金，股票仓位要求在 0 ~ 95%；基金规模：截至 2021 年 9 月 30 日，基金规模为 57.48 亿元；业绩表现：截至 2021 年 9 月 30 日，近 5 年年化涨幅为27.61%，最大回撤率为 -29.32%；晨星评级：三年五星，五年五星。

Ⅱ.基金经理李德辉

李德辉，上海交通大学生物医学工程博士，自 2012 年 7 月至 2014 年 7 月，在农银汇理基金担任研究员；自 2014 年 8 月起加入上投摩根，先后担任研究员、行业专家兼基金经理助理；2016 年 11 月起任上投摩根科技前沿的基金经理。

据 2021 年三季报，他共管理 5 只基金，合计管理规模为 161 亿元。

选择需求高增长和供给有壁垒的公司

李德辉从 2016 年 11 月开始正式担任基金经理，最早比较关注短期的行业景气度，但从 2018 年开始，流动性收缩使得各类资产的波动都较大，李德辉在反思后开始关注行业竞争格局。现在，他更喜欢需求和供给格局都较好的行业，通过挑选具有较高竞争壁垒的龙头公司来获取高收益。

他认为，投资时需要关注的指标在精不在多：一看 ROE 的高低，在剔除杠杆率后，ROE 高代表公司盈利能力比较强；二看增速，也就是看公司的成长性。这两者都非常重要，比如家电公司的 ROE 较高但增速不高，所以在估值上就远不及白酒公司。

此外，从时间维度来看，公司是否有足够的竞争优势一直维持较高的 ROE 和增速也非常重要，即公司的能力要足够强，以应对行业在不同阶段竞争恶化的可能性，这就要求公司的组织结构、产品梯队等各方面都比较强。

李德辉比较喜欢有持续成长性的平台型公司，如果不是一个平台型公司，可能出现单一产品被竞争对手攻破的问题，那么抗风险能力就比较弱，比较典型的有 IC 设计公司、游戏公司等。

整体来说，公司 3 ~ 5 年的 ROE 能够维持在 15% 以上，是他参考的一个标准。

现在整个市场的长期投资资金越来越多，很多公司的当期估值越来越贵，只能看远期。

所以，他会按照远期合理市值的评估方法来做定价，假设一家公司每年增长30%，意味着市值 3 年就会翻 1 倍，6 年就会翻 4 倍，9 年就会翻 9 倍，然后他以9 倍的当下市值，按照每年 5 ~ 10 个点折现，测算出上市公司的内在价值。

哪些资产符合上述对成长性、持续性以及远期确定性的要求？一方面取决于壁垒，另一方面取决于需求。如果一个行业的需求能够稳步向上，壁垒又很高，那就是一个长期来看非常好的行业。

李德辉觉得各类行业中，互联网、高端消费是两类较好的行业。互联网具有极高的网络壁垒，高端消费具有极强的品牌壁垒，两者的需求都在增长，尤其是移动互联网。他曾经因为估值问题卖掉了某互联网公司的股票，但事实证明，仅仅看估值很容易出错，市场对好公司的定价越来越高。

做投资其实很简单，就是买好的资产，A 股里有好的消费公司和医药公司，港股里有好的互联网公司，如果可以买美股，则一定要买硬科技公司的股票。

性价比是很难评估的，应该把投资期限拉长，减少关注的变量。相比较而言，他更关注慢变量，比如竞争格局。竞争格局是首要因素，即使行业再好，如果竞争格局无序，企业就很难盈利，其次才是行业需求的扩张。

新能源市场的需求端很好，但供给端的竞争格局不清晰，如果在市场定价较高的情况下，它的远期确定性会大幅下降。相反，对于高端消费行业不用过多考虑这些问题，因为它们的竞争格局比较好。任何资产都会受到需求扰动，但供给端竞争格局稳定可以在一定程度上克服需求波动。

李德辉说：“在个股选择上，我们坚持供给端有壁垒和需求端有增长两个维度，希望通过优秀公司的韧性来降低行业需求的波动性风险，力争获取长期稳定超额收益。”

在组合管理上，李德辉采用长短结合的策略，既关注周期资产投资机会，同时长期关注核心资产以及核心资产调整带来的布局机会。具体来说，他更看重对流动性和宏观经济依赖度都不高的长期核心资产，比如医药、消费和港股中的互联网等行业。另外，还有一部分制造业企业，虽然制造业会受经济周期影响，但其潜在的全球化可能性会克服国内周期对它的扰动。

案例 3.25————————————————————————————

博时科技创新混合，成立以来年化涨幅为 54.75%

Ⅰ. 基金简介

代码：009057；成立时间：2020 年 4 月 15 日；投资范围：A 股，港股通；基金类型：股票型基金，股票仓位要求为 60% ~ 95%；基金规模：截至 2021 年 9 月 30 日，基金规模为 5.78 亿元；业绩表现：截至 2021 年 9 月 30 日，成立以来年化涨幅为 54.75%，最大回撤率为 -20.43%。

Ⅱ. 基金经理肖瑞瑾

肖瑞瑾，复旦大学硕士研究生，2012 年毕业后加入博时基金，历任研究员、高级研究员、高级研究员兼基金经理助理、资深研究员兼基金经理助理等，现任博时回报混合（2017 年 8 月 14 日至今）、博时科技创新混合（2020 年 4 月 15 日至今）等的基金经理。

据 2021 年三季报，他共管理 9 只基金，合计管理规模约为 136 亿元。

用可触达市场空间估值

那是一段在逆境中成长的日子，尽管已经过去两年，时移世易，但仍然令他记忆犹新。

时间回到 2018 年下半年，中美贸易战的冲击超越市场预期，沪深股市持续大跌。乌云蔽日之下，博时回报混合的基金经理肖瑞瑾感受着比同行们更大的压力。

该基金投资股票的仓位最低不能小于30%，最高不能超过80%。熊市之中，何处可以寻得庇护？这成为肖瑞瑾职业生涯中的一场严峻考验。

真金须经火炼。经历2018年的熊市之后，他认真总结和研究，通过一遍遍更加细致的复盘，一次次更加深入的调研和梳理，以及保持冷静和理性的投资操作，博时回报混合（代码：050022）在2019年取得了95.21%的收益率。

历经熊牛急剧转换的考验之后，肖瑞瑾赢得了持有人的更大信任。2019年6月起，他兼任博时科创主题3年封闭混合（代码：501082）、博时科技创新混合（代码：009057）等基金的基金经理。

肖瑞瑾表示，与博时回报混合基金股票仓位有严格限制不同，博时科技创新混合等基金没有这些特殊要求，因此，他在管理运作方面做出了明显区分。例如，博时科技创新混合一般不会通过股票仓位的调整进行择时投资，意味着持股周期将更长。

他说："在过去几年，我的投资范围发生了较大的变化。一开始，我较为关注科技成长股，后来拓展到泛科技服务、新能源、高端装备、生物医药等板块，而不变的是对公司内在价值的探寻和对公司成长性的研究。"

"我在选择公司时，不仅要看它是不是一家好公司，以及商业模式如何，还要看它是否有新业务的突破，能否开启第二成长曲线。我不会单纯因为一家公司质地好就购买这家公司的股票，还要看它的成长空间有多大。"

股票投资犹如种树，根深方能叶茂。松软的浅土层虽然也能长出树来，但一次台风过后树就有可能轰然倒地。一粒种子只有种植在沃土中，经历破壳、发芽和向下深深扎根的痛苦，才能茁壮成长，并结出丰硕的果实。

历经2018年至2019年的大跌大涨之后，肖瑞瑾已基本形成比较完整的长期投资框架，让他的投资之树深深地扎下根来。

1. 市场进入远期空间差阶段

肖瑞瑾把研究和投资的逻辑做了明确划分，研究与投资之间有一个充分非必要联系。他认为，想要做出一个比较好的投资决策主要依赖于以下三点：第一点是有专业研究的支撑；第二点是有好的交易结构，或者说他会对短期的市场风格做出判断；第三点是有一个好的策略，他会观察投资者的偏好。他希望通过交易结构和策略，降低平均持仓成本，应对潜在的风险。

在对市场的理解方面，A股的投资理念发展经历了四个阶段。

（1）2003 年之前的信息差阶段。移动通信尚未普及，跨地域信息传播延时特点明显，调研时乘坐的主要交通工具是火车。因此，投资收益的主要来源为信息差，也就是 Eugene Fama 在有效市场假说中提到的"弱有效市场"。

（2）2003 年至 2007 年的认知差阶段。海外人才回流，一部分投资者将眼光投向美国，价值投资理念开始萌芽。移动通信的普及缩小了信息差套利空间，机构投资者与个人以及机构之间的认知差成为主要收益来源。在这个阶段，国内公募基金开始崛起。

（3）2007 年至 2017 年的预期差阶段。部分机构提出的预期差理念被市场广为接受，对上市公司短期业绩、成长性的看法差异成为预期差的主要来源。中小市值个股在 2013 年至 2016 年的牛市，反映了市场对中小市值个股预期差的追捧，互联网＋对传统行业的心理冲击，是 A 股 2015 年互联网牛市预期差的极致演绎，市场风格在这一时期高度偏向于小市值成长。

（4）2007 年至今的理念差阶段。互联网对传统行业的改造更多体现为互补增强而非替代，市场投资热点重新转向行业龙头公司，外资的进入加速和强化了这一进程。坚持龙头白马股投资理念的投资者获得丰厚回报，中小市值预期差投资者式微，同时互联网填补了机构和个人投资者之间的信息和认知差，市场超额收益来源转变为投资理念以及远期空间研究。

肖瑞谨认为，A 股将进入远期空间差阶段，即第 5 个阶段。

投资者对公司的估值并不是看短期的市盈率（PE），而要看 5 年或 10 年之后会是什么样子，用企业远期市值折现回来，对公司进行估值和定价。基于远期空间的折现，会成为越来越多白马龙头股的主流估值方式。

肖瑞谨认为，基于短期业绩和事件的预期差的博弈空间越来越窄，公募基金经理头部化导致存量博弈资金减少，为了短期业绩利好或利空进行大量交易的情形进一步减少，但长期基本面估值修复将迅速完成。

未来，远期空间基本面研究或将成为市场主流。

2. 用可触达市场空间估值

从远期空间的基本面研究方法出发，博时基金公司科创投研小组开发了 TEAM 模型，包括 4 个要素：可触达的市场空间（total addressable market，TAM）、重复购买收入（recurring revenue）、竞争力和份额（leadership）、护城河和竞争壁垒（moat）。

（1）可触达市场空间。它取决于公司产品管线的延展能力，以及通过内生或并购实现的二次成长曲线培育能力。对于医药股、科技股，可触达市场空间直接决定了估值定价。市场份额则取决于公司的产品先导速度、产品和渠道竞争力、运营能力等。对一些创新药企进行估值时非常适合采用 TEAM 主导估值模式，对产品管线的研究、对远期药品定价能力的研究成为这类企业定价的关键。

（2）重复购买收入。它体现了公司的用户黏性。公司收入一般来自两部分，即存量客户复购＋新客户开发。高复购率＋较低的复购收入比是高速成长公司的典型特点，表明老客户持续购买，加上新客户持续加入，体现为二级市场的高估值。云计算 SaaS、医疗美容、社区团购行业是典型的高复购率行业。

（3）竞争力和份额。公司的远期市场份额主要取决于竞争力，竞争力源于公司商业模式的稳定性、可持续性和外延性。现金流是衡量商业模式的重要标准，关于商业模式的研究是长期基本面研究的核心落脚点。

（4）护城河和竞争壁垒。它是公司竞争力的固化标志。一般来说，公司的护城河包括资源禀赋、专利优势、品牌优势、组织管理优势、规模优势、先发优势等，在产品供给、用户黏性上形成壁垒。

TEAM 模型主要适合上市公司远期空间基本面的深度研究，并已经开始应用于云计算、社区团购、医疗美容等行业。

做远期空间的测算，先要把公司的产品线分析清楚，包括它现在做什么产品，是实物性的产品，还是服务型的产品。

比如，在研究科技行业的时候，他发现科技不仅包括芯片，还包括互联网行业这种现代服务业。在产品向服务迁移的过程中，它的远期空间可能成倍扩大。

一家公司从卖产品延展到卖服务，它的商业模式发生了变化。如果是高频服务，具有很强的客户黏性，且服务数据可以累积，那就能产生规模效应，客户越多，单位成本越低。服务业更易出牛股，与这一点有很大关系。

一个需要明确的概念是想象空间不等于可触达市场空间。肖瑞谨计算公司的可触达市场空间，不是依据公司概况做 PPT，而是依据公司的实际能力。股市上总有一些讲故事的公司，它们描绘的未来往往超出公司能力之外。区分可触达市场空间与想象空间的关键是公司的实际经营能力。

现在各行各业的竞争都很激烈。在评判公司的竞争力时，肖瑞谨要看它是一个主导者还是跟随者。主导者的团队管理能力强，产品更新迭代的速度快，具有制定行业标准的能力，能引领行业发展。

肖瑞谨研究科技板块，主要围绕互联网、云计算、新能源汽车、电子创新硬件和部分服务业，在这些行业里选择优势的龙头公司，用远期估值的方式进行长期投资。

同时，肖瑞谨有约一半的仓位会顺应市场当时的方向，让投资组合趋向均衡。比如，2021 年，宏观经济回暖，他也在关注顺周期板块。

科技股的波动要远大于消费股。在 2018 年市场下行过程中，肖瑞谨曾对科技股和其他行业股票进行了大量对比研究，因为交过一些学费，所以有很深刻的体验。他认为，对于科技股的估值，要看远期可触达市场空间的折现。投资科技股，不仅要会买，更要会卖，中间过程则要能拿得住。在发现好的行业趋势机会时，要敢于买进，在买进后，要对远期可触达市场空间有强烈的信念，对自己的底层逻辑保持清醒，遇到较大价格波动时不动摇。

但是，如果关于远期可触达市场空间的假设遭到破坏，如出现产品销量增速放缓、市场份额见顶、行业有重大技术突破等情形时，则要果断卖出。

在 2021 年三季报中，肖瑞谨说："我们认为成长股的短期逆风并不值得恐慌，大量优质公司以科技创新为根本，在正确的路上砥砺前行，必将成为资本市场中的明日之星。"

3.5.3　医药行业基金

截至 2021 年 9 月 30 日，国内共有 175 只医药行业基金。从 2019 年至 2021 年上半年，医药股是机构抱团投资的主要领域之一，医药行业基金炙手可热，牛市持续了两年半之久。但从 2021 年下半年起，在一片看好声中，医药股开始步入向下调整的阶段。

不过，在 2019 年至 2021 年上半年波澜壮阔的牛市之前，国内第一只医药行业基金在诞生之后不久就经历了约 7 年的平淡蛰伏期。

国内第一只医药行业基金——汇添富医药保健混合 A（代码：470006）成立于 2010 年 9 月 21 日，首发规模 40.85 亿元，有效认购户数 6.51 万户。其中，汇添富基金公司运用自有资金 3000 万元认购，占基金总份额的 0.73%，公司员工合计认购 205.16 万份。

继汇添富之后，易方达基金公司于 2011 年 1 月 28 日成立了易方达医疗保健行业混合（代码：110023），首发规模约 38.13 亿元，有效认购户数 4.9 万户。其中，公司员工合计认购 59.24 万份。

汇添富、易方达早在 10 年前就以主动投资能力见长，当时医药行业公司股票在经过 2009 年至 2010 年的大幅反弹后，市场人气高涨，被不少投资者看好。尽管如此，医药行业基金从 2012 年初至 2018 年底前的 7 年里却整体表现平平，直至 2019 年才重新爆发，中间相隔了 7 年之久。

1. 大涨之后曾沉寂 7 年之久

2010 年底、2011 年初，恰逢医药行业的景气高点。中证医药卫生指数走势图显示，2010 年，该指数年涨幅达 23.83%，相较于上证综指全年下跌 14.31%，可谓惊艳。

经过连续两年上涨，2010 年底，中证医药卫生指数成分股的平均估值升至 35 倍，处于一个偏高的位置。此后大部分时间里，该指数成分股的估值在 23 倍市盈率至 40 倍市盈率区间波动。2015 年 6 月、2020 年 8 月，虽然平均估值曾达到 60 倍市盈率，但持续时间短暂。

选择在行业景气度的阶段性高点发行基金，会遇到募集资金易、投资操作难的问题。以汇添富医药保健混合 A（代码：470006）为例，该基金在高位重仓买入了华兰生物、双鹭药业等。华兰生物、双鹭药业都曾是 2009 年至 2010 年的大牛股，其中，华兰生物的涨幅在 2009 年、2010 年分别达 193.85%、46.81%，双鹭药业的涨幅分别达 163.64%、93.10%。尽管它们都是质地优良的成长股，但由于当时的估值过高，导致它们之后巨幅下跌。

从 2011 年至 2018 年，医药行业整体投资收益率较差，医药行业基金也一直表现欠佳。从基金成立日至 2017 年底的 7 年时间，汇添富医药保健混合 A、易方达医疗保健行业混合的复权单位净值增长率分别为 61.60%、62.50%。在经过 2018 年的熊市打击后，截至 2018 年底，这两只基金的复权单位净值增长率分别下降至 31.73%、39.10%。

2. 医药指数估值再次升至高位

从 2019 年起，医药股再次迎来强劲的风口，创新药和医疗服务板块涨势如虹。汇添富医药保健混合 A、易方达医疗保健行业混合在 2019 年的收益率分别高达 61.48%、58.30%，超过前 8 年的总和，这两只基金在 2020 年的收益率分别高达 89.84%、74.21%。

从 2019 年至 2020 年，全部医药行业基金的中位数累计收益率达 149.34%。其中，广发医疗保健股票 A（代码：004851）、中欧医疗保健健康混合 A（代码：003095）、博时医疗保健行业混合 A（代码：050026）、交银医药创新股票 A（代码：004075）、工银瑞信前沿医疗股票（代码：001717）的累计收益率分别为 264.23%、248.43%、239.47%、238.94%、236.80%，排名前五。

在这轮医药股的暴涨中，中欧医疗健康的基金经理葛兰成为超级明星，与重仓白酒股的张坤、刘彦春并称坤坤、春春和兰兰，被粉丝们"偶像化"。从 2018 年底至 2021 年三季度末，中欧医疗健康的净资产规模由 15.43 亿元激增至 634.4 亿元，持有人户数由 23.30 万户增长至 289.19 万户。

经过 2019 至 2021 年上半年的大涨后，中证医药指数成分股的平均估值在 2019 年初的 23 倍市盈率的基础上大幅攀升，2020 年 7 月底一度达到 60 倍。2021 年三季度，中证医药指数向下调整，估值回落到 30 多倍。

不少医药、医疗服务股的市盈率仍然很高，有些高达七八十倍，甚至上百倍，显示了市场对这些股票未来高增长抱有很高的预期。但是，从过去 10 年医药股的历史波动情况看，要在未来 10 年保持预期中的高增长可能很难。如果未来的实际增长率低于预期，医药行业基金的未来表现有可能会像 2011 年至 2018 年一样，出现均值回归。

3.5.4　制造行业基金

案例 3.26

融通行业景气混合 A，近 5 年年化涨幅为 19.53%

Ⅰ.基金简介

代码：161606；成立时间：2004 年 4 月 29 日；投资范围：A 股；基金类型：混合型基金，股票仓位要求为 30%～95%；基金规模：截至 2021 年 9 月 30 日，基金规模为 35.91 亿元；业绩表现：截至 2021 年 9 月 30 日，近 5 年年化涨幅为

35.75%，最大回撤率为 -26.13%；晨星评级：三年三星，五年三星。

Ⅱ. 基金经理邹曦

邹曦，中国人民银行研究生部金融学硕士、北京航空航天大学工程学学士。2001 年 2 月加入融通基金，历任市场拓展部总监助理、机构理财部总监助理、行业分析师、宏观策略分析师、基金管理部总监、研究策划部总监、副总经理等；2007 年 6 月至 2012 年 1 月、2012 年 7 月至今任融通行业景气的基金经理。

据 2021 年三季报，他共管理 5 只基金，合计管理规模为 80 亿元。

人的城市化，带来周期股的长坡和厚雪

从 2007 年至 2017 年，邹曦用 10 年时间构建了自己的产业趋势投资体系。

自 2007 年 6 月担任融通行业景气的基金经理，在 A 股的大起大落中，他曾顺风顺水，也曾吃亏、摔跟头，投资体系有过两次比较大的跃升：先是从 2012 年起基本确定了以 α 为主的投资思路；2017 年，他又把以 α 为主的方法总结进化为产业趋势投资。

邹曦把产业趋势定义为社会经济生活中的结构性变化，而产业趋势的确认包括盈利增长预期和事件驱动两方面：如果事件驱动能够得到盈利增长预期（包括盈利增速和经营数据）的支持，产业趋势的确定性和推动力度将非常强。

一般而言，产业趋势按以下过程确认：趋势逻辑显现—经营数据增长—盈利加速增长。邹曦认为，至少要进入经营数据增长阶段才能有效确认产业趋势，否则只能进行主题投资。

从组合管理的角度，邹曦希望做到风格中性，只有这样才能实现多样化和分散风险。在组合管理层面，邹曦将其总结为：一般情况下的 α，极端情况下有限度的 β。

首先，他把市场上所有行业按照驱动力分为四大板块：利率驱动的金融地产板块，固定资产投资驱动的投资相关板块，消费驱动的消费相关板块，技术进步驱动的科技板块。

四大板块驱动力不同，相关性较低，板块间的配置属于 β，由宏观策略决定。邹曦的投资组合基本保持一半的周期股、价值股，一半的消费股、成长股，四大板块的配置、风格配置偏离一般不超过 10%。

然后，邹曦会在每一个板块中根据产业趋势选定 1～2 个行业，再在每一个行业里精选 2 ～ 3 只个股。因此，邹曦的投资组合中一般很少超过 20 只股票，前十大重仓股市值占比一般可以超过 80%。

虽然个股很集中，但是由于风格中性、行业配置均衡，且每个板块中的标的都是优中选优，组合的波动性比市场整体水平弱很多。

近几年，邹曦在构建投资组合时一直青睐周期股，和市场偏爱科技、消费、医药的主流趋势迥然不同。

他说："中国正在进入新的阶段——人的城市化，而市场低估了这一社会体系的重大变革。在未来 5 ～ 10 年，房地产和基建投资大概率都将保持平稳增长，对于周期股而言是真正的长坡和厚雪。"

1. 无结构，不投资

邹曦早期做行业研究和宏观策略研究，2007 年开始做投资。当时，宏观经济正处于重化工业的高景气度时期，他在 2011 年以前的投资有一定的路径依赖，主要以自上而下的宏观观察和周期板块的投资为主，组合里面隐含了较强的 β。另外，当时他对各类资产的组合管理也没有认识到位。因此，从 2010 年至 2011 年，他在投资上受过不少教训。

从 2012 年开始，邹曦对组合中的 α 和 β 进行了分解，确定了一项基本原则：一般情况下的 α，极端情况下有限度的 β，组合管理以行业 α 和公司 α 为主，做到风格中性。

于是，从 2012 年至 2017 年，邹曦加强了对科技股和消费股的研究。除了周期股外，也配置科技股、消费股，使得投资组合更加均衡。

另外，在研究科技股和消费股的过程中，邹曦一直在寻找一以贯之的研究方法，也就是对各类资产都适用的投资体系。随着对各个行业理解的加深，在投资实践过程中，他慢慢找到了产业趋势投资的方法，在 2017 年基本成型。

邹曦对产业趋势的定义是社会经济生活中的结构性变化，包括技术进步、社会体系变革、经济体制改革等。这些结构性变化因素是长变量和慢变量的综合，比周期景气的波动更能准确地把握。

邹曦的投资原则是"无结构，不投资"。如果没有找到结构性的产业趋势，他不会轻易介入。这也是一种中观的研究，但不同的是，他更关注结构性的变化，从某种意义上来说，景气周期的变化只是一个结果。

举例来说，在研究消费股时，邹曦更多关注社会体系变革所带来的生活方式的改变，消费者的消费习惯与行为将随之变化，消费需求的变化会成为必然结果。

在研究产业趋势时，邹曦重点跟踪两类指标。

第一类是结果性数据，如消费需求的变化、产品价格与销量的波动，它们是大家都在跟踪的数据，在某种意义上可以验证产业趋势是否在持续。

第二类是与产业趋势逻辑链有关的指标。邹曦推导出一个行业发生结构性变化时，必然会有一系列的逻辑链条。比如，在工程机械行业，除了房地产建设需求变化带来的景气波动外，还需关注逻辑链条中与存量更新需求、机器替代人的可能性等关键指标相关的先导数据，包括存量更新周期、农民工的供给和收入增长情况等。这些数据具有一定的前瞻性，可以对产业趋势的变化进行跟踪和验证。

一位带他入行的领导说，要见微知著，顺势而为。运用到具体投资中，他的理解就是要厘清逻辑链条，顺应产业趋势，密切跟踪逻辑链条中的相关指标和数据，通过微小的，甚至是不直接相关的变化预判结果，做到见微知著。

如果把一家公司或一个行业的成长看作螺旋形上升的过程，可以做一个简单的数学分解，即用一条斜率为正的斜线代表市场份额提升，用一个水平方向的正弦波动代表周期景气。他使用这个框架分析各个行业或公司。

以银行业为例，为什么在过去几年他很少投资银行股？因为从2018年开始，银行业发生了结构性变化，导致产业趋势受到一定压制。

在此之前，银行在资产端的差异不大，市场竞争集中于负债端，零售银行等负债端做得好会获得竞争优势。但2018年之后，政府不再对风险兜底，市场对银行资产端定价能力的要求提高，行业竞争转向资产端。由于银行需要培养风险定价能力，需要交学费，导致信用成本上升，净资产收益率（ROE）系统性下行，因此，即使宏观经济上行，银行业也比较难像过去那样因为不良资产率下降而出现好机会，而是会被结构性的产业趋势压制。

再如，房地产行业过去的商业模式是"土地银行"，利润除了来自房地产开发外，有很大一部分来自土地储备和房价升值所带来的资本利得。

但在"房住不炒"的政策明确之后，土地升值的幅度赶不上资金成本，原来有大量土地储备的房地产开发商需要去库存。因此从2019年三季度起，房地产开发商的利润率整体持续下行。

2. 市场对周期股的认识是错的

无论是从人口结构，还是从国家政策的角度来看，中国都正在进入新的阶段——人的城市化，这必然会带来中心城市的快速发展。

中国在过去并没有有效地实现人的城市化，2 亿农民工不是以家庭为单位在城市生活。很多人错误地认为中国 60% 的城市化率已经比较高了，但真实的城市化率只有 45% ~ 50%。

两年前，中国已经开启了人的城市化的过程，农民工不仅在城市里工作，也会在城市里生活。未来 5 ~ 10 年，房地产和基建投资可能都会保持平稳增长，对于周期股而言是真正的长坡和厚雪。

在周期方面，2016 年、2017 年，政府推动供给侧结构性改革，通过"三去一降一补"①实现市场出清。

人的城市化会推动中国经济进入一个新阶段，周期相关行业增长的可持续性会远远超过大家的想象。在工程机械、重型卡车、水泥以及消费建材等领域，都呈现很强的结构性产业趋势。

例如，工程机械行业的结构性产业趋势表现为存量更新需求和机器替代人的需求。一方面，当中国经济从 2016 年开始进入存量经济时代之后，工程机械的保有量处于历史高位，每隔一段时间就需要更新，与经济波动的相关性相对较小，比较确定和稳定；另一方面，随着劳动力红利的消失，农民工工资成本上升，建筑工地上劳动力紧缺的状况一直持续，机器替代人的需求比自动化更强烈。

在过去增量经济时代，房地产和基建投资的周期波动大；在存量经济时代，房地产和基建投资的周期波动变小。

在这个背景下，从 2017 年开始，存量更新需求和机器替代人的需求推动工程机械、重卡、水泥等行业周期板块持续增长。这种由结构性产业趋势带来的增长持续性更强，也已超过当初最乐观的预期。

工程机械、重卡、水泥等行业的竞争格局如何？工程机械行业的竞争格局最好，其次是水泥行业、重卡行业。

工程机械行业的竞争格局出现优化趋势，主要表现在不再以规模和价格作为主要竞争手段，而是以品牌、渠道、成本控制和技术进步作为主要竞争手段。打价格战时，在二线企业降价 10% 的背景下，龙头企业只需降价 2% 就能保持市场份额。

---

① "三去一降一补"，即去产能、去库存、去杠杆、降成本、补短板。

在投资框架上，邹曦对周期股投资又做了区分，将其分为逆周期（与房地产和基建相关）和顺周期（与出口和制造业相关）两条主线，在组合管理上也尽量做到两条主线在 β 上的中性。

邹曦的投资组合中低估值股票很多，但他没有产生掉入估值陷阱的感觉。他认为，投资的关键在于是否能找到正向的产业趋势，比如银行和房地产行业，估值中枢下移，就成为低估值陷阱。如果找到产业趋势为正的行业，低估值股票的股价就会持续上涨。

对于低估值股票，要辨别它是陷阱还是机会，主要看产业趋势。

邹曦喜欢关注估值处在两头的公司，即市盈率 10 倍以下的公司和市盈率 100 倍以上的公司。市盈率 100 倍以上的产业趋势肯定足够鲜明，如果能在市盈率 10 倍以下的行业中找到产业趋势向上的，会额外获得估值修复机会。

邹曦不太喜欢市盈率二三十倍的股票，因为它们所处的产业或者趋势不鲜明，或者向上的斜率不够陡。他配置的消费股相对较少也与这个因素有关。

邹曦可以容忍高估值。他认为，只要产业趋势没有改变，就不用在意它的估值是多少，因为谁也不知道它的估值会涨到多少。他持有股票的估值经常从一二十倍涨到五六十倍。

至于什么时候卖出，他认为，主要看是不是出现估值荒谬，具体判断时，应与同类公司的历史估值以及海外同类公司的市值相比。券商股、军工股在 2015 年都曾出现估值荒谬，2020 年部分半导体公司的估值也曾接近这种状态。

3.6 主动 QDII 基金

投资海外证券市场的 QDII 基金，可分为指数 QDII 基金和主动 QDII 基金。在第 2 章第 2.4 节，我们已经对指数 QDII 基金做了介绍，本节主要介绍主动 QDII 基金。

笔者认为，对于内地投资者而言，在选择 QDII 基金时，如果是从大类资产配置的角度寻找与 A 股市场相关系数相对较小的产品，那么可以选择投资美国、欧洲、日本的指数 QDII 基金；如果是因为看好在海外上市的中国公司，那么可以选择以港股为主要投资对象的 QDII 基金，或者在全球市场投资中国公司的 QDII 基金。

3.6.1　以港股为主要投资对象的 QDII 基金

案例 3.27——

富国中国中小盘混合，近 5 年年化涨幅为 14.7%

Ⅰ.基金简介

代码：100061；成立时间：2012 年 9 月 4 日；投资范围：港股中的中国概念中小盘股票；基金类型：股票型基金，股票仓位要求不低于 60%；基金规模：截至 2021 年 9 月 30 日，基金规模为 49.24 亿元；业绩表现：截至 2021 年 9 月 30 日，近 5 年年化涨幅为 14.7%，最大回撤率为 -24.1%。

Ⅱ.基金经理张峰

张峰，硕士研究生，曾担任摩根士丹利（亚太）公司（香港）金属和矿产及汽车股票分析助理、里昂证券（亚太）公司（香港）中国金属和矿产股票分析员、摩根大通证券（亚太）公司（香港）中国金属和矿产股票研究分析员及执行董事、美林（亚太）有限公司大中华区采矿及金属研究部主管及高级董事；2009 年 7 月起任富国基金周期性行业分析团队负责人；2012 年 9 月 4 日起担任富国中国中小盘的基金经理。

据 2021 年三季报，他共管理 7 只基金，合计管理规模为 147 亿元。

选股的核心是预测盈利增长的变化

张峰深耕港股市场近 20 年，在香港买卖方圈里被亲切地称为"老大哥"，他曾先后供职于摩根士丹利、里昂证券、摩根大通、美林等国际大型机构，资历深厚、经验丰富。

张峰现在领导着一支由十几个人组成的海外股市投研团队，在国内公募海外投资团队中处于行业前列。他的代表作——富国中国中小盘混合（QDII）由他独立管理了 9 年，9 年来整体业绩出色。

张峰的主要投资方法是自下而上选股。在张峰优异业绩的背后，是常年奔波于北上广深港的调研，是每年几千个电话会议，是他和同事对上市公司的跟踪研究。他选股时主要依靠团队协作，要求团队成员比别人勤奋一点，并且不能骄傲。

虽然中国的上市公司在 A 股、港股、美股等几个市场加起来有上万家，但长期业绩真正优于市场平均水平的公司可能只有百分之一，甚至不到百分之一。在这百分之一的好公司中，能够穿越牛熊的好公司更是少之又少，有些好公司会持续成长，有些则过几年会被淘汰，这正是投资的难点。

张峰选择股票时会参考一些指标，不过，并没有一成不变的公式。他认为，选股的关键是要对盈利增长有比较好的把握。他把大量时间用在研究上市公司的业绩增长上，因为买东西关键要看性价比，不好的行业中也有成长性不错的公司。

张峰整个团队都很认同 GARP 策略[①]，尽可能以便宜的价格买入具有较好成长性的股票。

富国中国中小盘混合的特点是以不低于股票资产的 80% 投资于在香港证券市场交易的中小盘中国概念股，而中小盘股的波动较大，尤其是 100 亿元市值以下的小盘股，如果持有过多容易在流动性上出问题，因此，张峰的仓位会比较分散，持股集中度不高。

有些股票不仅质地好，而且被低估，长期持有会有非常好的收益。但是，也有相当多的股票受周期等因素的影响比较大，如果简单地采用买入持有的策略未必行得通，这样就需要进行一定的交易。

张峰认为，买卖个股很难通过自上而下做判断，而是要根据性价比来决定。一些个股的股价波动较大，他买入的是确定性高、短中长期表现都比较好的股票，但很少从行业角度去选择。

他不会先判断市场处于什么阶段然后再选股，因为坦率地说，他对宏观环境并没有什么把握。涨潮的时候，买什么都会涨，但落潮呢？可能会出现麻烦。

在宏观环境比较差时，大部分公司都会受周期影响，不受影响或受影响很小的只是极少数。在这种情况下，专注做 A 股或港股有局限性，最好的办法是 A 股、港股、美股一起做，使选择余地更大。

投资组合的调整则主要看增长的变化，因为股价对增长的变化很敏感。另外，不同行业的敏感度有较大差别。例如，在拐点出现时，周期性行业的股价会波动得很厉害，消费品行业的股价则会相对平缓一些。

总体上，能穿越整个牛熊周期的好股票非常少，很多事情回过头来看似乎很

---

① GARP（growth at a reasonable price）是一种混合的股票投资策略，目标是寻找某种程度上被市场低估同时有较强的持续稳定增长潜力的股票。

简单，但在当时的时点和环境中，却充满不确定性。

港股中有很多老千股[①]，这会给投资带来很大的风险吗？对于这个问题，张峰表示，香港几千家上市公司中有大量公司投资价值较低，美股也一样。但是，一个以机构投资者为主的市场与一个以散户为主的市场相比，哪个市场更容易出现老千股呢？

实际上，港股过去的问题是奖优功能不足，但惩罚机制还是很好的。近两三年来，北水南下的资金主要来自机构投资者，买的都是好公司，这些投资者不会像 2015 年热钱南下时那样，即使是烂股也去买。烂公司的股票，你可以把股价买上去，却不会有人接盘，因为市场中的投资者主要是机构投资者。

成长股的范畴广泛，不仅包括科技股，也包括消费股、医药股、互联网股等，张峰没有特别看中某个行业然后集中持有。无论哪个行业的股票，短期遇到风口都会普涨，但最终能长期跑出来需要有良好基本面的支撑。

张峰会持续挖掘长期成长确定性高的好股票。市场从来都不缺好股票，很多好股票在被他发现时，市场上很少有人关注。好赛道中不一定有好标的，好股票也并不限于科技股、消费股，股票投资可以不拘一格，投研的核心目标是锻炼自己和团队持续挖掘好股票的能力。

案例 3.28

国富大中华精选混合，近 5 年年化涨幅为 22.09%

Ⅰ. 基金简介

代码：000934；成立时间：2015 年 2 月 3 日；投资范围：重点投资于大中华企业；基金类型：混合型基金，股票比例为 40%～95%；基金规模：截至 2021 年 9 月 30 日，基金规模为 33.68 亿元；业绩表现：截至 2021 年 9 月 30 日，近 5 年年化涨幅为 22.09%，最大回撤率为 −25.54%。

Ⅱ. 基金经理徐成

徐成，2006 年 6 月至 2008 年 11 月，任永丰金证券（亚洲）上海办事处研究员；2008 年 11 月至 2015 年 09 月，任新加坡东京海上国际资产管理有限公司上海办

---

① 老千股是港股市场中特有的一种股票，这类股票的特点是随时大幅折价增发，股价暴跌后再来将股票合并，周而复始。

事处首席代表；2015年9月加入国海富兰克林，当年12月起任国富大中华精选混合的基金经理。

据2021年三季报，他共管理7只基金，合计管理规模为156亿元。

在宏观背景下比较行业景气度

"超级勤奋！"每当提起徐成，他的同事们都感慨有加，"我们经常在凌晨一两点收到他的邮件。"

"担任基金经理5年，胖了40斤，"徐成自嘲，"做投资是我的兴趣爱好，不知不觉就经常加班加点。"

徐成有15年投研经验，曾在外资券商和保险资管任职，2015年投身公募基金行业，长期对行业和重点个股保持跟踪研究，跨市场投资经验丰富。

在不同的经济周期选择不同的行业，然后在行业里面选一些优质的公司。徐成将自己的投资框架总结为自上而下与自下而上相结合，在宏观背景下比较行业景气度进行投资，不仅有提前买入新兴产业的左侧布局，而且会抓住周期股的底部反弹机会。

徐成之前在保险公司工作过六七年，保险公司的投资目标就是战胜指数，时时刻刻衡量每个行业是需要超配、标配还是低配。他就是在这个过程中形成了自上而下进行行业比较的框架。

行业选择主要是在宏观背景下比较行业景气度。比如，在经济比较好的时候，他会选择和经济相关性比较强的一些行业，如化工、金融等行业；在经济不是特别好的时候，比如2019年和2020年上半年，他会选择一些偏α的行业，如医药、必选消费等行业。

在个股选择层面，徐成比较看重公司的管理层和核心竞争力。

不同行业的核心竞争力不同。比如科技公司，要求产品的技术含量高；消费类公司，要求品牌、渠道好；医药公司，新药研发能力、销售能力都很关键；生产型公司，要看它对成本的控制能力，对大客户灵活的、及时的响应能力。

由于徐成也在管理美元债基金，会跟踪一些宏观数据，比如全球的PMI、CPI、PPI指数，还有美国的十年期国债、就业情况、进出口数据等，再加上地产、汽车行业的销售数据以及航运数据等，基本上可以把握周期。

具体到行业，徐成认为，其实有些比较稳定的行业不用频繁跟踪，比如必选消费品行业。他跟踪的主要还是一些波动大的行业，比如周期行业，要经常看相关的库存和价格数据。

在担任研究员时期，徐成看的行业比较广，持股比较分散，投资风格为平衡偏成长，喜欢高质地的成长股，也会抓一些底部反弹的周期股机会。

对于光伏行业，徐成认为，光伏行业的关键拐点在于成本。此前，光伏发电单位成本最高时有一元多，但火电单位成本可能只有两三角，差距太大，所以光伏行业一直要依靠国家补贴。但随着技术的进步，光伏发电成本可以和火电成本持平，甚至再过几年可能低于火电成本，那么这个需求将会迎来爆炸性增长。徐成是基于这样的预期在 2019 年初去布局的。

2020 年二季度，光伏行业遭石油价格下跌牵连，再加上受疫情影响，太阳能装机量下降，股价开始下跌。而徐成一季度买的航运等品种已经基本兑现。他去找了一些前期受损处于低位，但仍然值得长期看好的行业，光伏是其中之一。现在国内火电占比大概为 60%，水电占比 20%，风电和核电占比各 5%，光伏发电占比不到 5%，如果未来火电能被完全替代，光伏行业还有很大的发展空间。

对于周期股，徐成认为，需要把握底部反弹的机会。比如，2020 年一季度经济最差的时候，徐成预期政府会加大基建方面的投资，行业景气度会往上走，再加上估值很便宜、性价比很高，他投资了建材、机械等行业。2019 年末，油价很便宜，他预期到很多人会雇佣海运公司的船去买油，那么船的租金就会上涨，所以他配置了相关公司，也取得了不错的收益。

3.6.2　在全球市场投资中国公司的 QDII 基金

案例 3.29————————————————————————————————

上投摩根中国世纪混合，成立以来年化涨幅为 13.91%

I. 基金简介

代码：003243；成立时间：2016 年 11 月 11 日；投资范围：全球市场的中国企业；基金类型：混合型基金，投资于境内市场的比例为 0 ～ 90%，投资于海外市场的比例为 5% ～ 50%；基金规模：截至 2021 年 9 月 30 日，基金规模为 1.83 亿元；业绩表现：截至 2021 年 9 月 30 日，成立以来年化涨幅为 13.91%，最大

回撤率为 -30.26%。

Ⅱ. 基金经理王丽军

王丽军（女），2000 年 7 月至 2003 年 9 月在深圳永泰软件公司任项目实施专员；2006 年 2 月至 2007 年 1 月在大公国际资信评估公司任行业评级部经理；2007 年 1 月至 2007 年 9 月在东吴基金任行业研究员；2007 年 9 月至 2009 年 5 月在申万巴黎基金任行业研究员；2009 年 10 月起加入上投摩根，担任基金经理助理、行业专家；2016 年 11 月起担任上投摩根中国纪世混合的基金经理。

据 2021 年三季报，她共管理 3 只基金，合计管理规模为 2.84 亿元。

在草根调研中发现伟大的企业

王丽军是国内很早一批跨市场研究互联网电商的投资者，她不仅目睹了 2010 年前后中国移动互联网鸿蒙时期的风起云涌，而且一路伴随，对各大互联网公司的发展路径、最新动态如数家珍。

王丽军还是市场上很早就在全球范围投资中概股的职业投资者，不同的市场环境、大量的投资标的、多变的产业趋势让她不断地拓宽自己的能力圈，从大消费到房地产，再到创新科技、医疗器械、精密制造⋯⋯

先进生产力意味着什么？意味着你要站在时代的前沿，做技术革命的弄潮儿。智能硬件、在线教育、共享经济、云计算⋯⋯一浪又一浪的新商业、新潮流汹涌而来，稍有懈怠便会被时代抛弃。不断学习，才能跟紧先进生产力的方向。

王丽军是一位非常"时髦"的基金经理。她不仅热爱工作，而且重视和享受生活，能从身边的烟火气中发现重大的投资机会。

保持这样的"时髦"会不会很吃力？这对于王丽军来说，似乎只是性格的底色。

1. 在 A 股加大开放过程中"中国世纪"诞生

王丽军入行比较早，2007 年 2 月进入基金行业做研究员，一开始主要研究大消费领域，后来慢慢延伸到房地产行业。2009 年，她加入上投摩根，担任基金经理助理、行业专家，研究方向以家电零售等大消费领域为主。2016 年 11 月起，她开始担任基金经理。

基于对国内消费领域品牌商、渠道的研究，2012 年，王丽军的研究领域开始覆盖海外，特别是电商领域。这一年电商行业跌宕起伏，唯品会在纽交所上市，打破了中概股赴美上市的僵局；京东在家电领域发起价格战，让苏宁、国美感受到了危机，两大线下零售商奋起直追、发力线上；天猫与淘宝更是在"双 11"创下了网购交易的成交量纪录……

回望过去，2015 年，其实是一个非常大的分水岭。

在 2015 年之前，国内和海外基本上是两个割裂的市场，一般投资者投国内的只投国内，投海外的只投海外，而且都是有海外背景的人在投海外市场。但在 2015 年，股市经历了大幅波动，不符合国内投资者原有的投资理念，再加上沪深港股通机制的相继建立，海外的价值投资理念对国内市场的影响开始深化。

就是在这样的背景下，上投摩根成立了海外研究小组，成为业内较早布局海外业务的基金公司之一，王丽军担任这个小组的组长。

作为小组长，王丽军当时很大一部分工作内容，是把海外的投资理念传达给国内，然后把国内一些个股的研究方法分享到海外，形成海内外研究领域的联动。所以在当时，她的小组基本上扮演的是沟通海内外市场的桥梁的角色。

基于对海内外市场的研究和对价值投资理念的认同，再加上港股通机制的建立，2016 年 11 月，王丽军推出了上投摩根中国世纪混合。在当年，这是一只市场上比较稀少的可以同时投资 A 股、H 股以及在美上市中概股的 QDII 基金。

2016 年、2017 年，价值投资理念在国内越来越受到认可，上投摩根中国世纪混合也因此取得了非常不错的业绩。

总结过往的投资经历，王丽军认为有以下三个特点。

一是她从业时间比较长，她不仅经历了市场两轮牛熊转换的洗礼，而且覆盖领域一直集中在大消费、房地产及相关产业链，逐步形成并持续完善了自己的研究和投资框架。

二是她的研究始于 2007 年房地产大周期的起点，她有多年海外市场的研究经验，并且持续跟踪关注了国内外大的经济周期。

因此，上投摩根中国世纪混合在产品设计和成立之初，一直是按照自上而下做大类资产配置的模式来运作的，王丽军希望可以根据不同的经济环境，不同的财政金融政策，相应建立她在不同环境下的投资策略。

三是在自上而下的投资策略下，王丽军不会局限于某一种风格，也不会局限于某一类行业，而是去投资细分行业或者细分板块里的龙头公司。这里的龙头公司并不仅仅指大家耳熟能详的大公司，即使一家公司市值只有 100 亿元，只要它是细分行业里的优秀公司，她都会考虑投资。

上投摩根中国世纪混合是王丽军亲眼看着诞生的一只基金，基金的名字体现了她的发行初衷和投资目标：她要找出能够代表中国未来 10 年，甚至 30 年先进生产力的优秀公司、伟大企业。

2. 寻找代表中国未来 10 年先进生产力的优秀公司

在自上而下的投资逻辑下，怎样利用宏观经济和产业发展趋势做判断？

王丽军表示，在宏观层面，可以通过一些国内和海外，尤其是中国和美国的经济数据做出大致的风格判断。比如，从 2019 年下半年到 2020 年，因为经济下行和流动性充裕，A 股一直以成长股的逻辑为主，且强者恒强，公司之间的信用利差越拉越大；再如，更大宏观层面的中美关系、汇率等问题，使得内需方面出现了很多投资机会。在这样的判断下，她相应地形成了一个大的投资框架。

另外，不同时代的优势产业是不一样的。一个很有趣的现象，在 2020 年 6 月，中证指数公司对上投摩根中国世纪混合的业绩基准——中证中国内地企业 400 指数进行了修订，除了指数名称变更为"中证中国内地企业 500 指数"外，按照新的编制方法，其指数样本的行业权重是按各行业对 GDP 增长的贡献进行分配的。

在调整后，该指数成分股大幅压缩了金融地产行业的权重，相应提高了消费行业、科技行业的权重。这反映的就是不同经济环境下优势产业的变迁。因此，王丽军要寻找的，是在当下所处经济环境中产业发展趋势较为明确的投资机会。

王丽军主要聚焦的是消费、制造业以及科技领域。

在消费领域，王丽军倾向于挖掘传统行业中有新赋能的公司。比如，她可以看到，电商的经营数据是持续增长的，而且电商的格局发生了很大变化，比如短视频的崛起、在线教育的普及等，这一方面是受疫情的影响，另一方面也反映了人们消费方式、消费理念的变化，这些变化蕴藏着很多可以挖掘的投资机会。

在制造业领域，主要包括工程机械、建材、汽车、化工等细分行业。首先，随着技术水平的不断提高，国内制造业的技术水平已经在向国际看齐，特别是在进口替代的趋势下，龙头公司的市场份额将会大幅提升；其次，这些细分行业龙头公司的估值不高，市盈率基本在 20 倍左右；最后，转型升级带来的预期差，这里主要指一些出口导向的公司，在 2020 年迅速且成功地完成了出口转内销、线下到线上的转型。

在科技领域，王丽军主要关注互联网公司。

互联网公司和软件公司不太一样，它是平台型公司，一般有两大类：一类是手里有 2 亿用户的公司，它们在想怎么破圈，把 2 亿用户扩大为 6 亿用户；另一类是手里已经有 5 ~ 6 亿用户的公司，它们在想如何把用户变现。

在用户层面，王丽军会关注用户的质量，从而判断该互联网平台的潜在用户群有多大、有没有可能持续增长等。

在变现层面，王丽军关注三种方法：广告、游戏、电商。目前，电商竞争激烈，因为它牵扯到供应链的问题，王丽军也会重点关注这些互联网公司在电商领域的动作。

另外，互联网公司是 to C 的，直接触达消费者，所以管理层的格局非常重要，这和流程化、标准化的制造业公司不太一样。因此，王丽军也会在调研中重点关注公司管理层和企业文化。

确定行业方向后，如何确定具体公司？

一是要看公司处于行业的哪个阶段。比如，创新药，如果按行业的 4 个阶段来划分，在初创期王丽军会选择研发能力强、创新技术水平高的公司；但是到了第 4 阶段，创新药需要落地时，王丽军可能倾向于投资平台型公司，因为只有渠道好的创新药公司才能真正落地产生利润。

二是要看王丽军在行业中所处的地位和优势。比如，对于已经很成熟、实现充分竞争的制造业来说，就要看公司的管理组织体系是否具有规模优势、成本优势等。但无论是成本优势、技术优势还是人才优势，ROE 都是一个关键指标。ROE 高，说明这家公司的自循环能力很强。

在成熟行业里面，王丽军倾向于选择 ROE 比较高的公司。如果一家公司连续 3 年 ROE 都稳定向上，那么它基本上可以从行业竞争里脱颖而出，而且能够稳住行业地位。

3. 留意在日常生活中收集有价值的信息

王丽军最近在看《乘风破浪的姐姐》。这个节目对她影响最大的，可能不是某一个人，而是某一类人，或者说某一类风格，就是每天都要学习、每天都要进步。

王丽军很喜欢《飘》的女主角斯嘉丽·奥哈拉。《飘》是她看了很多遍的书，她希望自己可以像斯嘉丽一样不服输，不会轻易被打倒，想做的事情一定要去做，错了就错了，跌倒了就站起来。

王丽军在 2007 年入行，其实她在 2008 年挺灰心的，因为当时她虽然每天都在做很多研究，但是市场照样下跌，从 6000 多点跌到 1600 多点，那时候的挫折感来自自己足够努力但看不到成果。但是前辈鼓励她说，其实你每天都在学习，都在进步。她也一直如此要求自己，不用在乎市场短期的波动和情绪，自己要做的就是每天都在努力。

后来，经常有人对王丽军说，基金经理应风格清晰，你的能力圈有什么就做什么。但是她不太同意这个观点，对于不懂的东西，她也要尽力去学。她认为，只有多学习，多看不同行业、不同风格的公司，在好机会来临的时候，才能有准备地把握住。

投资业其实是一个竞技类行业，它有业绩、有排名，你必须要很努力才能跟得上或者超过你的同行。当然会有压力，但竞技可以让你的状态保持得很好，促使你每天都很努力，从而保持良好的工作状态、生活状态以及健康的身体状态。因此，王丽军很喜欢这个行业。

其实王丽军不是一个只喜欢坐在案头前工作的人，也不是会去模仿投资大师风格的人，她更生活化一些。她常说自己是投资圈的广场舞大妈，出去买菜会和卖菜的人聊天，出去理发会和理发师聊天，草根调研比较多。

这两年，社会发生了很多变化，包括消费方式、生活方式，而这些变化都是在我们身边发生的，比如在线教育、免税政策等。这些来自生活的直观感受所带来的影响，可能会比数据、书籍产生的影响更早、更显著。

第4章
债券基金

债券基金属于固定收益类理财产品，主要投资于国债、央行票据、金融债、公司债等，具有收益比较稳定、风险相对较低的特点。国内很多普通投资者接触较多的是股票型基金或混合型基金等偏股基金，虽然中长期目标收益率较高，但波动较大、风险较高，容易受过度乐观或过度悲观的市场情绪影响而追涨杀跌。因此，投资者在构建投资组合时，选择和配置一定比例的债券基金，对于熨平基金组合的波动、改善投资体验，都十分重要。

债券基金以债券为主要投资对象。按照投资范围，债券基金可以分为主要投资债券的纯债基金、可以打新股的一级债基、可以用不超过20%的基金净资产投资股票的二级债基、主要投资可转债的可转债基金等。

2012年7月，中国证券业协会发布《关于首次公开发行股票询价对象及配售对象备案工作有关事项的通知》（中证协发〔2012〕150号），暂停一级债基参与新股网下申购的资格，使得一级债基的收益率表现向纯债基金靠拢。

截至2021年底，市场上共有债券基金2683只，合计管理资产净值6.88万亿元。易方达、博时、中银、招商、工银瑞信是国内前五大债券基金管理公司。

国内首只债券基金——华夏债券A/B（代码：001001）成立于2002年10月23日，这是一只一级债基。它的投资范围包括国债、央行票据、金融债、企业（公司）债（包括可转债）、资产支持证券等。该基金还可持有因可转债转股所形成的股票以及股票派发或可分离交易可转债的权证等资产，但非固定收益类金融工具投资比例合计不超过基金资产的20%。因上述原因持有的股票和权证等资产，基金将在其可交易之日起的60个交易日内卖出。基金不通过二级市场买入股票或权证。

自2002年10月23日成立以来，截至2021年9月30日，华夏债券A/B的平均年化涨幅约5.99%，历史最大回撤率为-6.47%。晨星评级为三年五星，五年五星，十年四星。

大多数普通投资者对债券基金比较陌生，主要原因之一是相对于股票而言，债券的收益率似乎缺乏吸引力。不过，如果与银行理财产品相比，债券基金的中长期收益率明显更高，基金净值向下波动的幅度也通常能控制在普通人能承受的范围内。

债券基金中的二级债基、可转债基金不仅投资债券，而且投资股票，可以融合股票长期收益率较高以及债券风险相对较低的优点，风险与收益都高于纯债基金和一级债基。

从资产配置的角度而言，债券的重要性不亚于股票。由于机构客户主要从资产配置的角度管理资金，更看重产品的波动性、最大回撤率等风险指标，大型基金公司都十分重视债券投研。国内公募基金业不仅有以张坤、刘彦春、傅鹏博等为代表的股票基金明星经理，也拥有以张清华、张芊、饶刚为代表的债券基金明星经理。

1. 易方达张清华：旗舰产品裕丰回报表现上佳

张清华，物理学硕士，曾任晨星资讯（深圳）数量分析师，中信证券研究员，易方达投资经理、固定收益基金投资部总经理、混合资产投资部总经理，现任公司副总经理级高级管理人员、多资产投资业务总部总经理、固定收益投资决策委员会委员、基金经理。

易方达裕丰回报债券（代码：000171）是张清华管理时间最长的基金之一。从 2014 年 1 月 9 日起，他担任该基金的基金经理，任期内年化涨幅达 11.01%（注：截至 2021 年 9 月 30 日）。其中，最近 5 年该基金的平均年化涨幅为 7.98%，最大回撤率为 -4.44%。

分年度看，易方达裕丰回报债券 2014 年至 2020 年连续 7 年的年涨幅依次为 21.28%、22.23%、0.98%、8.56%、4.32%、11.76%、12.54%，2021 年前 9 个月的涨幅为 5.33%。

由上述数据可见，以易方达裕丰回报债券为代表的二级债基虽然在长期收益率方面逊于偏股型基金，但它最大的优点是波动相对较小，风险远低于偏股型基金。在熊市中，偏股型基金往往会亏损百分之一二十甚至更多，而易方达裕丰回报债券自 2014 年以来却能做到每年正收益，殊为不易。

易方达在固收投资领域处于领先地位，公司服务客户覆盖社保、年金理事会、银行、保险、信托、财务公司、基金会、上市公司及个人投资者等类型。截至 2021 年 6 月 30 日，公司纯债和现金管理类资产管理规模为 8313 亿元，具有领先的行业地位。

易方达拥有超过 60 位固收投研人员，平均从业年限超过 9 年，积累了丰富的多类型、大规模账户的投资管理经验。公司固定收益投资决策委员会成员包括马骏、胡剑、张清华、王晓晨、袁方、刘朝阳、祁广东等。其中，马骏为公司常务副总裁，是易方达在固收投资领域的奠基者和领军人物。

易方达建立起行业领先的信用研究体系，全方位控制信用风险，有效提高业务能力。策略研究覆盖可转债策略、信用策略、衍生品策略、量化策略、宏观基本面及利率策略等。公司自主开发投资管理平台，支撑固定收益研究、投资、交易全过程，具有行业领先地位。

2. 广发基金张芊：以攻为守，兼具选时选股能力

基金经理张芊（女），清华大学经济学硕士，法国工程师学院MBA，美国特许金融分析师。现任广发基金副总经理，兼任公司固定收益投资总监、固定收益管理总部总经理、基金经理。

2001年6月至2012年2月，张芊相继在中国银河证券研究中心、中国人保资产管理有限公司、工银瑞信和长盛基金从事固定收益类投研工作，2012年2月加入广发基金后，任固定收益部总经理。

张芊现在共管理9只基金，合计管理基金规模为327.78亿元。其中，广发聚鑫债券A（代码：000118）是她管理时间最长的基金，从2013年7月12日起，她就担任该基金的基金经理。

广发聚鑫债券A成立于2013年7月12日。截至2021年9月30日，该基金近5年年化涨幅为8.23%，最大回撤率为-11.13%。晨星评级为三年五星，五年五星。

张芊对广发聚鑫这只基金产品的投资特点：用纯债来做流动性管理，用可转债来做增强收益，用成长股来捕捉超额收益。她对宏观周期具有敏锐的把握能力，同时具有较强的成长股投资能力。

对于纯债，张芊的投资原则是"不愿意冒信用风险"，更多是将其作为流动性管理的工具。纯债不是为了增强收益弹性，而是为加减仓转债和股票服务。

对于可转债，张芊展示了较强的选时能力。她曾经在2015年高位清仓可转债。2018年下半年，她又逆市加仓，较好地把握了2019年可转债的牛市。2020年末，当可转债的性价比下降时，她又大幅减仓，可转债的持仓占比为13.34%。

在接受猫头鹰研究院调研时，张芊说："早期转债品种较少，主要做波段；现在品种多了，择券余地很大。我会在转债估值较低、债性有一定保障的时候提升仓位。另外，我们倾向于左侧操作，不赚最后一分钱。"

对于股票投资，与大多数债券基金的基金经理偏爱白马股不同，张芊偏好成长股，追求个股的超额收益。她会深入一线调研公司，从中长期的视角发掘成长型公司。她管理广发聚鑫债券 A 至今已超过 8 年，在此期间，该基金的股票仓位占基金净资产的比例长期接近 20%，即契约规定的上限。

3. 睿远基金饶刚：陈光明的左膀右臂

2021 年，原东证资管副总经理饶刚加盟睿远基金，是国内固收领域比较引人关注的事件之一。

饶刚，1973 年出生，复旦大学数理统计硕士研究生，自 1999 年 7 月至 2003 年 7 月在兴业证券研究部、投资银行部工作，自 2003 年 7 月至 2015 年 4 月在富国基金工作，历任研究员、固定收益部总经理兼基金经理、总经理助理等。在富国基金工作期间，他确立了自己在固收领域的明星基金经理地位。

从 2006 年 1 月 12 日至 2015 年 3 月 13 日，饶刚担任一级债基——富国天利增长债券（代码：100018）的基金经理，平均年化涨幅为 10.96%。

2015 年 5 月，饶刚从富国离职，加入陈光明担任总经理的上海东证资管，2016 年 6 月起任副总经理。从 2016 年 7 月 28 日至 2021 年 3 月 13 日，饶刚担任东方红汇阳债券 A（代码：002701）的基金经理，该基金平均年化涨幅为 6.11%。

2021 年 3 月，饶刚从东证资管离职，加入陈光明于 2018 年创立的睿远基金。2021 年 12 月 2 日，睿远旗下第三只公募基金——睿远稳进配置两年持有混合 A（代码：014362）发行，这是一只债券基金，首募规模限额 100 亿元，由饶刚管理。当天，该基金获得超过 1000 亿元的认购，配售比例为 9.8%。

4.1　纯债基金

纯债基金是主要投资债券，不投资股票或者可转债的基金。纯债基金投资的债券又可分为利率债和信用债。

利率债主要包括财政部发行的国债、地方政府委托财政部发行的地方政府债、国家三大政策性银行发行的政策性金融债、铁道债（政府支持机构债）、央行票据等。利率债的发行人有国家或中央政府信用作背书，可以认为不存在信用风险，价格波动主要受宏观经济因素变化所带来的利率变动影响。

信用债主要包括企业债和公司债、普通金融债（包括商业银行和非银金融机构发行的债券）、次级债和混合资本债（一般为商业银行为满足巴塞尔协议要求发行的债券）、交易商协会主导的一些企业债务融资工具（包括短融、超短融、中票等）。信用债的发行人没有国家信用作背书，存在发行人的信用风险，同时利率债之间存在信用利差。利率、发行人的经营状况变化等都是影响信用债价格的重要因素。

案例 4.1 —————————————————————————

国寿安保安康纯债债券，近 5 年年化涨幅为 4.28%

Ⅰ. 基金简介

代码：003285；成立时间：2016 年 9 月 2 日；业绩表现：截至 2021 年 9 月 30 日，近 5 年年化涨幅为 4.28%，最大回撤率为 -3.28%；晨星评级：三年四星，五年四星。

Ⅱ. 基金经理李一鸣

李一鸣（女），曾任中银国际定息收益部研究员、中信证券固定收益部研究员；2013 年 11 月加入国寿安保；2015 年 1 月起开始独立管理公募基金。在国寿安保安康纯债债券成立后，她一直担任该基金的基金经理。

据 2021 年三季报，她共管理 8 只基金，合计管理规模为 303 亿元。

案例 4.2 —————————————————————————

华泰柏瑞季季红债券 A，近 5 年年化涨幅为 4.41%

Ⅰ. 基金简介

代码：000186；成立时间：2013 年 11 月 13 日；业绩表现：截至 2021 年 9 月 30 日，近 5 年年化涨幅为 4.41%，最大回撤率为 -3.03%；晨星评级：三年四星，五年五星。

Ⅱ. 基金经理罗远航

罗远航，清华大学应用经济学硕士，2011 年 7 月加入华夏基金，曾任固定收益部研究员、交易管理部交易员、现金管理部研究员等；2014 年 8 月至 2016 年 11 月担任华夏理财 30 天债券 A、华夏保证金理财货币 A 等基金的基金经理；

2017 年 3 月起担任华泰柏瑞季季红债券 A 的基金经理。

据 2021 年三季报，他共管理 5 只基金，合计管理规模约 60 亿元。

案例 4.3

富国信用债债券 A/B，近 5 年年化涨幅为 4%

Ⅰ. 基金简介

代码: 000191；成立时间: 2013 年 6 月 25 日；业绩表现: 截至 2021 年 9 月 30 日，近 5 年年化涨幅为 4%，最大回撤率为 -2.81%；晨星评级: 三年四星，五年四星。

Ⅱ. 基金经理黄纪亮

黄纪亮，浙江大学数学学士，华东师范大学统计硕士。自 2008 年 7 月至 2012 年 11 月在国泰君安证券从事债券研究；2012 年 11 月加盟富国基金；2013 年 2 月起担任基金经理；2014 年 6 月 21 日至今管理富国信用债债券 A/B。

据 2021 年三季报，他共管理 8 只基金，合计规模约为 500 亿元。

4.2　一级债基

一级债基以投资债券为主，债券比例不低于 80%，不能通过二级市场购买股票，但可以在一定期限内持有可转债转股所得股票及可分离债分离后所得权证，合计持有权益资产的比例不超过 20%。

案例 4.4

招商双债增强债券，近 5 年年化涨幅为 5.04%

Ⅰ. 基金简介

代码: 161716；成立时间: 2015 年 3 月 2 日；业绩表现: 截至 2021 年 9 月 30 日，近 5 年年化涨幅为 5.04%，最大回撤率为 -2.17%；晨星评级: 三年四星，五年五星。

Ⅱ. 基金经理刘万锋

刘万锋，2005 年 7 月加入北京吉普汽车有限公司，任财务岗，从事财务管理工作；2009 年 7 月加入国家开发银行资金局，任交易员，从事资金管理、流动性组合管理工作；2014 年 6 月加入招商基金，任助理基金经理，从事利率市场化研究，并协助基金经理进行组合管理；2015 年 1 月 14 日起任招商现金增值货币基金经理；2015 年 6 月 9 日起任招商双债增强债券基金经理。

案例 4.5 ————————————————————————————

兴全磐稳增利债券 A，近 5 年年化涨幅为 4.46%

Ⅰ. 基金简介

代码：340009；成立时间：2009 年 7 月 23 日；业绩表现：截至 2021 年 9 月 30 日，近 5 年年化涨幅为 4.46%，最大回撤率为 -4.81%；晨星评级：三年三星，五年三星。

Ⅱ. 基金经理张睿

张睿，2005 年加入红顶金融工程研究中心任研究部经理；2007 年加入申银万国证券研究所任高级分析师；2010 年加入兴业全球基金；2012 年 4 月 27 日至 2013 年 7 月 11 日任兴全磐稳增利债券 A 的基金经理；2015 年 11 月 2 日起，再次担任该基金的基金经理。

据 2021 年三季报，她共管理 3 只基金，合计管理规模约为 92 亿元。

4.3 二级债基

二级债基以投资债券为主，同时可以参与打新股和二级市场股票交易，但股票持有比例不超过基金净资产的 20%。

案例 4.6 ————————————————————————————

易方达稳健收益债券 A，近 5 年年化涨幅为 6.38%

Ⅰ. 基金简介

代码：110007；成立时间：2005 年 9 月 19 日；业绩表现：截至 2021 年 9 月 30 日，近 5 年年化涨幅为 6.38%，最大回撤率为 -4.15%；晨星评级：三年四星，五年四星。

Ⅱ. 基金经理胡剑

胡剑，经济学硕士，公司固定收益部总经理。2006 年 7 月加入易方达，曾任固定收益部债券研究员、基金经理助理兼债券研究员；自 2012 年 2 月 29 日起任易方达稳健收益债券 A 的基金经理。

据 2021 年三季报，他共管理 12 只基金，合计管理规模约为 583 亿元。

案例 4.7

广发集裕债券 A，近 5 年年化涨幅为 5.70%

Ⅰ. 基金简介

代码：002636；成立时间：2016 年 5 月 11 日；业绩表现：截至 2021 年 9 月 30 日，近 5 年年化涨幅为 5.70%，最大回撤率为 −8.37%；晨星评级：三年四星，五年四星。

Ⅱ. 基金经理曾刚

曾刚，现任广发基金混合资产投资部总经理，迄今已有 13 年的债券基金管理经验，是债券圈的一位老将。他从 2021 年 4 月 8 日起接任广发集裕债券 A 的基金经理。

1994 年至 1995 年，曾刚曾在北京商品交易所、海口商品交易所负责场内交易，见证过期货市场的风起云涌。2001 年，曾刚清华大学 MBA 毕业后，加入红塔证券。

2008 年 5 月，曾刚加入华富基金，很快在公募债券基金业崭露头角。2011 年底，因其管理的华富收益增强债券 A（代码：410004）年化涨幅达到 7.58%，业绩排名居前，他被挖角到汇添富基金。

2011 年底至 2020 年，曾刚在汇添富基金任固定收益部投资副总监。汇添富多元收益债券 A（代码：470010）是他管理时间最长的二级债基。从 2012 年 9 月 18 日到 2020 年 9 月 18 日，该基金在他任职期内的年化涨幅达 8.68%。

从汇添富离职后，曾刚于 2020 年 9 月加盟广发基金，并于 2021 年起陆续担任广发集嘉债券 A（代码：006140）、广发集裕债券 A（代码：002636）等基金的基金经理。

据 2021 年三季报，他共管理 7 只基金，合计管理规模为 193 亿元。

4.4 可转债基金

可转债基金的主要投资对象是可转债（包括可分离交易可转债），投资于股票的比例一般不高于 20%。

案例 4.8 ————————————————————————————————

兴全可转债混合，近 5 年年化涨幅为 10.04%

Ⅰ.基金简介

代码：340001；成立时间：2004 年 5 月 11 日，是国内第一只可转债基金；业绩表现：截至 2021 年 9 月 30 日，近 5 年年化涨幅为 10.04%，最大回撤率为 -13.08%；晨星评级：三年三星，五年四星。

Ⅱ.基金经理虞淼

虞淼，历任兴业证券研究员，兴全基金研究员、专户投资经理、兴全合宜混合的基金经理助理；2019 年 1 月起任兴全可转债的基金经理。

据 2021 年三季报，他共管理 2 只基金，合计管理基金规模约为 65 亿元。

投资可转债资产要具备逆向思维

兴全可转债是兴证全球基金发行的第一只公募基金，而现任基金经理虞淼的身上，则汇集了公司 17 年投研文化的传承和发展。

虞淼，兴证全球基金自主培养的新一代基金经理，他毕业于清华大学、斯坦福大学，是一名妥妥的"学霸"基金经理。2010 年至 2012 年，他在兴业证券研究所担任地产行业研究员；2012 年 7 月来到兴证全球基金，研究领域逐渐从地产拓宽到交通运输、宏观策略、金融等领域。从覆盖行业来看，虞淼的能力圈整体偏周期板块。

由于金融地产、交通运输中的子行业多有低估值、高分红的特征，2016 年，虞淼被公司委派从研究员转任专户投资经理，管理主要运用"高股息策略"的专户产品。

虞淼自此走上投资一线。

2018 年一季度，300 亿元规模的兴全合宜成立时，公司基于规模为谢治宇增聘助理，虞淼因此转身公募，担任兴全合宜的基金经理助理；2019 年 1 月，虞淼正式走上基金经理岗位，单独管理兴全可转债混合。

兴证全球基金成熟的投研文化在虞淼身上潜移默化地留下了痕迹。

一方面，管理主要运用"高股息策略"的专户产品的经历让他非常看重估值和盈利的匹配程度，偏好低估值、高股息的资产，以控制向下风险；另一方面，虽然过往经历让他当下的投资风格偏于价值，但他受谢治宇等人均衡投资理念的影响，希望自己成为一名"价值为底、适当均衡"的基金经理。

虞淼认为，虽然可转债和股票的投资方法有很大区别，但万变不离其宗，都是寻找向上空间大于向下风险的好资产。此外，地产行业研究员出身的他一直保持对行业的跟踪。在市场普遍不看好的情况下，他从担任基金经理之初就坚定持有地产股，看好其低估值下的低风险，以及行业集中度提升带来的投资机会。

1. 价值为底，适当均衡

投资风格其实反映的是投资者的性格和经历。虞淼偏好低估值、高股息的资产，这在很高程度上受他在管理专户产品时期"高股息策略"的影响。因为高股息的公司一般商业模式都比较好，而低估值的资产向下空间相对有限。

市场上有很多商业模式很好的公司，也有很多行业壁垒很高的公司，但它们的估值往往很高，投资者能否接受它们的估值，取决于估值和盈利匹配度，每个人的偏好不一样。

比如白酒行业，这个行业的商业模式很好，在 2017 年及以前仍然处于高股息、低估值、高增长的阶段；但 2020 年以后，白酒行业开始进入低估值的过程，盈利相对平淡，比如部分龙头公司每年保持 20% 左右的增长，但是它的估值一直在上升。

的确，这可能会让很多人更认可这个模式，但对于相对看重估值的虞淼来说，2018 年以后对白酒行业就配置得比较少了。

同时，在拓宽投资视野之后，虞淼也在不断学习反思。

一方面，单靠"高股息策略"很容易陷入"价值陷阱"；另一方面，"高股息策略"和虞淼过去以周期股为主的研究领域有很大交集。所以，他也通过学习和团队交流不断拓宽自己的能力圈，调整对估值的容忍度，关注一些中等估值、中等增速的行业，以及一些非高股息板块，比如光伏行业等。

虞淼的投资理念总体上偏价值一些，延续了之前形成的风格。但是，市场上做得比较好的投资者在一定程度上都是偏均衡的。所以，他希望可以在以价值为底的情况下，去寻找一些提升能力的途径，最终形成价值为底、适当均衡的投资风格。

在组合配置方面，虞淼把价值作为一个底仓，然后寻找一些中等估值、盈利增速尚可的领域。

2. 好资产的向上空间大于向下风险

可转债的投资思路和股票的投资思路有什么差异？ 一般来说，发行可转债的公司多属于重资产、高投入的行业，比如化工、TMT（technology，media，telecom，科技、媒体、通信）。从正股上看，投资者一旦判断错误，会亏很多钱。而可转债的优势就在于，它的债性可以提供一定的下跌保护。通俗来说，就是如果你判断错了，不会亏太多钱。

在有下跌保护的情况下，投资者可以找业绩、估值向上弹性比较大的资产，因为它向上的空间大于向下的风险。所以，可转债投资和股票投资有很大区别。

对于可转债来说，弹性大、有爆发力的资产更好，因此，对于典型的可转债的好资产，虞淼并不一定会买它的正股；相反，对于股票来说，虞淼偏好的是向下空间有限、向上稳定增长的公司，但因为强赎的问题，这类公司的可转债他不一定会买。

这样讲可能有点分裂，管理可转债基金后，虞淼慢慢认识到，不同资产带来收益的方式可能是不一样的。

但是，可转债也是一种价值投资。虞淼认为，投资者不可能绝对地避免波动，只要向上空间和向下风险不对等，即向下有"安全垫"同时向上空间比较大的资产，实际上都可以理解为好资产。

债券的特点在于它在很高程度上是一种同向性资产，即同涨同跌。投资可转债资产要天生具备逆向投资的思维，这类资产越跌，其安全性就越高；越涨，向上的空间就越小，因为有可能发生强赎。

此外，一旦可转债开始下跌，它的流动性会迅速下降。对于投资者来说，这个市场越跌越需要乐观一些，越涨越需要关注它的风险。

案例 4.9

汇添富可转债债券 A，近 5 年年化涨幅为 11.22%

Ⅰ.基金简介

代码：470058；成立时间：2011 年 6 月 17 日；业绩表现：截至 2021 年 9 月 30 日，近 5 年年化涨幅为 11.22%，最大回撤率为 −17.15%；晨星评级：三年四星，五年五星。

Ⅱ.基金经理吴江宏、胡奕

吴江宏，厦门大学金融工程硕士，2011 年加入汇添富基金任固定收益分析师；2015 年 7 月 17 日起任汇添富可转换债债券的基金经理。据 2021 年三季报，他共管理 9 只基金，合计管理基金规模约为 638 亿元。

胡奕，2014 年 7 月起任汇添富基金固定收益助理研究员、研究员、高级研究员；2020 年 7 月升任基金经理；2021 年 2 月起参与管理汇添富可转债债券。

第5章
货币基金

货币基金主要投资于1年以内的银行存款、央行票据、同业存单等，是一种流动性良好的理财工具，具有接近活期储蓄的便利，且能获得比1年期居民储蓄更高的收益率。余额宝、微信零钱通等对接的都是货币基金，这些理财产品已融入千家万户老百姓的日常生活。

人们在日常生活中广泛使用的余额宝、零钱通等理财工具，背后对接的都是货币基金。货币基金主要投资货币市场工具，具有流动性高、收益稳定、风险较小的特点，适用于现金管理。

货币基金起源于 20 世纪 70 年代的美国。国内首只货币基金——华安现金富利货币 A（代码：040003）成立于 2003 年 12 月 30 日。

在货币基金产生前，人们存在银行中的短期资金只能获得较低的活期储蓄利息；在货币基金产生后，人们就能通过购买货币基金获得在流动性方面相当于活期存款的便利，在收益方面又能与定期存款媲美甚至更高的利息。

不过，在货币基金产生后的很长一段时间里，大多数人并不知道有这样一种好产品，即使知道要想购买也不方便。那时候，公募基金的销售主要依靠银行等传统渠道。由于销售货币基金与银行拉存款存在竞争关系，银行对于货币基金的发展并不积极。

从"酒香巷子深"，到走向千家万户惠及亿万百姓，货币基金用了十几年的时间，这也是公募基金与互联网结合的过程。在这个过程中，华安基金、汇添富等是行业的先行者，起到了引领和推动货币基金发展的重要作用。

2003 年 3 月，华安基金推出第一家网上交易系统"华安特快"。通过这个系统，投资者可以直接在基金公司官网开户，申购或赎回基金。从此，基金电子商务正式诞生。

在前几年，虽然一些基金公司都相继成立了电商部门，但由于缺乏行业生态，基金电商的发展整体比较缓慢。2006 年底，招商基金信息技术部总监、总经理助理陈灿辉在招商基金为电商业务推出独立账户，从而改变了仅把电商作为基金销售渠道的原有模式，成为一个重大创新。当时，基于招商货币基金的招商现金增值账户能实现充值、取现及购买基金的功能。

2008 年 7 月，陈灿辉从招商基金离职，加入汇添富基金。2009 年 6 月，在对招商现金增值账户进行改进的基础上，汇添富推出现金宝账户。当时，对于未来的行业发展方向，陈灿辉判断："（通过）互联网买基金是一个大的趋势，尤其是'80 后'成为社会主力之后，未来的金融服务载体将发生很大变化。"

此后，汇添富又做了两项重要创新：一是在 2011 年 10 月，与中信银行合作推出联名信用卡，首次可以使用货币基金份额直接用于信用卡还款，增加了货币基金的支付功能；二是在 2012 年 10 月，开通了货币基金网上直销 T+0 赎回业务，实现了货币基金赎回实时到账功能。该功能上线后，客户活跃度大幅上升，官网直销资产规模很快超过百亿元。

货币基金与互联网的结合，有力地促进了中国居民存款端的利率市场化进程。在这个进程中，以华夏基金为代表的行业头部公司的表现非常积极，取得了可圈可点的成绩。2013 年初，华夏基金推出活期通，对接华夏现金增利，实现快速赎回、余额理财等功能。

2013 年 6 月，支付宝与天弘基金合作上线余额宝，开启互联网对于传统银行渠道的颠覆。

在余额宝取得巨大成功后，微信上线了零钱通。零钱通是腾讯针对余额宝推出的竞争性产品。用户存在零钱通里的钱自动购买货币基金，赚取收益，并可直接用于消费、转账、发红包等。

从 2017 年 9 月 4 日开始，微信支付开启零钱通小范围测试。2018 年 11 月 17 日起，零钱通上线公测，首批对接的货币基金只有 4 只，分别为易方达易理财货币 A（代码：000359）、汇添富全额宝货币（代码：000397）、南方现金通 E（代码：000719）和嘉实现金添利货币（代码：004501）。基金公司作为基金产品的提供方，负责基金的管理。

目前，与零钱通对接的货币基金有十几只，包括工银现金货币（代码：000677）、工银添益快线货币（代码：000848）、汇添富现金宝货币 A（代码：000330）、招商招钱宝货币 A（代码：000588）、华夏现金增利货币 A/E（代码：003003）等。

零钱通支持零钱和银行储蓄卡转入，零钱通货币基金 1 分起购。银行卡转入资金可免费转出到卡，每天快速到账限额为 1 万元，超过 1 万元部分通过普通转出，需要 2 个交易日到账，单笔限额 100 万元，不限转出次数。由零钱转入零钱通的资金，可免费转出至零钱，在微信零钱中提现资金，不可直接转出到银行卡。

使用零钱通消费（如转账、付款、发红包等）优先使用零钱转入的资金，再使用银行卡转入的资金。

如今，随着余额宝、微信零钱通等的普及，货币基金已经与人们的生活密不可分。

5.1　余额宝

余额宝是支付宝的活期资金理财工具，与货币基金对接。用户把资金转入余额宝，就会自动购买货币基金。

2013 年 6 月 17 日，由支付宝和天弘基金联手打造的互联网金融创新服务——余额宝正式上线。从此，千家万户可以通过互联网便捷地购买基金，实现了低成本和高效率的结合。因此，2013 年被称为互联网金融元年。

天弘基金副总经理周晓明是余额宝的创始人。2011 年 8 月，他加入天弘基金后，成立了电商工作小组，筹划与淘宝合作开设基金直营店。当时，基金销售主要依靠各大银行，竞争十分激烈。作为小型基金公司之一，天弘基金在与银行渠道的合作中缺乏机会，因此，在销售渠道创新方面表现得更加紧迫和热切。

周晓明说："与阿里合作，锁定余额宝模式是一个复杂的过程和困苦的积累。我们以及同行一直将与电商合作聚焦在淘宝开店，我们关于淘宝店的装修设计超过十稿，产品方案也多次调整。"2011 年底，他曾提出货币基金支付方案。

2012 年 10 月，阿里小微金融服务集团国内事业群金融事业部总监祖国明及其团队，开始考虑在支付宝推进与货币基金的合作，后来国华人寿理财产品和光大定存宝的热销提振了其信心。这让周晓明在 2011 年底提出的货币基金支付方案再次得到关注，这才有了余额宝模式的规划和提出。他说："可能是你太想去一个方向，在没有路的时候会突然发现路在脚下。"

2012 年 12 月 22 日，天弘基金总经理郭树强、副总经理周晓明拜访时任阿里小微金融服务集团（现为蚂蚁金融服务集团）国内事业群总裁樊治铭。周晓明向樊治铭介绍了增利宝余额宝模式的设想，双方达成合作意向。当时，其他基金公司也在与支付宝接触，但由于天弘基金在开拓新业务方面表现得最坚决，效率最高，加之提出了新的业务模式，支付宝最终选择了天弘基金。

此后，双方进入合作开发期。2013 年 1 月，增利宝余额宝的项目正式实施，周晓明带了 12 个人去杭州，分为 4 个小组全面推进；2013 年 2 月，天弘基金开始与金证合作启动了系统开发；3 月初，各方确定需求，阿里开始投入开发，在两个多月内，双方完成了复杂的系统开发和对接工作。业务流程的确定和技术系统的实现是一次没有先例的创造，是电商运营需求与基金规则的对接，期间波折重重、冲突不断。

在余额宝的开发和上线过程中，证监会基金监管部给予了大力支持，周晓明与时任证监会基金监管部副主任徐皓、基金监管部五处处长李莹多次沟通。2013 年 3 月 16 日，经过此前长达一年多的酝酿和多轮征求意见，证监会正式公布《证券投资基金销售机构通过第三方电子商务平台开展业务管理暂行规定》，成为基金公司通过电商网站进行基金销售或推广的行业规范与指引。

作为互联网金融领域的新生事物，余额宝触动了传统金融渠道的奶酪，迅速引发了一场令当事方始料不及的风波。

自 2013 年 6 月 18 日，即余额宝正式上线第二天起，市场就频频出现针对余额宝的各种指责。6 月 21 日下午 4 点，在证监会每周五的例行新闻发布会之后，多家网媒传出证监会点名余额宝违规，该业务将被暂停的消息，引起市场一片哗然，造成"叫停门"。

当天下午 5 点半，支付宝、天弘基金发布声明，证监会支持金融创新，余额宝不会被暂停。证监会在《关于近期市场出现"余额宝"业务相关情况的通报》中表示，支付宝"余额宝"及相关货币市场基金产品的推出，为投资人提供了更多的投资理财选择，是市场创新的积极探索。同时，由于支付宝"余额宝"业务中有部分基金销售支付结算账户并未向监管部门进行备案，也未能向监管部门提交监督银行的监督协议，存在违规的问题，因此，证监会基金部要求支付宝限期补充备案。

当天晚上，樊治铭、祖国明、周晓明和天弘基金电商部张牡霞赶去与证监会基金监管部五处处长李莹沟通账户备案问题。

时任证监会基金监管部副主任徐浩说："在基金行业和其他金融行业的创新中，不可避免地会出现市场内认识不一致的问题，或者目前法规没有覆盖的问题，但不能因此而简单否定这种业务创新。相反，我们应该尽可能地支持这种创新。我们的底线和原则是，如果这个法规是为了保护投资者利益不受损失，为了有效防范风险，不至于引发行业性系统性的风险，那么，这种创新只要符合投资者利益，有利于行业发展，就应该支持。"

余额宝甫一问世，就吸引了大量网购客户的参与。来自余额宝官方数据显示，截至 2013 年 6 月 30 日 24 点，余额宝累计用户数已经达到 251.56 万户，累计转入资金规模 66.01 亿元。余额宝只用了 18 天时间就将合作伙伴天弘基金的增利宝货币基金推上了中国用户数最大的货币基金的宝座。

2013 年四季度末，余额宝规模突破千亿元，至年底时达 1853.42 亿元，到 2014 年一季度末，规模达 5412.75 亿元。

在余额宝爆炸性增长的过程中，一场激烈的争论吸引了众多关注。2014 年 2 月 21 日，一篇题为"取缔余额宝"的博文称，余额宝是趴在银行身上的"吸血鬼"，典型的"金融寄生虫"，它冲击的是中国全社会的融资成本，冲击的是整个中国的经济安全。博主为央视证券资讯频道执行总编辑兼首席新闻评论员钮文新。

上述观点引发激烈争论。其中，既有庞大的余额宝用户情绪化的激烈抗议或谩骂，也有来自学术界或投资界专业人士的严谨分析与探讨。

3 天后，钮文新发文表示，之所以呼吁"取缔余额宝"，正是出于国家宏观经济利益的考虑。老百姓欢迎余额宝，是因为自己获得了更多的存款收益，他们在沾沾自喜于账户中多了几块钱利润的时候，加薪机会已被吞噬，工作机会也会越来越少。

中欧陆家嘴国际金融研究院执行副院长刘胜军撰文表示，互联网金融和银行都是金融服务提供者，金融服务者竞争的加剧，只会让金融服务的需求者（投资者、借款人）受益。

香港慢牛投资公司董事长张化桥则认为，政府必须奖励余额宝，余额宝和其他"宝"根本无法对银行构成威胁，至多迫使银行提高短期资金成本。即使银行无法转嫁该成本，也没有关系，这样也许更好，因为近几年，银行业利润占了全国企业界总利润的一半左右，完全是利率管制的结果。存款利率太低，导致影子银行盛行，储蓄者长期受损。贷款利率也相应太低，导致低效投资盛行，产生房地产泡沫以及污染和产能过剩的问题。

2017 年一季度，余额宝突破万亿元关口，到一季度末规模达 1.14 万亿元。

2018年3月31日，天弘余额宝的规模达1.69万亿元。5月起，因天弘余额宝的规模过大，为控制风险，在监管部门的要求下，余额宝陆续接入博时现金收益货币A（代码：050003）、中欧滚钱宝货币A（代码：001211）、国泰利是宝货币（代码：003515）等其他基金公司的29只货币基金，天弘余额宝的规模步入下降轨道。

截至2021年中，天弘余额宝的规模为7808.09亿元，已不及高峰期的一半，但基金持有人户数持续增长，已达7.12亿户。目前，该基金仍是国内规模最大的货币基金。

5.2 场内货币基金

与通过银行、券商、第三方销售平台销售的场内货币基金相对应，场内货币基金的全称是货币交易型开放式指数基金（exchange traded fund，ETF），它是指可以通过证券账户进行申购赎回或者在二级市场上交易流通的货币基金。

据华宝证券分析师李真研究，场内货币市场基金可以分为4类：第1类场内货币基金以汇添富收益快线货币A（代码：519888）为代表，是申赎型货币基金，投资者只能在场内申购赎回该基金；第2类场内货币基金以银华日利A（代码：511880）和华宝兴业现金添益A（代码：511990）为代表，增加了货币基金份额的交易功能，投资者不仅可以在一级市场申购赎回，也可以在二级市场买入卖出；第3类场内货币基金以易方达保证金货币A（代码：159001）和招商保证金快线A（代码：159003）为代表，在申赎型场内货币基金的基础上，增加了交易功能，不仅可以实现 $T+0$ 申赎，也可以实现 $T+0$ 买卖，其一二级市场均具有较高的交易效率；第4类货币基金以南方理财金为代表，它是分级运行的，有理财金A（代码：000816）和理财金H（代码：511810）。

在上述4类货币基金中，能在二级市场做 $T+0$ 买卖交易的场内货币基金受到大量股民欢迎。$T+0$ 可以最大限度地方便投资者参与股票交易，投资者买入场内货币基金后当天可以享受收益，卖出后可以立即用于股票投资，资金 $T+1$ 可取。

目前，市场上规模最大的前两只场内货币基金分别为净资产约1900亿元的华宝兴业现金添益A（代码：511990）和净资产约1300亿元的银华日利A（代码：511880）。

场内货币基金的收益一般遵循"每日分配，利随本清"的原则。基金公司每日记入当天收益并分配，记入投资者收益账户，投资者的份额全部卖出时，以现金方式将全部累计收益与投资者结清。场内货币基金的每日净值均为 100，二级市场交易价格也在 100 上下波动。但银华日利 A 实行每年分配，每年分配之后净值归为 100。

大多数场内货币基金最小申购单位为 1 份，基金份额的净值为 100 元，即最低申购净值为 100 元。

案例

银华日利：流动性与收益率兼顾

银华日利作为实时交易型货币基金，在不影响正常股票市场投资的前提下，让投资者能够间接投资货币市场工具。

1. 节假日回报不停歇

对于那些不看好股市的投资者来说，可在卖出股票之后即刻在二级市场买入银华日利，即时就能确认货币基金份额，并享受当日基金收益。需要注意的是，如果场内投资者在每日收盘前、每周五收盘前、节假日前买入银华日利，即使在非交易时间也能赚取货币基金收益，真正实现回报不停歇。而对于想要投资股市的投资者，则可充分利用银华日利的 T+0 回转交易功能，在二级市场直接卖出银华日利，资金 T+0 即刻可用，可立即再买入股票，从而更好地满足股票投资者对保证金货币基金的流动性需求。

除了流动性，交易型货币基金在收益率上也不"亏待"投资者。据了解，银华日利首创"不结转收益的全价"计价方式，每天收益体现在基金份额净值的增长上。虽然其净值可能有波动，但是持续上涨是大概率事件，从而显示非常强的绝对收益特征。

针对不少投资者担心的手续烦琐等问题，交易型货币基金也能从容解决。如银华日利既可按照当日基金份额净值申购赎回，也可以像股票一样，在二级市场通过所有券商的交易终端按市价直接买卖。投资者有上海 A 股账户或上交所基金账户即可参与，无须另外开户或者签约，更符合股民投资习惯，大大提高流动性的同时，也增强了基金收益的稳定性，同时投资者还可以借助差价进行套利，有多种玩法供选择。

此外，由于假日休市不交易，但是货币基金在假期还是会继续产生收益，假期部分的收益会集中体现在假期前最后一个交易日的净值里。通俗来说，就是节前最后一个交易日的净值会暴涨。也正是因为有了这个确定性的暴涨，在二级市场往往会引发抢权行情，越是临近假期，涨幅越大。

2. 比隔夜回购更便捷

股市阴晴不定，不少保证金处于闲置状态，隔夜回购、交易型货币基金成为投资者提高资金利用率的有效工具。然而，前者 10 万元的门槛使其逊色不少，具有高收益、高便捷、低门槛的银华日利等交易型货币基金成为其绝佳替代品。

据了解，回购协议是指卖方在出售证券收回现款时，同时与买方协定在日后按原价或约定价格重新购回该证券，并按约定支付利息。回购协议按期限不同可分为隔夜、定期和连续性 3 种，其中较为普遍的就是隔夜回购，即卖出和买回证券相隔一天。隔夜回购作为短期资金管理工具，可有效提高投资者在 A 股账户里的资金使用效率。

不同于隔夜回购的高门槛，银华日利等交易型货币基金买入只需 1 万元、申购只需 1000 元，填补了场内低门槛短期资金管理工具的空白，在当前的震荡市可谓适逢其时。当市场走向不确定时，投资者买入银华日利可享受十倍于活期利率的回报，如有其他市场机会随时可用，投资者既不必闲置现金又不会错过股市机会。分析人士指出，在流动性未出现异常紧缩的常态下，与隔夜回购相比，交易型货币基金除了门槛低，还具有操作更便利、费率更优惠、收益更稳健等优势，更适合普通投资者。

在操作方面，隔夜回购当日参与后就不能退出，投资者无法撤销操作。而银华日利可实行 $T+0$ 当日回转交易，买入当日可卖出，交易时间内可随时买入卖出，投资灵活性更强。在费率方面，上交所隔夜回购按成交金额的十万分之一提取交易费用，而银华日利则可实现零佣金。不仅如此，跨周末和节假日时，银华日利预期收益更高。如投资者在周四进行国债逆回购，理论上利率价格包含周五至周日 3 天的资金利率，但是实际上周四逆回购的利率达不到单日利率的 3 倍。投资者若在周四买入银华日利，交易溢价部分约为 1 天的基金收益，周五卖出即可实现约 3 天的货币基金收益。另需指出的是，隔夜回购需要每日"滚存"才能获得持续利息收入，而一旦买入银华日利并持有，即可持续享有收益。

另外，作为场内交易型货币基金，银华日利在二级市场实行 $T+0$ 交易。每到长假前，银华日利二级市场通常呈现溢价状态。机构等套利资金将利用一二级市场的价差进行套利，来换取无风险收益。投资者也可提前关注并介入，以享受假期收益。

投资者参与银华日利和隔夜回购的优势比较如表 5.1 所示。

表 5.1　投资者参与银华日利和隔夜回购的优势比较

项目	银华日利	隔夜回购
T+0 当日回转交易	可实行	不可以，且当日参与后无法撤销操作
QFII、融资融券信用账户	可投资	不可参与回购
操作便利性	便利，无须反复操作	需每日"滚存"才能获得持续利息收入
参与门槛	买入银华日利最低申报数量和递增数量只需 1 手，即 10 000 多元；申购银华日利最低需 1000 多元	上海交易所隔夜回购最低申报数量和递增数量均为 100 手，即 10 万元
交易费用	可实现零佣金、低费用	手续费约为十万分之一
年化收益率	近一年以来年化收益率约为 3.77%（截至 2015 年 8 月 18 日）数据来源：聚源数据	截至 2015 年 8 月 18 日，上交所回购利率均值（GC001）为 1.910%数据来源：Wind 资讯统计
收益率波动性	每日净值增长波动较小，累计净值增长走势相对比较平稳	根据市场资金面的松紧情况会有较大波动
跨周末和节假日的预期收益	根据经验，在跨周末和节假日前买入银华日利获得收益相对较高	周四回购，实际的资金占用时间为周五至周日 3 天，但实际利率达不到 3 倍于平日的水平，节假日前这种现象更明显

第6章
另类投资基金

　　另类投资基金是指投资于另类资产的基金。与配置传统的股票、债券、货币等资产不同，另类基金的投资对象包括黄金、大宗商品、证券化的房地产，以及采用股票多空策略的证券及其衍生品组合。

　　在过去20多年里，在各类型基金中，主动型偏股基金整体上能取得明显的超额收益，中长期收益率处于领跑地位，既超过指数基金、债券基金，也超过黄金基金、大宗商品基金等。

　　不过，2001年下半年至2003年10月、2004年4月至2005年、2008年、2011年至2012年、2015年下半年至2016年1月、2018年，投资者备受熊市折磨。在股市进入周期性的熊市后，债券基金、货币基金往往会成为资金的避风港，另类投资基金也会受到市场更多关注。

　　投资者在构建基金组合时，可考虑补充另类投资基金。例如，2021年前9个月，偏股型基金严重分化，不少前两年的明星基金收益率明显下降，而南方原油的单位基金份额净值增长率高达52.82%。

　　不过，截至2021年9月30日，南方原油的单位基金份额净值的近5年年化涨幅为-1.51%。以原油基金为代表的商品基金虽然能部分对冲短期通胀，但由于大宗商品本身不能生息，似乎缺乏中长期配置的价值。

6.1　商品基金

商品基金是以商品类指数为跟踪标的的基金。根据运作方式的不同，商品基金可以分为实物支持的基金和非实物支持的基金两类。实物支持的基金以实物资产或者仓单为主要投资对象，非实物支持的基金以商品期货合约为主要投资对象。

按照投资市场的不同，商品基金可分为以下两类。

第一类是跟踪国际市场大宗商品价格的 QDII 商品基金。例如，成立于 2012 年 5 月 3 日的国泰大宗商品（代码：160216），主要投资境外的各种大宗商品基金。2016 年中，南方基金公司发行成立了南方原油 A（代码：501018），跟踪国际原油价格。

第二类是投资国际商品期货市场的商品基金。例如，国投瑞银白银期货（代码：161226）、大成有色金属期货（代码：159980）。

6.1.1　原油基金

南方、嘉实、易方达等公司都发行成立了跟踪原油价格走势的 QDII 基金，投资对象以在海外上市的原油 ETF 为主。

值得一提的是，有些在名称中含有"油气""石油"字样的基金，它们并不是商品基金，而是跟踪行业指数的股票指数基金或基金中的基金。

华宝油气（代码：162411）的投资对象主要是油气股票，是一只行业指数股票 QDII 基金。该基金的目标不是跟踪原油价格走势，而是跟踪标普石油天然气上游股票指数，因此，它不是原油商品基金。

诺安油气能源（代码：163208）的投资对象主要是石油天然气等能源行业基金，属于基金中的基金，它也不是原油商品基金，它的业绩比较基准是标普能源行业指数。

案例 6.1 ————————————————————————————

<h3 style="text-align:center">南方原油 A，近 5 年年化涨幅 -1.51%</h3>

Ⅰ.基金简介

代码：501018；成立时间：2016 年 6 月 15 日；投资对象：在海外上市的原油 ETF；基金类型：基金中的基金，基金仓位在 90% 附近；基金规模：截至 2021 年 9 月 30 日，基金规模为 1.11 亿元；业绩表现：截至 2021 年 9 月 30 日，近 5 年年化涨幅为 -1.51%，最大回撤率为 -76.49%。

南方原油的基金合同约定："若未来上海国际能源交易中心推出原油期货，且基金管理人对应推出投资该原油期货的原油 ETF，本基金在履行适当程序后可相应调整为对应原油 ETF 的联接基金模式并对投资运作等相关内容进行调整。"

Ⅱ.基金经理张其思

张其思，波士顿大学数理金融硕士，特许金融分析师（CFA）、金融风险管理师（FRM），具有基金从业资格，曾就职于美国 Charles River Development、Citizens Financial Group，历任固定收益部分析员、资本管理部量化分析师；2017 年 4 月加入南方基金，历任数量化投资部研究员、指数投资部研究员、国际业务部研究员；2021 年 3 月 26 日起，任南方原油基金经理。

6.1.2 白银基金

白银作为一种贵金属，与黄金相对。无论是在中国还是在西方，在历史上很长一段时间，白银曾经像黄金一样充当货币，具有货币属性。

白银基金是以白银或白银衍生品为主要投资对象的基金。2012 年 5 月，上海期货交易所上市交易白银期货。时隔 3 年之后，国投瑞银基金公司发行成立了以白银期货合约为主要投资对象的白银基金。

案例 6.2 ────────────────────────────────────

<h3 style="text-align:center">国投瑞银白银期货，近 5 年年化涨幅为 -7.54%</h3>

Ⅰ.基金简介

代码：161226；成立时间：2015 年 8 月 6 日；投资对象：主要为白银期货合约，合约价值不低于基金资产净值的 90%，不高于基金资产净值的 110%；基金类型：商品基金；基金规模：截至 2021 年 9 月 30 日，基金规模为 11.26 亿元；业绩表现：截至 2021 年 9 月 30 日，近 5 年年化涨幅为 -7.54%，最大回撤率为 -44.61%。

Ⅱ.基金经理赵建

赵建，同济大学管理学博士，曾任上海博弘投资有限公司、上海数君投资有限公司高级软件工程师、风控经理，上海一维科技有限公司研发工程师；2010 年 6 月加入国投瑞银基金，自国投瑞银白银期货成立以来，他一直担任该基金的基金经理。

6.1.3 有色金属等商品 ETF

2019 年 9 月至 12 月，华夏、大成、建信相继发行成立了华夏饲料豆粕期货 ETF（代码：007937）、大成有色金属期货 ETF（代码：159980）、建信易盛能源化工期货 ETF（代码：159981），投资对象分别为大商所的豆粕期货合约、上期所的有色金属期货合约、郑商所的能源化工期货合约。

案例 6.3 ────────────────────────────────────

<h3 style="text-align:center">大成有色金属期货 ETF，成立以来年化涨幅为 19.96%</h3>

Ⅰ.基金简介

代码：159980；成立时间：2019 年 10 月 24 日；投资对象：有色金属商品期货合约；基金类型：商品基金；基金规模：截至 2021 年 9 月 30 日，基金规模为 3.47 亿元；业绩表现：自成立以来至 2021 年 9 月 30 日，年化涨幅为 19.96%（注：由于该基金运作时间短于一个商品周期，近两年收益率较高，对未来的参考价值不大），最大回撤率为 -22.43%。

Ⅱ．基金经理李绍

李绍，经济学硕士，2015 年 5 月加入大成基金，现任公司期货投资部总监；曾先后任职于大连商品交易所、中国金融期货交易所和中国期货市场监控中心；曾负责中国证监会期货市场运行监测监控系统建设，获证券期货科技进步评比一等奖；主持编制发布中国商品期货指数、农产品期货指数等系列指数；2019 年 10 月起任大成有色金属期货 ETF 的基金经理。

6.2　房地产信托基金

如果一只基金可以"众筹买房"，你会心动吗？

这就是从 2020 年开始逐渐走入国内普通投资者视野的 REITs。REITs（real estate investment trust）全称为房地产投资信托基金，也就是说，其底层资产不再是上市公司股票或债券等投资标的，而是具有持续、稳定收益的不动产资产（包括商业地产、基础设施等），基金管理人以租金收入或者房地产升值给投资者分得定期收入。

REITs 诞生于 1960 年的美国，它在境外已经是非常成熟的金融产品。2015 年，鹏华前海万科 REITs（代码：184801）成立，这是国内第一只准公募 REITs 产品，基金成立后有一部分资金投资于深圳前海地区的优质商业地产目标公司股权，并在 2015 年 1 月 1 日至 2023 年 7 月 24 日的封闭期内逐步退出。但此后，投资国内的公募 REITs 产品一直处于停滞状态。

在"房住不炒"的大背景下，2020 年 4 月 30 日，中国证监会及国家发展和改革委员会联合发布了《关于推进基础设施领域不动产投资信托基金（REITs）试点相关工作的通知》（证监发〔2020〕40 号）（以下简称《通知》），从基础设施领域正式启动了公募 REITs 试点。

按照《通知》要求，此次试点的基础设施领域公募 REITs 主要聚焦重点区域（京津冀、长江经济带、雄安新区、粤港澳大湾区、海南、长江三角洲等）、重点行业（仓储物流、收费公路、水电气热、城镇污水垃圾处理、新兴产业等），并对试点项目有权属清晰、现金流稳定、投资回报良好等要求。

2020 年 8 月 3 日，国家发展和改革委员会办公厅发布《关于做好基础设施领域不动产投资信托基金（REITs）试点项目申报工作的通知》；8 月 7 日，证监会发布《公开募集基础设施证券投资基金指引（试行）》，标志着我国公募基础设施 REITs 的制度体系正式确立。

6.2.1　从基础设施资产开启公募 REITs 试点的原因

在"后疫情"时代，当经济复苏，潮水开始退去，宽松的政策将使债务风险逐渐显现，2008 年金融危机、2009 年经济复苏、2010 年欧债危机仍历历在目。

业内普遍认为，此时从基础设施资产开始试点推出公募 REITs，是我国金融供给侧结构性改革和应对疫情负面影响的重要举措，主要解决的是政府和传统重资产行业的融资问题。在制度上提前布局，可以有效防范债务风险，降低实体经济杠杆，推动基础设施领域投融资市场化，有利于中国更从容应对"后疫情"时代。

北京大学光华管理学院教授张峥表示，新冠疫情对宏观经济增长、中小微企业以及人员就业等方面的影响不容低估。为了应对疫情的负面影响，需要推出有针对性的经济政策。通过深入的研究分析，在全球 42 个具备 REITs 制度的经济体中，大部分是在经济低迷、经济危机以及经济增长动力不足时推出 REITs，其目的是激发经济活力，为经济发展提供动力。

短期看，为应对疫情影响和经济下行压力，通过 REITs 市场可以盘活存量资产，支持经济重启；长期看，REITs 市场建设将成为解决中国不动产投融资体制诸多结构性问题的破题之作，能有效填补中国资产管理市场的产品空白，拓宽社会资本的投资渠道，满足居民理财、养老金、社保资金的投资需求，推动经济高质量发展，助力中国经济转型升级。

"当前稳基建是我国经济稳增长的重要任务。但金融服务基础设施建设的工具和手段还是以财政和传统信贷为主，以债务资金推动的边际效应在递减，也产生了一系列问题。如何加快要素市场建设，释放市场活力，为实体经济提供新产品、新机制，是当前资本市场的重要使命。REITs 在这一背景下应运而生，也是深化资本市场供给侧结构性改革的重要举措。"上海证券交易所债券业务中心总经理余力表示。

鹏华基金副总裁邢彪认为，公募 REITs 是负债约束下打破基建投资瓶颈的有力工具。一直以来，中国基础设施建设主要以债务融资的方式筹措资金，多年以来采用负债模式有效地汇集了公众资金，支持了中国基础设施的发展。经过多年的杠杆扩张，政府部门的杠杆率一路走高，目前负债空间逐步收窄，在负债约束下，继续开展基建投资存在较大资金缺口，特别是作为资本金的股性资金非常紧张。

此外，基础设施投资经过多年迅猛发展，形成了巨量的优质基础设施资产，但是大量存量基础设施资产处于休眠状态，无法进入市场进行流通。基础设施资产持有人无法通过盘活存量、投资增量的滚动开发模式来实现投资循环，只能靠负债融资的模式为新项目筹措资金，制约了基础设施投资的发展。

邢彪表示，通过 REITs 引导、聚集社会资金投资于具有稳定收益的基础设施，满足社会投资人兼顾稳定现金分红收益及较低风险波动的资产配置需求，填补了市场空白，进一步完善了中国多层次资本市场。

6.2.2　公募 REITs 的特点

公募 REITs 作为一类全新的基金投资产品，普通投资者对其了解程度可能并不高。总结来看，公募 REITs 有以下几个特点。

1. 封闭运作，可场内交易

基础设施公募 REITs 采取封闭运作，不开放申购与赎回，但后续会在交易所上市交易，投资者可以在二级市场进行竞价交易。基础设施公募 REITs 上市首日涨跌幅限制为 30%，上市首日以后涨跌幅限制为 10%。

2. 高比例分红

基础设施公募 REITs 产品采取强制分红政策，要求收益分配比例不低于合并后基金年度可供分配金额的 90%。稳定的分红率类似债券派息，表现出债性特点，但强制分红并不等同于债券的固定利息回报。

3. 风险收益介于股票和债券之间

从首批 REITs 产品来看，预计现金流分派率普遍为 4% ~ 12%，国金、浙商以及富国 REITs 还给出了内部预测收益率，基本在 6% 左右，超过传统国债、中高等级信用债投资的一般收益。

从资产风险频谱的分布来看，REITs 是股票、债券、现金以外的第四大类成熟的资产配置品种，投资风险介于股票、债券之间，且和其他资产类别的相关性较低，既可以获得有明确预期的现金回报，又可以起到分散投资组合风险的作用。

4. 主要面向机构投资者

按照规定，公募 REITs 的首次发售分为战略配售、网下询价并定价、网下配售、公众投资者认购等多种方式。其中，战略投资者包括基础设施项目原始权益人或其统一控制下的关联方，以及其他专业机构投资者，且原始权益人配售比例至少为 20%；网下投资者为证券公司、基金管理公司、信托公司、财务公司、保险公司、商业银行及其理财子公司等专业机构投资者，配售比例不得低于剩余份额的70%。也就是说，留给个人投资者的配售比例最高只有 24%。

5. 产品设计相对复杂

不同于普通公募基金，基础设施公募 REITs 采用"公募基金＋资产支持证券"的产品架构，涉及公募基金和资产支持专项计划等多层管理人的角色和关系，普通投资者可能较难理解。

6.2.3　首批 9 只公募 REITs 产品

2021 年 5 月 17 日，首批 9 只公募 REITs 产品正式获批。

具体来看，上交所批准了 5 单项目，分别为华安张江光大 REIT（代码：508000）、浙商证券沪杭甬杭徽高速 REIT（代码：508001）、富国首创水务 REIT（代码：508006）、东吴苏州工业园区产业园 REIT（代码：508027）和中金普洛斯仓储物流 REIT（代码：508056）。

深交所批准了 4 单项目，分别为中航首钢生物质 REIT（代码：180801）、博时招商蛇口产业园 REIT（代码：180101）、平安广州交投广河高速公路 REIT（代码：180201）和红土创新盐田港仓储物流 REIT（代码：180301），均位于京津冀和粤港澳两大一体化发展重点区域。

2021 年 5 月 31 日，首批 9 只公募 REITs 面向公众投资者开启发行，受到各路资金的热情追捧。9 只公募 REITs 面向公众投资者募集总额为 19 亿元，但最终认购金额近 490 亿元，超拟募资额 25 倍之多。从配售比例看，中航首钢生物质 REIT 的配售比例仅为 1.76%，刷新了公募基金配售比例的低纪录。

上市后，首批 9 只公募 REITs 在二级市场的表现十分令人惊喜，其中中航首钢生物质 REIT 涨幅一度超 30%，为第二批公募 REITs 的发行打下了良好的基础。

首批公募 REITs 成功发行后，第二批公募 REITs 再现火爆抢购。2021 年 11 月 29 日，第二批公募 REITs 即华夏越秀高速 REIT（代码：180202）、建信中关村产业园 REIT（代码：508099）同日启动，面向公众投资者发售。其中，华夏越秀高速 REIT 的公众认购资金近 90 亿元，配售比例为 2.14%；建信中关村产业园 REIT 的公众认购资金超 130 亿元，配售比例为 1.969%。

6.3　股票多空策略基金

股票多空策略基金以追求绝对收益为目标，在买进一篮子股票、构建投资组合的同时，通过卖出股指期货或融券做空等手段，对冲股市的系统性风险，获取股票组合超越指数部分的绝对收益。

国内第一只股票多空策略基金——嘉实绝对收益策略（代码：000414）成立于 2013 年 12 月 6 日。从 2013 年 12 月 6 日至 2021 年 9 月 30 日，该基金的平均年化涨幅为 4.72%，历史最大回撤率为 -6.62%。

嘉实绝对收益策略基金的投资理念为："基于深入的基本面研究，精选具备超额收益的个股，同时在股指期货市场上利用杠杆效应卖出适合数量的期货合约，以对冲系统性风险，力争实现稳定的绝对回报。"

该基金采用以市场中性投资策略为主的多种绝对收益策略，剥离系统性风险，力争实现稳定的绝对回报。投资组合比例为：权益类空头头寸的价值占权益类多头头寸的价值的比例为 80% ～ 120%。权益类空头头寸的价值是指融券卖出的股票市值、卖出股指期货的合约价值及卖出其他权益类衍生工具的合约价值的合计值。权益类多头头寸的价值是指买入持有的股票市值、买入股指期货的合约价值及买入其他权益类衍生工具的合约价值的合计值。

继绝对收益策略基金之后，2014 年 5 月 16 日，嘉实又发行成立了嘉实对冲套利定期混合（代码：000585）。该基金自成立以来的年化涨幅为 4.05%，历史

最大回撤率为 -6.61%。

2014 年是国内股票多空策略基金获得较快发展的一年。工银瑞信、华宝兴业、海富通、南方 4 家公司也在这一年发行成立了股票多空策略基金。其中，海富通 α 对冲（代码：519062）成立于 2014 年 11 月 20 日，该基金利用股指期货与股票现货组合之间进行对冲，并通过量化模型，构建市场中性 α 股票组合，同时采用安全有效的风险监控，在降低套利风险的同时，力争为投资者获取超额稳定的收益。截至 2021 年 9 月 30 日，该基金的净资产规模达 55.85 亿元，已成为国内第二大股票多空策略基金。

目前，国内规模最大的绝对收益策略基金是汇添富绝对收益策略（代码：000762）。该基金成立于 2017 年 3 月 15 日，截至 2021 年 9 月 30 日，该基金的净资产规模为 228.29 亿元，成立以来的年化涨幅为 7.88%，最大回撤率为 -5.85%。在持有人结构中，该基金的机构持有份额占比达 50.6%，个人持有份额占比为 49.4%。

6.4　黄金 ETF

黄金矿藏虽然遍布世界各地，但由于其开采难度大、成本高，自古以来，黄金就是财富与权力的象征。人们把黄金用于装饰，并曾长期用于铸币，即使在退出货币流通领域之后，黄金储备至今仍是各大央行的重要金融资产，是国际储备的主要形式之一。

乱世黄金，盛世收藏。黄金在工业上没有什么实际用处，也不生息。但是，每当出现战乱、瘟疫等各种灾难时，投资者出于对通胀的恐惧会购买和持有黄金，以实现财富的保值与增值。

2013 年，黄金 ETF 在国内诞生。在推出黄金 ETF 的过程中，时任华安基金总经理李勍和他的同事们曾经做出较大贡献。

案例 6.4 ——————————————————————————————

华安黄金 ETF，近 5 年年化涨幅为 4.45%

Ⅰ.基金简介

代码：518880；成立时间：2013 年 7 月 18 日；投资对象：主要为上海黄金

交易所挂盘交易的黄金现货合约；基金规模：截至 2021 年 9 月 30 日，基金净资产为 108.95 亿元；业绩表现：截至 2021 年 9 月 30 日，近 5 年年化涨幅为 4.45%，最大回撤率为 -20.52%。

Ⅱ . 基金经理许之彦

许之彦，理学博士，CQF（国际数量金融工程师），曾在广发证券和中山大学经济管理学院博士后流动站从事金融工程工作，2005 年加入华安基金，自华安黄金 ETF 成立起一直担任该基金的基金经理，现任公司总经理助理、指数与量化投资部高级总监。

第7章
基金组合的运用与管理

　　"人无千日好，花无百日红。"即使是明星基金经理，也有在某个市场阶段或某种市场风格下，表现出不适应的时候。易方达的张坤、景顺长城的刘彦春、泓德基金的邬传雁等，皆是如此。投资者在选择基金时，不必把资金只押注在自己偏好的一两只基金上，可以基于自己的风险偏好与收益目标，选择多只不同风格或策略的基金，构建一个适合自己的基金组合。

　　如果说购买一两只基金，就相当于聘请一两位专家为自己理财，所支付的成本为 1.5% 的年管理费率，那么购买多只基金，就相当于聘请了一群专家为自己理财，所支付的成本不变，但获得的专业服务却成倍增长。

　　构建一个优秀的基金组合需同时运用定性分析和定量分析两种方法，需要投资者付出较多的时间与精力去学习和研究。

7.1 基金组合、基金投顾和 FOF

1. 运用基金组合，让投资变得更稳妥

据专业机构研究，基金组合中基金数量的增加不会减少投资者的收益，却能有效对冲因为风格、运气等因素所带来的风险，让收益的增长变得更加平滑，波动变得更小。

业余投资者炒股，受时间、精力、知识储备等限制，通常不能同时买太多的股票，大多数人持有三五只就足够了。与炒股不同，买基金就不必受这样的限制。价值、成长、平衡等各种风格的基金中，都有不少优秀的基金经理，投资者广泛选择、分散购买，不但可以享受到基金业绩中长期增长的收益，而且能感受到多样化投资风格的丰富与美好。

很多基金公司的高管和员工都会购买和持有自己公司的基金，但即便他们与基金经理很熟悉，他们也不可能预知哪只基金未来表现最好，一般都会持有一个由多只基金组成的基金组合。

交银施罗德基金总经理谢卫有 22 年的副总经理、总经理任职经历，是迄今国内基金公司中任职时间最长的高管人员。在富国基金担任副总经理时，他很早就开始购买富国天益价值混合（代码：100020）。在 2008 年担任交银施罗德副总经理后，他继续持有该基金，而新申购的基金则都是交银施罗德旗下的产品，持有数量为 10 只左右。

谢卫用自己长期的亲身实践证明，基金组合可以分散风险，熨平波动，让基金持有人获得更好的投资体验。为了给投资者提供基金组合服务，2017 年 1 月 20 日，交银施罗德基金率先在独立第三方销售平台——且慢推出偏债基金组合"我

要稳稳的幸福"，主要针对持有半年以上、三年以下，追求稳健收益的投资者。该组合将风险控制在较小范围内，投资者不用太在意买入时点，既可以选择一次性买入，也可以分批买入。该组合的最大特点就是一个字——"稳"，它的中长期权益资产仓位维持在 6% ~ 10%。

基金组合通常每隔一段时间会调整持仓。投资者可以向基金销售平台申请，在主理人调整基金组合时，由平台对已持有的基金组合自动生成交易指令并执行，从而实现跟调。

2016 年末，债券市场出现信用事件，导致大幅调整，故在随后的 2017 年里，该基金组合以高权益仓位和高确定性资产的配置为主。2018 年，债券指数的到期收益率达到了历史 90% 分位数的水平，极具配置性价比，叠加当年权益市场波动率的上行，于是加仓债券资产、精选风险控制能力极佳的权益资产就成为当年的投资主题。在股债双牛的 2019 年里，在年内规模增长近 25 倍的背景下，该基金组合依旧成功地画出了一条平稳的策略净值曲线，并同步升级了策略 2.0，而改进后的策略帮助该组合成功地规避了 2020 年 5 月之后的债券熊市。

从 2017 年至 2020 年，"我要稳稳的幸福"组合（交行版）每年涨跌幅分别为 9.16%、5.51%、7.04%、7.80%，2021 年前 8 个月的涨幅为 4.43%。

2021 年 1 月 20 日，"我要稳稳的幸福"运行 4 周年，交银施罗德制作了《稳稳幸福白皮书》，对"我要稳稳的幸福"进行了分析：截至 2020 年 12 月 4 日，"我要稳稳的幸福"组合的投资者累计达到 22.61 万人，客户留存比例达 60.8%，有 43.68% 的客户从未卖出。

2021 年 11 月初，北上广三地的证监局下发《关于规范基金投资建议活动的通知》，明确基金投资组合策略建议属于基金投资顾问的业务范畴，须由持牌机构特许经营。基金投资顾问机构需于 2021 年 12 月 31 日前将存量提供基金投资组合策略建议活动规范为基金投资顾问业务，符合《关于做好公开募集证券投资基金投资顾问业务试点工作的通知》的要求。不具有基金投资顾问业务资格的基金销售机构应当于 2022 年 6 月 30 日前将存量提供基金投资组合策略建议活动整改为符合相关法律关系的基金销售业务。

2. 基金投顾，致力于让大家都赚钱

基金投资顾问（以下简称"基金投顾"）服务是指基金投顾机构接受客户委

托，按照协议约定向客户提供基金投资组合策略建议。基金投资组合策略涉及基金投资品种、数量和买卖时机等方面。其中，管理型基金投顾服务是指根据服务协议约定，基金投顾机构代客户做出具体基金投资品种、数量及买卖时机的决策，并代客户执行基金产品申购、赎回、转换等交易申请。

基金投顾服务有"三分投、七分顾"之称，更强调对持有人的陪伴和服务。

2019年10月24日，证监会发布《关于做好公开募集证券投资基金投资顾问业务试点工作的通知》，正式开启了国内公募基金投顾业务试点工作。基金投顾试点开始后，截至2021年底，共计24家试点机构正式展业，服务客户约367万人，服务资产约980亿元，在投资者群体中的影响力不断增强。中国证券投资基金业协会会员服务一部负责人沈宁在一次公开演讲中表示，基金投顾机构作为买方中介，对卖方形成制约，从投资者角度推动基金产品和相关服务不断提升改进，促进产品创新、费率优化、信息披露完善等。

近两三年来，蚂蚁基金、腾安基金、盈米基金等第三方基金销售机构推出的基金投顾服务颇为引人注目。

在蚂蚁平台，由美国先锋领航和蚂蚁集团共同投资成立的先锋领航投顾（上海）推出"帮你投"，提供目标收益率为2.5%～11%的多种策略组合，供投资者结合自身风险偏好进行选择。按天收取服务费，年费率为0.4%。

腾讯理财通推出"一起投"，提供"四笔钱理财"和"专项理财"。"四笔钱理财"把投资者的资金分为"生钱的钱""求稳的钱""要花的钱""兜底的钱"，由华夏基金、中欧基金、南方基金等不同的投资顾问提供不同的基金组合策略；"专项理财"按理财目标不同，由投资顾问提供"养老理财""教育理财"的基金组合策略。

盈米旗下的且慢平台推出"四笔钱投顾"，把投资者的资金分为活钱管理、稳健理财、长期投资、保险保障4个类别，针对每个类别提供相应的投资策略。

截至2021年7月1日，且慢基金投顾签约客户已经超过15万人，投顾签约资产超过100亿元。其中，盈利的客户比例高达96.67%，3个月复投比例达到89%，为扭转以往"基金赚钱，基金投资者不赚钱"的困局，探索出一条基于基金买方投顾模式的解决方案。

盈米基金创始人、CEO肖雯强调，投顾业务本质是经营信任，让各大机构真正将注意力从产品转移到客户身上。投资本身是反人性、逆周期、结果后验的，要改变投资者行为，需要投顾在投前、投中、投后长期陪伴以及对客户的不理性行为进行干预，而建立信任是一个长期过程，是润物细无声的过程。

3. FOF 升温，财富效应逐步显现

相对于基金组合和基金投顾，投资者也可以直接购买 FOF（fund of funds，基金中的基金）来实现同样的理财目标。FOF 由专业基金投研机构帮投资者选择和购买基金，构建基金组合，并负责后续的调整。

FOF 以基金为投资对象，由专门研究基金的基金经理管理。从本质上来看，基金中的基金就是产品化的基金组合。

2017 年 10 月至 11 月，国内发行成立了首批 6 只公募 FOF，首募总规模为 166.36 亿元。其中，南方全天候策略（代码：005215）成立于 2017 年 10 月 19 日，是国内第一只 FOF。截至 2021 年 9 月 30 日，该基金成立以来的平均年化涨幅为 8.83%，历史最大回撤率为 -5.48%。2018 年、2019 年、2020 年的涨幅依次为 -2.64%、11.18%、22.02%。

近 4 年来，随着财富效应的逐步显现，FOF 受到越来越多投资者的认可。2021 年 7 月 12 日，兴证全球优选平衡三个月持有混合（代码：012654）首募，单日获得 185 亿元的认购，成为一只爆款产品。因超过 80 亿元募集上限，按照 42.77% 实行比例配售。

目前，兴证全球基金旗下有优选平衡三个月持有、优选进取三个月持有（代码：013255）等，由该公司 FOF 投资与金融工程部总监、养老金管理部总监林国怀管理；富国基金旗下有智诚精选三个月持有期混合（代码：007898），由基金经理王登元管理；汇添富旗下有聚焦价值成长三个月混合（代码：008168）、积极投资核心优势三个月混合（代码：008169），由副总经理袁建军管理，还有聚焦经典一年持有混合（代码：012791），由基金经理李彪管理。

富国智诚精选成立于 2019 年 9 月 6 日。在资产配置层面，该基金基于美林投资时钟的基本原理，动态监测代表性强的宏观经济高频指标以及微观企业指标，前瞻性地把脉经济运行状况，基于宏观经济发展趋势、政策导向、市场未来的发展趋势以及各大类资产未来的风险收益比等因素，判断权益类资产和非权益类资产之间的相对吸引力，在一定范围内调整大类资产的配置比例。富国智诚精选从全市场选择基金，年管理费率为 0.6%。

在 FOF 中，养老目标基金占有重要地位。养老目标基金主要用于满足投资者的养老理财需求，投资策略包括目标风险策略、目标日期策略等。

养老目标风险基金根据特定的风险偏好设定权益类资产、非权益类资产的基准配置比例，或使用广泛认可的方法界定组合风险（如波动率等），并采取有效措施控制基金组合风险。目标风险基金根据不同的风险偏好为不同阶段的人提供选择，如成长型、稳健型和保守型等类别。

养老目标日期基金根据投资者在不同年龄阶段的人力资本和财富积累引起的风险承受能力的变化，通过设置下滑曲线，科学地逐年降低投资风险，符合养老投资随年龄增长降低风险的要求。

按照《养老目标证券投资基金指引（试行）》的规定，封闭运作期或投资人最短持有期限不短于 1 年、3 年或 5 年的，基金投资于股票、股票型基金、混合型基金和商品基金（含商品期货基金和黄金 ETF）等品种的比例合计原则上不超过 30%、60%、80%。

2018 年 9 月、10 月，华夏、中欧、泰达宏利、工银瑞信等发行成立了国内首批养老目标基金。近三年来，截至 2021 年 9 月 30 日，首批养老目标基金运行平稳，年化涨幅为 15% ～ 20%，最大回撤率为 -15% ～ -8%。

其中，华夏养老 2040 三年（代码：006289）成立于 2018 年 9 月 13 日，是国内第一只养老目标基金。该基金成立以来年化涨幅为 16.83%，最大回撤率为 -15.58%。投资范围为全市场选择基金，2021 年三季报数据显示，前十大重仓基金分别为易方达安心回报债券（代码：110027）、华夏可转债增强债券（代码：001045）、前海开源祥和债券（代码：003218）、广发多因子混合（代码：002943）、华夏鼎利债券（代码：002459）、海富通改革驱动混合（代码：519133）、易方达信用债债券（代码：000032）、国泰中证军工 ETF（代码：512660）、华夏纯债债券 A（代码：000015）、泓德裕祥债券 A（代码：002742）。

基金经理许利明，经济学硕士，历任北京国际信托投资银行总部项目经理、湘财证券资产管理总部总经理助理、北京鹿苑天闻投资顾问公司首席投资顾问、天弘基金基金经理、中金公司投资经理等。2011 年 6 月加盟华夏基金，现在他共管理 7 只基金，合计管理基金规模约 38 亿元。

中欧预见养老 2035 三年（代码：006321）从成立至 2021 年 9 月 30 日的年

化涨幅达 18.67%，历史最大回撤率为 −8.73%。

基金经理桑磊，毕业于南开大学概率论与数理统计专业，历任平安资产管理公司风险管理、组合投资经理，平安人寿资产配置管理岗、助理资产配置经理，平安保险（集团）首席投资官、办公室助理、资产策略经理，众安在线财产保险资产管理部负责人，永诚保险资产管理有限公司（筹）组合投资经理。2016 年 12 月加入中欧基金。

桑磊现在共管理 4 只基金，包括中欧预见养老 2035 三年持有（代码：006321）、中欧预见养老 2050 五年持有（代码：007241）、中欧预见养老 2025 一年持有（代码：008639）三只养老目标基金，以及一只 FOF——中欧睿智精选一年持有（代码：012282），合计管理基金规模为 70 亿元。

7.2　构建基金组合的原因

构建基金组合是指购买和持有多只不同类型、不同风险、不同风格的基金，形成一个适合自己风险偏好的最佳性价比组合，以降低基金资产的波动，增强投资稳定性的过程。

为什么投资者不宜买单只基金，而需要购买多只基金形成一个组合呢？一是因为市场上基本不存在全天候的优秀基金，单只基金都有不适应市场的时候，而基金组合能通过风格对冲保持业绩持续性；二是投资者进行理财投资，需要在收益率与流动性之间找到平衡点，基金组合不仅能平滑业绩波动，而且能提高资产的流动性。

投资者在理财过程中进行大类资产配置、做好流动性管理十分重要。投资者短期要用的钱可用于购买货币基金，一两年期限的资金可考虑购买债券基金，如有更加多样化的资产配置需求，则可考虑黄金基金、大宗商品基金等。

在国内七八千只基金中，投资者需要精挑细选适合自己的基金，根据资产配置的需要，构建一个包括货币基金、债券基金和权益基金的组合。

在权益基金组合中，建议把不同风格或策略的均衡配置型基金作为核心持仓，把科技、医药、消费、周期等行业主题基金作为卫星持仓，构建一个"核心＋卫星"组合，并根据市场变化进行动态调整。

　　一个优秀的基金组合，犹如一支战斗力强大的舰队，能通过风险对冲，应对复杂的市场环境，有效管控风险，从而获取可持续的较高收益。大类资产存在周期性系统风险，A 股走势与其他股市的相关性较低，不同风格的股票资产存在轮动特征，这三大市场特征是构建基金组合时需要统筹考虑和提前规划的主要内容。

1. 大类资产存在周期性系统风险

　　虽然股票的中长期收益率远高于债券，应成为投资者的核心资产，但是股市周期性的系统风险会成为收益的重要威胁。

　　2007 年底，沪深 300 指数的市盈率高达四五十倍，在一片繁荣的背后隐藏着很高的系统性风险。2008 年，美国次贷危机爆发，引发全球股市暴跌，上证指数年度跌幅为 65.39%，很多基金的单位净值惨遭腰斩。投资者如果能在 2007 年底、2008 年初调整基金组合，减持股票基金，增持债券基金，那么就可以保住牛市中的盈利，减少在熊市中的损失。

　　时隔 10 年之后的 2017 年，在陆股通开通的背景下，外资持续流入 A 股，以大盘成长股为代表的核心资产受到追捧，沪深 300 指数年度涨幅达 21.78%，市盈率由 2016 年初的 11 倍涨至 2017 年底的近 15 倍。2018 年，随着宏观紧缩，以及中美贸易摩擦升温，市场大幅下挫，沪深 300 指数全年跌幅达 25.31%。

　　股市存在周期性的系统风险，在风险爆发时，往往与债市形成"跷跷板效应"。在股市的系统性风险较高时适当减持股票基金，并增持债券基金或货币基金，可以规避市场的系统性风险。

2. A 股走势与其他股市的相关性较低

　　据安联投资研究，A 股市场与全球股市的关联度为 0.21。也就是说，在此期间，A 股与全球股市走向相同的时间只占 21%；反过来说，在此期间，近 80% 的时间 A 股走向与全球股市走向不同。在基金组合中纳入美股等海外市场，可以明显改善风险回报，避免一荣俱荣、一损俱损的局面。

　　由于 A 股、港股、美股三个市场的主导因素各不相同，它们在同一个时点的风险溢价水平也不一样。仍以 2018 年为例，当年 A 股出现较大跌幅，港股的跌幅相对较小，而美股的跌幅更小。从跨市场构建基金组合的角度出发，2017 年底、

2018 年初，投资者减持 A 股基金同时增配港股基金和美股基金，可以起到分散风险和熨平波动的效果。

投资者同时持有 A 股、港股与美股基金，就相当于把资金配置到全球前两大经济体中最好的公司，可以分享世界经济的增长。由于美股的波动性小于 A 股，一个覆盖中美市场的基金组合会表现得更加平稳，能让投资者获得更好的投资体验。

3. 不同风格的股票资产存在轮动特征

在同一市场阶段，受宏观环境、风险偏好等因素影响，不同风格的股票资产的表现大相径庭。2003 年至 2005 年 5 月，小盘成长股备受追捧，擅长投资小盘成长股的基金净值排名居前。2005 年 6 月至 2016 年，股灾之后的小盘股又变得"一地鸡毛"。

2019 年、2020 年，科技、消费、医药成为三大赛道，这些赛道上的龙头股的市盈率持续上升，达七八十倍甚至上百倍。众多新老基金超配三大赛道，形成基金抱团的现象。2021 年春节之后，抱团股松动，重仓抱团股的基金净值急剧回调，短时间的最大回撤率为 30%。

市场风格的极致演绎能带来阶段性的超额收益，但这种高收益的背后潜伏着泡沫化的风险。投资者构建基金组合时，需要选择不同风格的基金形成风险对冲。在组合中的具体基金获得较高收益时，需要冷静分析收益是源自基金经理的个人能力，还是源于市场风格所带来的向上波动。如果收益来自市场风格的演绎，就需要适时减仓，以规避风格资产的系统性风险。

7.3　构建适合自己的"核心 + 卫星"组合

有些投资者买基金，喜欢追买业绩排名靠前的热门基金。这类基金也许能在短期内快速上涨，给人带来赚钱很容易的假象，但往往一个较大的回调就会让投资者的收益化为乌有，甚至倒亏本金。也有些投资者喜欢追捧明星基金经理，感觉和其他人一起去买明星基金会比较安全，但这只是从众心理带来的幻觉。其实，明星基金经理的风险偏好各不相同，未必是适合你的选择。

受赚钱效应吸引，投资者买基金的时机一般会在市场上涨阶段。但是，投资者如果缺乏规划，就有可能会像猴子掰玉米一样，看到玉米就掰玉米，看到桃子、西瓜后又扔下玉米去摘桃子和西瓜，最后看到兔子又去追兔子。虽然买了多只基金，却不是一个有效的基金组合，难以获得稳定的收益。

要避免上述情况的发生，投资者需要结合自身的风险偏好，构建风险收益特征适合自己的基金组合。所谓适合自己，在某种意义上就如同鞋子需要让脚感觉舒适一样，基金组合应能让自己比较放心，即使在市场出现较大波动时，晚上也可以安然入睡。

7.3.1　构建基金组合的原则

投资者在构建基金组合时，宜遵循以下两项原则。

一是持有的基金数量应适当，既不能太少，也不要过度分散化，持有基金的总数量宜控制在 3 ～ 20 只。

二是选择的每一只基金，应由具有较完整的投资体系，且有良好历史业绩证明的基金经理管理。基金经理应有清晰的投资理念和投资逻辑，且愿意通过基金定期报告等渠道与持有人保持沟通。

7.3.2　构建基金组合的步骤

构建基金组合的第一步是确立组合中的核心持仓，而不同风格或策略的均衡配置型基金是核心持仓的首选。均衡配置型基金注重行业分散，不会进行押宝式投资，适合中长期持有，相当于基金组合中的压舱石。

在具体选择均衡配置型基金时，投资者可以根据自己的投资价值观或风险偏好，具体确定价值风格基金、成长风格基金、平衡风格基金的比例。价值风格基金的投资组合平均市盈率较低，在市场回调时防守性更好，但进攻性可能相对弱一些；成长风格基金更看重股票的成长性，投资组合平均市盈率较高，进攻性强，但波动往往大于价值基金。

构建基金组合的第二步是选择和确立卫星持仓。不同的卫星基金可以分别担任防守和进攻等不同的职能。如果说核心基金相当于足球场上的中场和前锋，那么卫星基金就相当于后卫和边锋。

从大类资产配置的角度出发，基金组合中需要有货币基金、债券基金等固收类基金。在利率中长期下跌的背景下，货币基金、债券基金虽然收益率不高，但波动较小，且流动性好，适合短期资金的配置需求，以提高基金组合的流动性。

在股市的周期性系统风险处于高位时，货币基金和债券基金的收益率也较高，还可以承担资金避险港的功能。2015 年上半年、2017 年底，货币基金的 7 日年化收益率在 4% 以上，10 年期国债收益率也分别达 3.6% 和 4%，其后都经历一个利率下行和债券价格上涨的过程，购买货币基金和债券基金都能取得不错的收益率。

从跨市场配置的角度出发，卫星基金可以考虑港股基金和美股基金。港股基金可以选择以在香港挂牌的内地公司为主要投资对象的 QDII 基金，其中既有价值风格的 QDII 基金，也有成长风格的 QDII 基金；美股基金则可以选择纳斯达克 100 指数基金或标普 500 指数基金。

从提高基金组合的进攻性角度，卫星基金可以选择行业主题基金。其中，消费行业主题基金可以在一定程度上作为均衡配置基金的替代，主要原因是消费行业比较稳定，而科技、医药、周期等行业主题基金则更加适合阶段性持有。投资者如果对主动型行业主题基金缺乏足够的研究，也可以选择行业 ETF。

7.3.3　大类资产配置相关理论

构建基金组合的关键在于做好大类资产配置。投资者在构建基金组合时，如果能了解大类资产配置方面的一些相关理论，会有所裨益。

全球资产配置之父加里·布林森表示，大类资产配置决定了投资者 90% 以上的收益。"有一点很重要，就是应当把你的投资组合看作不同类型资产的混合。而且经验告诉我们，这种混合的程度越高，所能取得的投资回报就越好。"他说："当然，我们也不排除有的人鸿运当头，买彩票都会中。也确实有人把筹码都押在某一只股票上，结果大赚了一笔。但如果从投资的总体情况来看，就会发现，一种分散性的投资组合、各类投资资产的混合，才是成功的必要因素。"

早在 20 世纪 70 年代末期，当市场投资理念大多还集中于由优质的股票和债券组成投资组合的时候，加里·布林森就形成了全球化资产配置的方法体系，并确立了 4 项基本原则：一是全球性思维；二是所选择的各类资产不应同时涨落；三是着眼长远；四是把对未来的希望与建立在现实基础上的预期区别开来。

耶鲁大学首席投资官大卫·F. 史文森说："长期而言，决定投资收益的核心因素是资产配置，选时和选股不是很重要。"通过合理的资产配置，耶鲁捐赠基金有效地降低了投资组合收益波动率，甚至在美国互联网泡沫破灭后的 2001 年也取得 9.2% 的正收益，而同年标普 500 指数下跌了 11.9%，美国捐赠基金平均亏损达 3.6%。

在《机构投资的创新之路》中，大卫·F. 史文森表示，在制定资产配置的政策目标时，投资者将定量分析和定性分析有机地结合起来，金融市场需要量化，收益、风险和相关性适用数字来测算。投资者可以运用多种理论或者模型来分析可能的组合构成。这些理论或模型包括资本资产定价模型（capital asset pricing model，CAPM）、套利定价模型（arbitrage pricing theory，APT）和现代组合理论（modern portfolio theory，MPT）。定量分析是构建组合的基础，要求投资者在构建组合时严谨认真。投资者要系统地指定资产配置模型的输入变量，这样才能使组合管理的核心问题明确化。

由专业机构的主理人管理的基金组合，以及基金公司管理的 FOF 基金，都会把定量分析作为主要工具。不过，大多数业余投资者限于专业知识不足，主要还是依靠定性分析。即使是基金公司的从业人员，他们自己在购买基金时，也大多以定性分析为主，通过购买不同风格的基金，构建具有分散化和多样化特征的基金组合，持有基金数量多则能达到 20 只。

7.4　调整基金组合的原则和技巧

市场总是千变万化，让人始料不及，构建基金组合的意义就是以静制动，让时间成为自己理财过程中的好朋友。在完成基金组合的构建后，投资者应以保持基金组合的稳定为基本原则，一般情况下不需要频繁调整。

同时，在以基本稳定为原则的前提下，根据市场的变化，在每年年底前后进行适当的调整也很有必要，具体调整时可以采用基金组合配置再平衡的策略。

举例来说，投资者如果在年初构建了一个积极型的基金组合，组合中核心基金与卫星基金的持仓比例各为 50%，核心基金中均衡配置价值和均衡配置成长的比例各为 25%，卫星基金中行业主题基金、美股或港股基金、货币或债券基金的比例分别为 20%、20%、10%，那么在经过一年的涨跌变化之后，组合中核心、卫星基金资产的比例都已经出现了变化。到年底时，减仓涨得多的基金，增仓涨得少或下跌的基金，使它们恢复到年初的比例，从而通过严格的自律实现高卖低买，规避股票估值波动、市场风格变化等因素对基金组合的负面影响。

基金组合配置再平衡策略是一种逆向投资方法，可以帮助投资者克服人性中贪婪和恐惧的弱点，避免追涨杀跌，在高点买进被套牢，在低位割肉把浮亏变为实亏。

投资者应如何调整基金组合？美林时钟投资理论、生命周期理论等也许能带来一些启发。

2004 年，美林证券发表研究报告《投资时钟》，提出美林时钟投资理论。该理论研究了此前 30 年的美国历史数据，用经济增长率（rate gross domestic product，RGDP）和通货膨胀率（inflation rate，IR）两个宏观指标的高低，把经济周期分为衰退、复苏、过热、滞胀 4 个周期，它们所对应的收益率最好的大类资产依次为债券、股票、商品和现金。

在衰退期，通胀回落、利率下降，重点配置债券基金；在复苏期，企业盈利上升，重点投资股票基金；在过热期，大宗商品需求高企，可选择商品基金；在滞胀期，经济增长放缓，宜多备些现金。

美国投资家伯顿·马尔基尔在《漫步华尔街》中提出著名的生命周期理论，他认为投资策略应与投资者的生命周期合拍。在不同年龄阶段，投资策略不同，合理的权益类（包括股票、偏股型基金）投资品种所占资产组合的比例等于 100减去年龄。

换句话说，投资者在 20 岁时可以积极进取一些，权益投资的比例可以达到80%，而债券类资产的比例可控制在 20%；但等到 70 岁时，就应保守些，权益投资不超过 30%，债券类资产的比例可达 70%。

根据生命周期理论，海内外的基金公司开发了生命周期基金，即养老目标基金，用于管理投资者的养老钱。养老目标基金主要有两大类：第一类是目标日期基金，按照投资者退休目标日期来设计，随着时间推移调整投资组合，使投资组合的风险收益特征趋于保守，以适应投资者在不同年龄的风险承受能力；第二类是按风险收益特征来分类，如保守型、稳健型、积极型等，让投资者根据各自的风险承受能力自己选择。

投资者在构建和调整自己的基金组合时，也可以借鉴生命周期理论，在年轻时可以把偏股型基金的比例配置得高一些，以后随着年龄的增长，逐年降低权益资产所占比例，相应增加债券资产。

7.5 基金定投，助力财富稳步增值

古希腊思想家亚里士多德说："我们每一个人都是由自己一再重复的行为所铸造的。因而优秀不是一种行为，而是一种习惯。"对于基金理财而言，最好的习惯就是长期投资。

长期投资知易行难。在股市的大涨大跌中，贪婪和恐惧的人性弱点会被放大。在股市持续大涨进入狂热阶段时，即使大科学家牛顿都抵制不住诱惑。1720 年，他在第一次炒股赚钱并落袋为安后，又一次冲进股市，在高位买进英国南海公司的股票，结果遭遇惨亏。

在市场快速上升阶段，像牛顿那样盲目追涨的风险很高；在市场下跌阶段，一次次抄底反被埋的例子更是不胜枚举。在熊市中被高位套牢的投资者，不仅要默默承受财富损失，而且备受身心折磨。

在选择一次性投资时，人们会不断受到抄底和逃顶的诱惑，但这两种动作的难度极大，带来的经常不是盈利而是亏损。与一次性投资不同的是，基金定投可以把基金理财变为一种优秀的习惯。

7.5.1 认识基金定投

基金定投是指在固定的时间，以固定或不固定的金额投资基金，类似银行的零存整取。投资者在养成基金定投的习惯后，不仅能获取财富增长的喜悦，而且有助于扩展和加深自己对市场总是在不断波动上行的认知和感受。

理财要趁早。时间是财富最好的朋友，也是年轻人享有的最大优势。大多数刚刚踏入社会的年轻人，虽然工资不高、积蓄不多，但他们朝气蓬勃，对于未来

充满理想和期盼，他们渴望成长、独立，以及在未来实现财务自由。

要实现美好的愿望，就要沿着正确的路径坚持往前走。年轻人首先要把精力集中在本职工作上，要清醒地意识到最大的财富将来自职业收入。只有专注于工作，才有可能尽早确立竞争优势，取得事业成功。因此，年轻人最大的投资就是投资自己，不断充电学习。

在专注于本职工作、保持学习充电、对自己充分投资的前提下，随着工作年限的积累和工资的提高，年轻人会逐渐拥有自己的积蓄。在这个时候，就可以开始基金定投。

早起的鸟儿有虫吃。年轻人应该尽早选择基金理财，而不是自己炒股，这就相当于选择专业的捕虫能手为自己捕虫。选择基金定投，可以通过纪律的约束，坦然面对市场涨跌，让自己的心脏一天天强大起来，克服贪婪和恐惧，享受在市场中冲浪的乐趣，并让自己的人性变得更加完美。

其实，无论是年轻人还是中老年人，都可以做基金定投。如果把基金理财比喻为一个滚雪球的过程，那么这两个群体的区别是年轻人的坡道更长，更令人艳羡。

开始基金定投后，如果恰逢牛市，投资者买进去后很快就能赚钱，这样固然可喜。但是，如果在上涨不久后就遭遇反复下跌，也不必恐慌。从来就没有只涨不跌的股市，学会应对市场下跌，是投资者的必修课。

自己购买的基金被套后怎么办？首先要重新检视当时的买入依据，要想清楚自己是因为看到别人赚钱了才决定去买，还是在买之前曾经认真做过功课，认为这是一只好基金。如果买之前做过功课，那么在被套后，就再做一遍功课，确认自己买的到底是不是一只好基金。如果能确认它是只好基金，那就不用忧虑，坚持定投。

7.5.2　选择定投基金的标准

1. 基金经理是否经历过牛熊循环考验

经历过牛熊循环考验的基金经理，对于投资会有更深刻的思考，在应对市场涨跌方面会更有经验。选择一位优秀的资深基金经理，就相当于选择一位久经风浪的老船长，坐在他驾驶的船上会更加让人放心。遇到大风大浪时，虽然船会颠簸，乘船者可能也会晕船，但船不会倾覆，而是能穿越风浪，迎来一帆风顺的旅程。

2. 基金的中长期历史业绩表现

很多投资者喜欢依据基金一年甚至更短时期的业绩排名来选择基金，在支付宝、蚂蚁财富等平台上都可以很方便地查询到基金业绩排名。不过，投资者在参考业绩排名时，千万要记住，仅看一年甚至更短时期的排名远远不够，关键要看基金 3 ~ 5 年的业绩排名。

路遥知马力，日久见人心。一年或少于一年的短期业绩排名，未必能反映基金经理的水平和实力。短期排名靠前的基金，在很高程度上有运气的因素，即通常所说的"站在风口，猪都能飞起来"。但任何人的成功都不能一直靠运气，而是要依靠实力。猪尽管也能飞，但风口过后，就会重重地摔下来。凡是依靠运气赚到的钱，很容易吐回去。

在检视基金 3 ~ 5 年甚至更长时期的业绩时，投资者需要仔细观察基金在股市不同阶段，包括在牛市、横盘市和熊市中的表现。如果该基金在牛市中的上涨速度与股票指数相比差不多甚至更快，在横盘市中尽管大盘没有涨，基金净值却在上涨，在熊市中，基金净值的跌幅小于大盘，那么恭喜您，这无疑是一只好基金。

3. 基金的规模

通常情况下，基金的净资产规模不少于 2 亿元。低于 2 亿元的基金不仅缺乏规模效应，而且有清盘风险。

4. 基金的投资组合是否均衡

在定期报告中，投资者都可以查到基金的投资组合。一个比较简单的方法是，看看前十大重仓股所处的行业有没有一定的分散性。如果过度集中于一两个行业，甚至八九只重仓股都集中于同一个行业，就需要小心一些。行业适当分散，投资组合中个股的相关性降低，基金净值的波动性会减缓，有利于改善持有人的投资体验。

有中长期历史业绩的均衡配置风格基金、指数增强型基金都是比较合适的定投对象。投资者在确认选择好基金后，就可以勇敢地开启基金定投之旅。

基金定投可以选择日定投、周定投、月定投。通常情况下，工薪阶层每月发工资，选择月定投就行。在不影响正常生活的情况下，可选择一个固定的时间定期投资。定投资金的扣款都是在交易日进行，如果扣款当天赶上节假日，就会自动顺延到下一个交易日。

7.5.3　写给投资者的建议

在做基金定投的过程中，投资者可以参考以下三点建议。

1. 大多数情况下不需要择时

投资者主要是基于不择时的大原则进行基金定投。原则上不择时，是指在大多数情况下，无论市场涨跌，投资者都坚持投资，就像无论晴天还是雨天，都要正常上班工作一样。

但是，该原则也有不适用的情况。从历史上看，A 股曾严重泡沫化，分别发生在 1997 年和 2005 年。当时，盈利效应带来市场狂热，导致股票价格涨出巨大泡沫。在 2008 年、2015 年下半年熊市中，大盘持续下跌，暴跌中的股票犹如坠落的飞刀，极具杀伤力。

投资者如果在市场进入狂热阶段后停止定投，并分步将盈利落袋为安，无疑是明智的选择。不过，上述两次大泡沫的破灭间隔了 7 年，也说明大择时频率很低。

在大多数情况下，即使像 2008 年大盘下跌了约 25%，基金投资者只要坚持定投，也能在 2019 年成功穿越这种较大级别的波动，实现良好收益。

2. 把每个月收入的一定比例用于定投，越跌越买

投资者做定投需要有稳定的收入，在做好财务规划的基础上，把每个月一定比例的收入用于基金定投，贵在持之以恒。即使在市场跌势较猛、市场恐惧情绪较高时，也尽量不要停止定投。股市的历史反复证明，在市场进入恐慌阶段时，股价整体上往往低于中长期价值的中轴，迟早会涨回来；而在市场一片乐观，赚钱似乎变得很容易时，股价可能已经变得虚高，迟早会跌回去。

3. 画出属于自己的微笑曲线

股市总是呈现波浪式上升。投资者只要坚持定投，在下跌阶段也不停止定投，就能在一波波价格中枢不断上移的曲线中，画出一条条属于自己的微笑曲线，如图 7.1 所示。

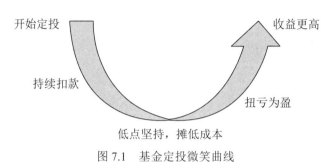

图 7.1　基金定投微笑曲线

风险提示：

本书内容仅为基金理财知识，观点仅供参考。书中所列基金案例都是为了便于读者理解比较抽象的基金知识，均不构成任何实质性的推荐或建议。市场有风险，入市需谨慎！